Emmy Bruno

DER NEUFUNDLÄNDER

Geleitwort von Wulf Gewert

Vorwort von Antonio Morsiani

KYNOS VERLAG

Umschlag vorne, Conrad degli Angeli Neri;
Unschlag hinten, Int.Ch. Dilys degli Angeli Neri *(Foto: Paolo Sala).*

Mein herzlicher Dank gilt all denen, die durch Bereitstellung von Material, Ratschläge und Ermutigungen beim Entstehen dieses Buches mitgeholfen haben, und vor allem dem Freund Enrico De Cenzo, dessen Kunst den Gedanken Form verliehen hat.

Emmy Bruno

Für meine Mutter, die mich diese herrliche Rasse kennen und lieben gelehrt hat.

Deutschsprachige Ausgabe:

Am Remelsbach 30, D-54570 Mürlenbach/Eifel
Tel. 06594/653, Telefax 06594/452

ISBN-Nr. 3-929545-14-4

Dieses Buch ist mit herausgeberischer Beratung von MAURO DE CILLIS realisiert worden.
Mit 113 Fotografien und 70 Zeichnungen

Italienische Originalausgabe:
»Il cane di Terranova«

Deutsche Übersetzung: Helmut Weese u. Gisela Martorelli

Druck und Herstellung: Dr. Cantz'sche Druckerei, D-73760 Ostfildern-Ruit

INHALTSVERZEICHNIS

NEUFUNDLANDER-CLUB für den KONTINENT
Diplom

ZUM GELEIT

Emmy Brunos Buch über den Neufundländer ist für jeden Hundefreund, besonders natürlich für jeden Freund dieser edlen Hunderasse, ein Genuß. Allein die sorgfältige Auswahl der vielen, wunderschönen, vor allem aber den Typ der Rasse treffenden Fotos wie auch die reichhaltigen, gekonnten Grafiken lassen das Buch für jeden Leser zum Erlebnis werden.

Aber dieses Buch ist viel mehr als ein gut gelungenes Bilderbuch. Es ist ein ernsthaftes, ein wissenschaftlich fundiertes und vor allem - dies spricht aus jeder Zeile - ein von tiefer Liebe zu der Neufundländer-Rasse getragenes Buch. Es reiht sich damit würdig ein in die Reihe so berühmter Abhandlungen über den Neufundländer wie z.B. der 1928 erschienenen Monographie von Professor Heim oder des zuletzt 1981 aufgelegten Buches von Professor Goerttler.

Emmy Brunos Buch erschöpft sich jedoch nicht in einer Zusammenfassung und Aufbereitung vorgegebener Arbeiten und Gedanken. Vielmehr gewinnt es eigenen und ganz besonderen Rang durch seinen Kommentar zum Rassestandard. Das Geniale ist immer das Einfache. Und Emmy Bruno hat - ebenso »einfach« wie genial - an den Anfang ihrer Überlegungen die Feststellung gestellt, daß es sich bei dem Neufundländer - laut Standard - um einen »großen Zug- und Wasserhund mit angeborenem Instinkt, Leben zu retten« handelt. In ihren weiteren Erläuterungen zu den einzelnen Standardmerkmalen zeigt uns die Autorin sodann deren Funktionalität, vor allem aber, daß die Auslegung der Standards nicht Mode, nicht Geschmackssache sein kann. Hier kann gerade auch der Fachmann, ob Züchter oder Richter, nur lernen.

Wer sich für die Neufundländer-Zucht interessiert, wird sich über den Überblick freuen, den die Autorin uns über Anfang, Entwicklung und aktuellen Stand des internationalen Zuchtgeschehens gibt. Verfolgt man die Entwicklung der einzelnen Zuchtlinien, der bedeutenden Züchter und Zwinger, so zeigt sich, wie sehr es auch in Zukunft darauf ankommt, daß sich Menschen finden, die sich für diesen großen, bärenhaften und edlen Hund engagieren, die ihn lieben und seine Rasse erhalten wollen. Emmy Bruno ist uns da Beispiel und Vorbild.

Beispiel und Vorbild aber auch insofern, als sie uns mit ihrem Buch zeigt, wie international verbindend die Liebe zum Neufundländer ist. Es spricht für den Charme des Neufundländers, den man auch den Bären nennt, wenn man ihn fast überall in Europa findet, von seinem Ursprungskontinent Amerika ganz zu schweigen.

Dem Verlag ist zu danken, daß er das Werk Emmy Brunos in deutscher Sprache herausgibt. Möge dieses Buch den Neufundländerfreunden in Deutschland, Österreich und der Schweiz die Freude bereiten, die es mir bereitet hat.

Wulf Gewert
1. Vorsitzender des Deutschen
Neufundländer-Klubs e.V.
(ehemals Neufundländer Klub für
den Kontinent - Gegr. 1893)

VORWORT

Italien besitzt einen natürlichen, tief ins Mittelmeer vorstoßenden Hafendamm, tausende und abertausende Kilometer lange Küsten. Jedes Jahr lesen wir von Menschen, die in den Fluten ertrunken sind, während das Personal zur Rettung der Badenden immer seltener wird. Hier könnte der Neufundländer als Helfer an unseren Stränden von großem Nutzen sein. Hoffen wir also, daß dieses Buch zu seiner Verbreitung und seinem Einsatz beitragen möge.

Ich lernte die Autorin der vorliegenden Monographie 1968 auf einer Ausstellung in Monte Carlo kennen. Sofort faszinierte mich ihre große Leidenschaft für den Neufundländer, eine Rasse, die ich selbst seit meiner Kindheit besonders geliebt hatte, ehe ich mich dem Bernhardiner zuwandte. Obwohl sie noch eine ganz junge Frau war, zeigte Emmy bei dieser Gelegenheit eine solche Rassekompetenz, daß ich ihr eine glänzende Karriere als Züchterin und Richterin voraussagte. Schon damals fühlte man zwischen ihr und ihrer Neufundländerhündin, die Cora hieß und später italienischer und internationaler Champion wurde, eine außergewöhnliche Symbiose. Hundefreunde wissen, daß sich oft zwischen Mensch und Hund eine derartige Übereinstimmung entwickelt, daß sich beide sogar am Ende ähneln. Aber jenseits von solchen Erwägungen besteht kein Zweifel, daß Emmy Bruno immer den »Charakter eines Neufundländers« offenbart hat, in all der Zähigkeit und Geduld, der Hartnäckigkeit und dem Mut im Verfolgen ihrer Zuchtprogramme und in der Erforschung der Rasse.

Auch dem Leser wird beim Überfliegen dieser Seiten sofort das Ausmaß an tiefem Wissen deutlich, das sie im Bereich der Kynologie und zwar besonders im historischen Studium des Hundes unter seinen vielgestaltigen Aspekten erreicht hat. Das gilt für die ganze Kynologie unter besonderer Berücksichtigung der morphofunktionellen Merkmale des Hundes. Ihre Kommentare zum Standard stellen ein klassisches Beispiel angewandter Hundekenntnis dar. Zudem ist es das erste Mal, daß dieses Thema organisch in einer Monographie über den Neufundländer behandelt wird. Es wird jedem vor Augen geführt, daß der Standard des Neufundländers, der (auf englischer Basis) von der FCI veröffentlicht wurde, ziemlich unpräzise und weit entfernt von der sogenannten »Typ-Beschreibung« ist, welche die moderne zoologische Wissenschaft vorschreibt. Daher die Notwendigkeit eines Kommentars, der dieses Bild auf streng kynologischer Basis vervollständigt, wobei dieser gleichzeitig auf die zahlreichen Fragen Antwort gibt, die sich Liebhaber, Züchter und Richter fortwährend stellen. Einfach und ohne Schnörkel, verständlich auch für Laien, klärt Frau Bruno die zahlreichen unklaren Punkte des besagten Standards und füllt dessen Lücken aus. Um ein Beispiel zu geben: Die Beschreibung des Kopfes - so typisch und differenziert im Verhältnis zu allen anderen Rassen - ist in einer so präzisen und streng technischen Weise durchgeführt, wie übrigens auch die Beschreibung der Vorderhand mit den ungewöhnlichen Verhältnissen von Schulter zu Oberarm und Unterarm, die alle gemeinsam erst dazu beitragen, dem Neufundländer das Aussehen und den Gang eines Bären zu verleihen.

Der Neufundländer wird hier so sehr aus allen möglichen Blickwinkeln untersucht, daß daraus ein vollständiges Bild entsteht, wie es bisher auch bei den im Ausland erschienenen Publikationen noch nicht erfolgt ist. Über ihre außergewöhnliche Leidenschaft für den »wundervollen Bären« hinaus wurde die Autorin durch ihre soliden wissenschaftlichen Kenntnisse unterstützt. Was jede Seite dieses Buches verrät: Emmy Bruno ist Tierärztin.

Zu bedenken ist, daß die überwiegende Mehrzahl von Büchern über Hunde mehr oder weniger gut zusammengestellte Sammlungen sind, vorwiegend Abschriften von dem, was andere zuvor geschrieben hatten. Das kann dazu führen, daß sich ein Irrtum, der beispielsweise 1920 entstanden ist, unendlich oft wiederholt, ohne daß sich die verschiedenen Verfasser je um den Wahrheitsgehalt gekümmert hätten. Nicht so im vorliegenden Werk! Abgesehen von den historischen Berichten, die jedoch mit kritischem Sinn und unter Verwendung der weitläufigsten bibliographischen Quellen verfaßt wurden, ist alles eigenständig, persönlich beobachtet und ausprobiert, also echt und aus erster Hand. Bemerkenswert ist, daß die Autorin Regeln für den Körperbau aufstellt, auf dem jeder Typus beruht. Wir alle, sowohl Züchter als auch Richter, sollten diesbezüglich unsere Kenntnisse vertiefen. Wie Roberto De Sanctis, ein hervorragender, viel zu früh verstorbener Richter, vor Jahren sagte, erlaubt es nur das Studium des Körperbaus, Wertungen und Urteile über die biometrischen Merkmale der Hunderassen zu formulieren.

Das Bild des Neufundländers, das aus diesem Buch hervorgeht, ist nicht nur das eines Hundes für die Ausstellung, sondern auch für die Arbeit. Und das ist wichtig! Die »Objekt-Hunde«, die sogenannten »Schauschönheiten«, die ausschließlich für das Schauspiel im Ring geschaffen wurden, besitzen zwar große Eleganz, haben aber praktisch jeden Kontakt mit der zoologischen Realität ihrer Rasse verloren. Der Neufundländer ist ein Wasser- und Arbeitshund. Seine ausgeprägte Erscheinung wurde von der Natur und vom Menschen für die Rettung aus dem Wasser geschaffen. Jeder Teil seines Körpers ist so gebaut, daß er ihm beste Leistung bei geringster Anstrengung erlaubt. »Durch Arbeit zum

Typ« schrieb in den zwanziger Jahren Professor Heim, einer der Väter des kontinentalen Neufundländers, und schloß: »Wegzugehen vom Arbeitstyp, um aus ihm ein Spielzeug nur für die Ausstellung zu machen, seine Eigenschaften zu verfälschen, ist ebenso absurd wie verdammenswert«. Ich würde diesen weisen Worten gerne hinzufügen, daß paradoxerweise nur ein Arbeitshund zur Ausstellung kommen sollte. Persönlich glaube ich, daß Hundebuchautoren und Richter, bevor sie ihre Überlegungen zu Papier bringen, über eine vernünftig lange Zeit (10, 20 Jahre und mehr) gezeigt haben müßten, was sie als Züchter und damit »Auslesende« erreicht haben. Allzuoft sieht man Richter predigen, die nie selber gezüchtet haben oder allenfalls wenig und schlecht. Das ist gewiß nicht der Fall bei Emmy Bruno, die allen die Ziele gezeigt hat, die man erreichen kann, wenn man mit Intelligenz die Blutlinien einzusetzen weiß. In diese Leidenschaft als Züchterin hat sie ihre ganze Familie einbezogen: Mutter, Ehemann und Sohn. Die Ergebnisse liegen auf der Hand, wie die vielen selbstgezüchteten Sieger beweisen. Dazu kommt aber auch, daß wenn Frau Bruno zur Blutauffrischung auf ausländische Hunde zurückgreift, die genetische Basis immer aus ihrer Zucht stammt. Das bedeutet, daß sie ihren eigenen Weg in der Auswahl des Neufundländers verfolgt. Übrigens sind die Neufundländer in ihrer Familie Tradition. Schon ihr Großvater und ein Großonkel besaßen solche Hunde. Und ihre Mutter war es dann, die ihr diese »Krankheit« vererbt hat.

Es würde zu weit führen, alle Sieger, die von Frau Bruno in so vielen Jahren gezüchtet wurden, zu nennen. Es muß aber unterstrichen werden, daß es Emmy nach der Zucht von Aar, Amanda und Baia degli Angeli Neri, alle italienische und internationale Champions, im Jahre 1972 gelang, das zu erreichen, was sie als ihr Meisterwerk ansieht: die Zucht des Italienischen u. Intern. Champions und Zuchtrüden Christian degli Angeli Neri. Dieser großartige Hund, dessen Fotos in zahlreichen kynologischen Veröffentlichungen erschienen sind, besaß einen Kopf und einen Ausdruck von ungewöhnlichem Adel und stellte eine Rückkehr zu den schweizerischen Prototypen der Vergangenheit dar, die viele für die typischsten Neufundländer halten, die je gezüchtet wurden. Ich beziehe mich auf Hunde aus den Jahren 1930-1960, bevor massive Einführung amerikanischen Blutes den Typus veränderte, den eine ausgetüftelte Selektionsarbeit von Züchtern wie Burkhard, Buchner, Toppius und einigen anderen geschaffen hatte. Emmy hat sich immer an solche Vorbilder halten wollen. Und im Laufe ihrer Aktivität als Züchterin ist es ihr gelungen, außer Christian auch andere Hunde zu züchten, die ihm im Typus nahe kamen. Nach den Champions Ethel, Harold, Felix hat sie nicht ohne ein gewisses Zögern den genannten Christian mit seiner Tochter Flora gepaart in der Hoffnung, durch diesen Inzest Christian zu wiederholen bzw. seine Merkmale in der Nachkommenschaft zu festigen. Dies war eine glückliche Intuition. Eine der Nachkommen, die Hündin Suomi, schenkte ihr - gepaart mit dem Weltsieger Erasmus Graf v. Luxemburg - den schönsten Neufundländer-Wurf, den es je in Italien gegeben hat, den berühmten »Z-Wurf«, der ganze fünf Sieger von hoher Klasse enthielt: Zeder, Zenith, Zeus, Zingarella und Zelda. Die Verbindung wurde später wiederholt und brachte neue Sieger hervor wie Dilys und Debbye. Zur Zeit stehen andere wertvolle Hunde als Sieger im Ring, die den Zwingernamen »degli Angeli Neri« tragen. Alle haben unverwechselbare Kennzeichen und sind unter allen Neufundländern, die auf den Ausstellungen erscheinen, auf den ersten Blick erkennbar.

Emmy Bruno, äußerlich zierlich und zart, beinahe zerbrechlich, verbirgt eine unverwüstliche Tüchtigkeit und einen eisernen Willen (ich glaube, sie würde für ihren schönen »Samariter des Wassers« zu Fuß bis zum Nordpol gehen). Sie wurde 1976 zur Präsidentin des italienischen Neufundländer-Klubs gewählt, den sie selbst nach vierzig Jahren der Vergessenheit wieder ins Leben gerufen hatte. Anschließend wurde sie Spezialrichterin. Heute, nach 23 Jahren Karriere und der italienischen Kynologie erwiesenen Ehren, hat sie wirklich viel zu sagen: Sie bietet uns dieses Buch, das nicht nur eine historisch-wissenschaftliche Studie ist, sondern mehr, weil es in seinen Seiten eine menschliche Erfahrung vermittelt, die Tag für Tag in der Liebe zu einer Hunderasse erlebt worden ist.

Antonio Morsiani

EMMY BRUNO wurde 1948 in Genua geboren. Aufgewachsen in einer Familie, die aus Tradition den Neufundländer liebte, den schon ihre Großeltern besaßen, erbte sie ihre Leidenschaft für diese Rasse von ihrer Mutter. Mit 18 Jahren erhielt sie ihr erstes Exemplar, die Hündin Cora. Damals trat sie aktiv in die Welt der Hundefreunde ein und widmete sich aktiv der Zucht und Verbreitung des Neufundländers - eine große Seltenheit in jenen Jahren. 1970 begründete sie die Zuchtstätte »degli Angeli Neri« (»von den schwarzen Engeln«), die zahlreiche Champions hervorbringen sollte. Im Jahr 1976 gründete sie mit weiteren Liebhabern den »Club Italiano del Terranova«, dessen Präsidentin sie wurde.

Die Leidenschaft für den Hund veranlaßte sie, alle Themen zu vertiefen: Sie promovierte in Tiermedizin an der Universität von Mailand und wurde 1985 Richterin des ENCI für die Rasse der Neufundländer. Zahlreiche Reisen in Europa und durch die USA gaben ihr einen weiten Überblick über die Rasse. Aber es ist vor allem das tägliche Zusammenleben mit ihren Hunden, die Arbeit mit ihnen auf dem Lande und zu Wasser, was ihr dieses besonders einfühlsame und tiefe Verständnis gibt, das in diesem Buch sichtbar wird.

DIE LEGENDE VOM NEUFUNDLÄNDER

Dort, wo sich die Wellen des Ozeans an der Felsenküste in brodelndem Schaum brechen, wurde eine Legende geboren. Diese Geschichte erzählt, daß als Gott sich anschickte, sein Werk zu betrachten, er plötzlich auf einer sturmgepeitschten Insel ein kleines Volk von Fischern erblickte. Diese einfachen Menschen kämpften tapfer gegen die unwirtliche Natur, aber das Eis des Winters und die gefährlichen Küsten besiegten sie zuweilen, immer wieder forderte das Meer Menschenleben als Opfer. Trotzdem blieben sie auf dieser Insel mit einer Hartnäckigkeit verwurzelt, die nur ihrem Mut gleich kam.

Gott sah es, hatte Mitleid und überlegte, wie er das Leiden dieser Fischer erleichtern könnte. Er suchte unter allen seinen Geschöpfen nach einem, das ihnen dienen könnte, aber er fand keines. Also beschloß er, ein neues zu erschaffen.

Zunächst wählte er den Körper eines Bären, sein mächtiger Knochenbau eignete sich für die harten Anstrengungen besonders, sein dichtes Fell würde es auch ermöglichen, der bitteren Kälte zu widerstehen. Dann überlegte er, die harten Konturen des Bären durch die geschmeidigeren des Seehundes aufzulockern, damit das Tier auch schwimmen und schnell durch die Wellen gleiten könnte. Als er seinen Blick auf das Meer richtete, traf er auf die Delphine, die den Schiffen schnell und neugierig folgten. Ihre kleinen fröhlichen Augen enthüllten ihre heitere Seele, die Delphine liebten den Menschen so sehr, daß sie ihm auch das Leben retteten. Sie durfte Gott bei der Erschaffung des neuen Geschöpfes nicht vergessen.

Er formte und formte, und siehe, dank wunderbarer Schöpferkraft entstand ein prächtiges Tier mit leuchtendem Fell, zur selben Zeit kraftvoll wie sanft. Dieses Wesen mußte aber auch unter allen Bedingungen Treue zeigen, nahe beim Menschen leben und bereit sein, sein Leben für ihn zu opfern. Deshalb legte Gott ihm das Herz eines Hundes in die Brust - und das Wunder war vollbracht! Seit jenem Tage lebte zu Seiten der Menschen des Meeres ein mutiger, starker und treuer Begleiter - der Neufundländer.

Ein wahres Märchen

Als die Völker noch in engstem Kontakt zur Natur lebten, wußten die Menschen, dem Atem der grossen Mutter Erde zu lauschen. Der feuchte Geruch der Erde drang bis in ihre Seelen, und sie bestaunten mit den Augen eines Kindes Sonnenaufgang und Sonnenuntergang. In jener Zeit verstanden die Menschen die Tiere - und achteten sie.

Dann drang die Walze der Zivilisation dampfend vor, der Schweiß der Arbeit troff in ihre Augen, ihre Ohren wurden vom Lärm verstopft, der Staub trocknete ihre Nasenflügel aus, aber die Menschen nahmen es nicht wahr... sie hatten es viel zu eilig. Und sie bemerkten auch nicht, daß sie die Tiere nicht mehr verstanden, weil diese nunmehr entfernt lebten, außerhalb der grauen Steinhäuser, nur den Gesetzmäßigkeiten der Zweckerfüllung unterliegend.

Es gab aber zwei Völker, die keine Häuser bauten, sie waren Nomaden und Dichter, Träumer und Helden. Nur ein Zelt konnte sie beherbergen, ohne sie zu Gefangenen zu machen. Das erste Volk, die Herren der unbegrenzten Weiten, besiedelte die riesigen Ebenen Amerikas, die Seen und die Flüsse. Sie waren ein Volk der Jäger, aber sie rotteten den Bison nicht aus.

Aus den Schatten ihrer Zelte beobachteten sie den Lauf der Jahreszeiten. Der Flug der Zugvögel und der Laichzug der Lachse waren ihnen keine Geheimnisse.

Das zweite Volk, die Könige der Wüste, studierte des nachts unter der Kuppel des Sternenzeltes den Lauf der Planeten. Tagsüber durchstreiften sie - den Sandstürmen trotzend - die glühenden Dünen, erspürten schon von weitem das Wasser und die erquickende Oase. Diese Völker betrogen Mutter Erde nicht, und die Erde belohnte sie mit unvergänglichem Ruhm. Diese Völker wurden zum Schöpfer von zwei der edelsten und schönsten Geschöpfe unserer Erde - dem arabischen Vollblutpferd und dem Neufundländerhund.

Die Nüstern des Araberpferdes waren beweglich und schnaubten, das Auge des Hundes wurde zum Spiegel seiner Seele. Die Tiere entzogen sich nicht der Berührung durch den Menschen, bei seinem Streicheln bogen sie ihre Hälse wie den eines Schwanes. Das eine Tier wurde schlank und schnell, das andere stark und beweglich, beide aber bewahrten die Harmonie ihrer Formen, welche die Geschicklichkeit der Natur ausdrückt. Von jenen Menschen übernahmen die Tiere die Großzügigkeit ihrer Seele und die tiefgründige Empfindsamkeit, wurden dadurch zu einem Wunderwerk in der Ausgewogenheit des Geistes. Seitdem sind viele Jahrhunderte vergangen. Und während die Indianer - aufgesogen von den Großstädten - ihre Identität verlieren, gehen die letzten Beduinen in einer sich ausweitenden Sandwüste unter. Aber was sie der Welt geschenkt haben, bleibt als ein unvergängliches Zeugnis des Paktes zwischen der Natur und dem freien Menschen.

Ch. Zelda degli Angeli Neri

I. DIE URSPRÜNGE UND DIE GESCHICHTE

Die weit zurückliegenden Ursprünge einer Hunderasse jenseits der geschriebenen und dokumentierten Geschichte auszugraben, ist ein sehr schwieriges Unterfangen. Gesicherte Dokumente reichen meist nicht mehr als ein Jahrhundert zurück, datiert von dem Zeitpunkt an, als der Anfang einer modernen Liebe zum Hund diesen endlich in den Vordergrund stellte, ihn nach bestimmten Kriterien einordnete, und der Einsatz der ersten Fotoapparate es möglich machte, optisch realistische Bilder herzustellen.

Und trotzdem ist dieser Zeitraum zu kurz, um unsere Neugier zu befriedigen. Man untersucht also und durchstöbert die Annalen der Geschichte, um in den wechselvollen Zeiten, in denen der Mensch dominierte, den Ausgangspunkt einer Entwicklung zu finden. Es ist wie der Versuch, den unscharfen Hintergrund eines Bildes scharf einzustellen, auf dem der Hund Teil einer Landschaft, eine Lebensart, aber selten Hauptgegenstand ist. Man borgt sich also eine Seite der Geschichte, einen Vers der Literatur, den Pinselstrich eines Bildes aus; man greift auf die Naturwissenschaften und die Paläontologie zurück, man unternimmt auf der Landkarte lange imaginäre Reisen.

Alles das ist außerordentlich faszinierend, aber sichere Resultate zu erzielen, ist ebenso utopisch, wie ein Puzzle mit vielen fehlenden Teilen zu beenden. Aus diesem Grunde habe ich nicht zusammenfassen und eigene Schlüsse ziehen wollen, sondern es vorgezogen, den größten Teil des Materials, das sich in meinem Besitz befand, abzudrucken, damit alle die Möglichkeit haben, selber, jeder für sich Folgerungen zu ziehen.

Wenn man in der Folge die verschiedenen Theorien über den Ursprung liest, werden einige mehr, andere weniger glaubhaft erscheinen, doch sollten wir nicht entsetzt sein, nicht lächeln und auch nicht angesichts der seltsamsten Behauptungen ungläubig den Kopf schütteln. Es könnte sehr wohl ein Funke Wahrheit darin vorhanden sein, den ab und zu, trotz der Manipulationen des Menschen, die Genetik offenbart. So werden ein gewelltes Fell oder eine krumme Rute, ein spitzer Fang oder eine hängende Lefze nur selten das Werk von plötzlichen Mutationen sein, sondern das Wiederauftauchen einer uralten Erinnerung, die über zahllose Generationen latent vorhanden geblieben war. Man bedenke, daß die Hunderassen einst weniger verschieden voneinander waren, und daß Vermischungen die Spezialisierung und die Herauszüchtung markanter Merkmale verhinderten. Vor dem Erscheinen der Zuchtbücher und der Standards waren die Beschreibungen der einzelnen Rassen meist oberflächlich, oft konfus, und die Zahl derer, die reine Rassen züchteten, war gewiß viel geringer.

Während heutzutage Mischlinge aus zwei Rassen meistens durch Zufälle entstehen und das Fehlen eines Stammbaums das größte Abschreckungsmittel bildet, Hunde von verschiedenen Rassen zu paaren, können wir uns gut vorstellen, daß es zwei oder drei Jahrhunderte vorher allgemeiner Brauch war, eine Kreuzung vorzunehmen, um die Vorzüge von zwei Blutlinien in einem Hund zu vereinigen. Vor allem wurde der Hund damals viel mehr als heute in seiner Gebrauchsfunktion gesehen. Das ist um so wahrscheinlicher, wenn man zum Beispiel an die Lebensbedingungen der Bauern denkt, für die die Tauglichkeit des Hundes Sicherheit, Arbeitskraft und den Unterschied zwischen einer vollen und einer leeren Jagdtasche bedeutete.

Wir kennen heute alte Hunderassen mit klar definierten Merkmalen: den Setter und den Pointer, die Dogge und den Mastiff, den Bernhardiner und den Leonberger. Aber um dorthin zu kommen, war eine langjährige Auslesearbeit nötig gewesen, und ihre Entstehung hat zahlreiche Unterrassen gebracht, von denen einige dann, wenn auch wenig bekannt, offiziell anerkannt wurden, andere hingegen, vielleicht schon wieder ausgestorben sind. Es gibt einen Hauptstrom der gleich einer Flußquelle zum Ursprung zurückführt. In ihm fließen die verschiedensten Linien in unterschiedlichem Maß zusammen, gleich Nebenflüssen, um sich zu vermischen: Bisweilen bleibt das, was sie hinzubringen, kaum sichtbar oder tritt nach einem langen Weg wieder zutage. Es ist diese Methodik, derer sich die Züchter bei der Suche nach Neuem bedienen, um neue Rassen zu erschaffen. Und diese mehr oder weniger verborgenen, uralten Merkmale sind es, die man scharf im Auge behalten muß, um nicht Varianten bei einem sonst schon einheitlichen Typus einzuführen. Man muß erreichen, daß die unerwünschten, weil mit dem Standard nicht übereinstimmenden Merkmale sich bis zum Verschwinden verdünnen, anstatt sie mehr oder weniger unfreiwillig in den Blutlinien zu festigen, die über die Zeit hinweg die Träger der Rasse sind. Es ist deshalb von äußerster Wichtigkeit, ihr Erscheinen gleich von Anfang an zu erkennen.

Hier wird die Bedeutung klar sichtbar, möglichst viel über das genetische Erbe zu wissen, das in einer Rasse steckt. Bevor wir uns zu diesem Weg durch die Zeit anschicken, halte ich es in gleichem Maße für nützlich und notwendig, einen kurzen Blick auf jenes Land zu werfen, dessen Geschehnisse so eng mit der Geschichte des Neufundländers verbunden sind.

Die Insel Neufundland

Neufundland (Terranova) ist eine große Insel, im Atlantischen Ozean an der Mündung des St. Lorenz Stroms, wo Kanada sich mit der Halbinsel Labrador nach Norden verlängert, während in südlicher Richtung Neu-Schottland verbleibt. Die Insel Anticosti, an der Mündung des Flusses, und die 15 bis 40 km breite Meerenge von Belle Isle, trennen sie vom Festland.

Größer als ein Drittel Italiens ist Neufundland etwa zur Hälfte von Teichen, Seen und Flüssen bedeckt. Die an Buchten und Fjorden reichen Küsten sind abschüssig und schroff, und wo der Fels Raum läßt für die Vegetation, wachsen Lärchen- und Tannenwälder. Das Klima ist gleichförmig feucht und charakterisiert durch ausgiebigen Regen und dichten Nebel über viele Monate des Jahres hinweg. Nach einem kurzen Sommer, der nicht einmal das Reifen der Früchte zuläßt, beginnt unvermittelt ein strenger Winter. Äusserst niedrige Temperaturen lassen die Buchten zufrieren, und Schnee bedeckt den Erdboden bis April. Aber der Reichtum Neufundlands ist an das große Fischfanggebiet gebunden, das sich nach Südosten erstreckt und überaus reich an Kabeljau, Hering und Lachs ist. Begehrt und umstritten von vielen Ländern ist der Fischfang nach der Ankunft der Europäer stets ein wichtiger Bestandteil gewesen.

Es scheint, daß schon um 1000 n. Chr. die Wikinger, skandinavische Piraten, an diesen Küsten gelandet sind. Nachdem sie Island und Grönland berührt hatten, sollen sie nach Süden gefahren sein und Neufundland besucht haben und dann zum amerikanischen Kontinent bis Peru vorgestoßen sein. Aber es war erst 1497, daß die Insel sozusagen entdeckt wurde. In jenem Jahr erhielt der italienische Seefahrer G. Caboto von Heinrich VII fünf Segelschiffe der königlichen englischen Marine, um auf die Suche nach einer Nordwest-Passage zu gehen, über die man Kathai erreichen konnte. Er kam nicht bis nach China, aber er stieß auf die Küsten von Labrador und Neufundland.

Im Jahre 1498 besuchte sein Sohn Sebastiano Caboto die Insel und erklärte sie für vollkommen unbewohnt und ohne jegliche Haustiere. Es ist aber anzunehmen, daß es auf ihr die gleiche einheimische Bevölkerung gab wie in Quebec

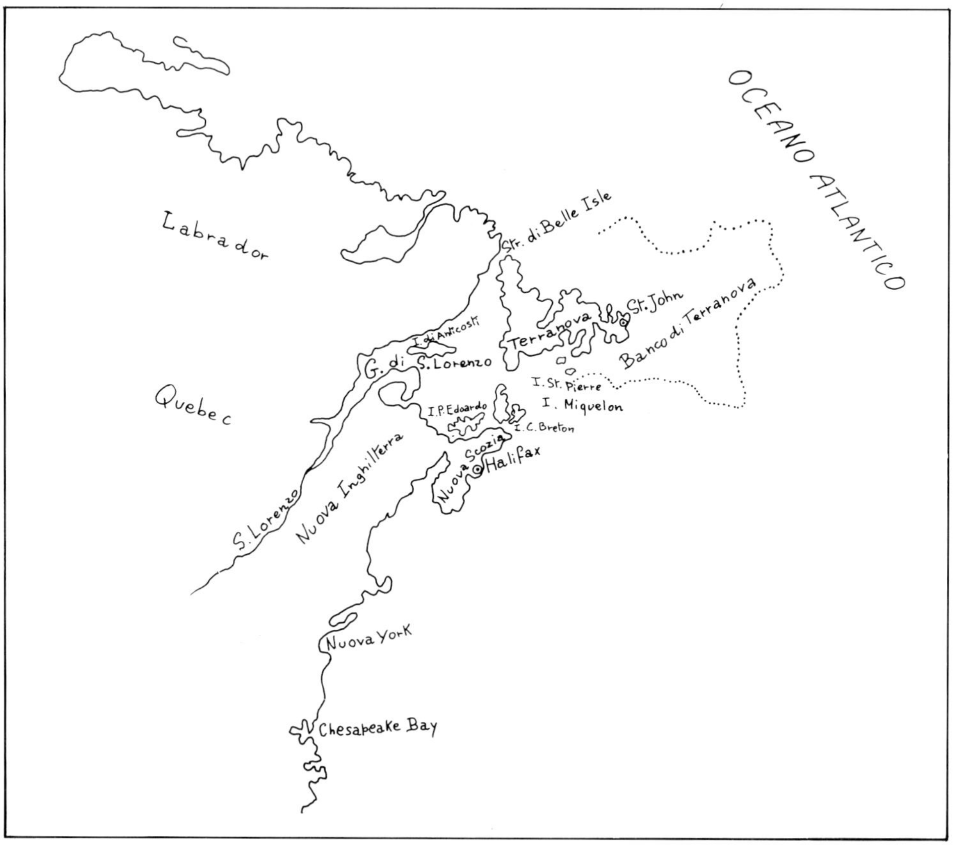

Die Insel Neufundland (Terranova).

und Labrador, wenigstens im Zeitraum zwischen April und September, wenn das Klima weniger unwirtlich war. Wahrscheinlich zogen sich die Indianer hier wie im ganzen übrigen kontinentalen Amerika bei der Ankunft der europäischen Kolonisten, die gerade vom Reichtum der berühmten Fischgründe angezogen waren, zurück.

Baskische, bretonische und normannische Fischer begannen, häufige Reisen zu unternehmen, und schon 1504 unternahmen sie die ersten Ansiedlungsversuche auf der Insel. Im Jahre 1524 nahm Verrazzano sie im Namen des Königs von Frankreich, Franz I in Besitz, aber es waren erst die Engländer, die sich 1615 fest niederließen.

Die politischen Ereignisse führten die Insel mit dem Vertrag von Utrecht aus dem Jahre 1713 aus französischem Besitz in englischen und dann im Jahre 1917 in das Dominion. Erst 1949 wurde Neufundland, zusammen mit Labrador, zehnte Provinz von Kanada.

Weit davon entfernt ein rein rhetorischer Excurs zu sein, war diese Beschreibung unentbehrlich, um den historischen und geographischen Hintergrund des Schmelztiegels der Rasse zu verstehen.

Die Theorien über den Ursprung

Beginnen wir also, die verschiedenen Theorien über den Ursprung zu untersuchen, weshalb die Einen meinen, der Neufundländer stamme vom amerikanischen Kontinent, während die Anderen an eine Herkunft aus Kreuzungen von aus Europa importierten Rassen glauben.

Aus dem Buch »Der Neufundländerhund« von Dr. Heim (1925) erfahren wir, daß der berühmte Naturwissenschaftler Th. Studer beim Untersuchen eines Neufundländerschädels eine dem prähistorischen *Canis familiaris inostranzewi* ähnliche Knochenstruktur festgestellt hatte, der seinerseits vom kräftigen nordischen Wolf mit massivem Kopf abstammt und als Vorfahre der tibetanischen Bluthunde und der Molosser im allgemeinen gilt. Studer versicherte, daß der Neufundländer, der zu dieser Gruppe gehört, sich nicht autonom auf der Insel Neufundland hätte entwickeln können, sondern importiert worden sei und dort aufgrund der Lebensbedingungen und der starken Kälte eine natürliche Auslese erfahren hätte.

Es blieben dennoch Zweifel, auf welchem Wege der Vorfahr des Neufundländers dorthin gekommen sein könnte. Eben Hosford von Harvard schrieb 1888, daß die Wikinger bei den Expeditionen, die sie auf den amerikanischen Kontinent unternahmen, ihre Haustiere mitzunehmen pflegten, besonders sogenannte »Bärenhunde«, sicher Abkömmlinge der Jagdhunde, deren sie sich zum Ziehen und als Wächter bedienten. Es wird ein großer schwarzer Hund namens Oolum erwähnt, den der Wikinger-Häuptling Leif Ericson auf einer seiner Reisen mit sich geführt haben soll. Diese Tiere seien die Vorfahren der Hunde, welche die norwegischen Bauern des zwölften Jahrhunderts zum Schutz gegen Wölfe gehalten haben, wobei diese mit Halsbändern ausgestattet wurden, die Eisenspitzen trugen, um ihre Kehle zu schützen. Angesichts dieser Hunde zogen sich auch die Bären zurück.

In der *Enciclopedia Italiana* von 1940 lesen wir unter dem Stichwort »Bärenhund«: »Hunderasse, die besonders zur Bärenjagd eingesetzt wird; sie hat einen großen und quadratischen Kopf, kurze Schnauze, kleine und schmale Ohren, kurzen, muskulösen Hals. Ihr Fell ist rotbraun mit weißen Flecken oder schwarzschattiert. Das Haar ist lang und hart.«

Es müßte sich um den berühmten »Pelshound« handeln, dessen Herkunft mit den Molossern verknüpft wird, die aus Asien kamen und direkt vom tibetanischen Herdenschutzhund abstammten, um sich dann über ganz Europa zu verbreiten, wo sie zum Stammvater verschiedener Molosser-Stämme wurden.

Die Wikinger-Einfälle in Amerika sind eine erwiesene Tatsache. Dr. Helge Ingsted aus Oslo hat jüngst auf Neufundland in der Bucht von Meadows Reste eines Lagers entdeckt, das unter anderem Hundeknochen enthält.

Auf Kontakt mit den Indios würde hingegen das Vorkommen von blonden Kindern mit weisser Haut bei dem Volk der Inkas hinweisen. Nun ist es durchaus möglich, da die Wikinger oft Tiere an den besuchten Orten zurückließen, daß sich einige ihrer Hunde vermehrten und sich wohl auch mit den einheimischen Rassen gekreuzt haben. Das könnte durch die Anwesenheit eines einbalsamierten, jenen skandinavischen Rassen ähnlichen Hundes im Grab eines Inka-Fürsten des 12. Jahrhunderts bestätigt werden.

Abgesehen davon, daß die These das Bestehen eines Verbindungsgliedes mit der molossoiden Herkunft beweist, räumt sie auch eine ausreichende Zeitspanne für die natürliche Auslese der Rasse ein. Vor nicht allzu langer Zeit hat Fred Stubbart bei einem Treffen des amerikanischen Neufundländer-Klubs auf der Basis seiner Studien über die Knochen der Indianer-Hunde die Theorie aufgestellt, daß der Neufundländer in Amerika entstanden sei. Er vermutet, daß die Tibetdogge oder ihr Vorgänger auf dem amerikanischen Kontinent zusammen mit den Vorfahren der amerikanischen Indianer über die Bering-Straße, die Aleuten-Inseln und Alaska eingewandert sei.

Der Neufundländer würde demnach vom

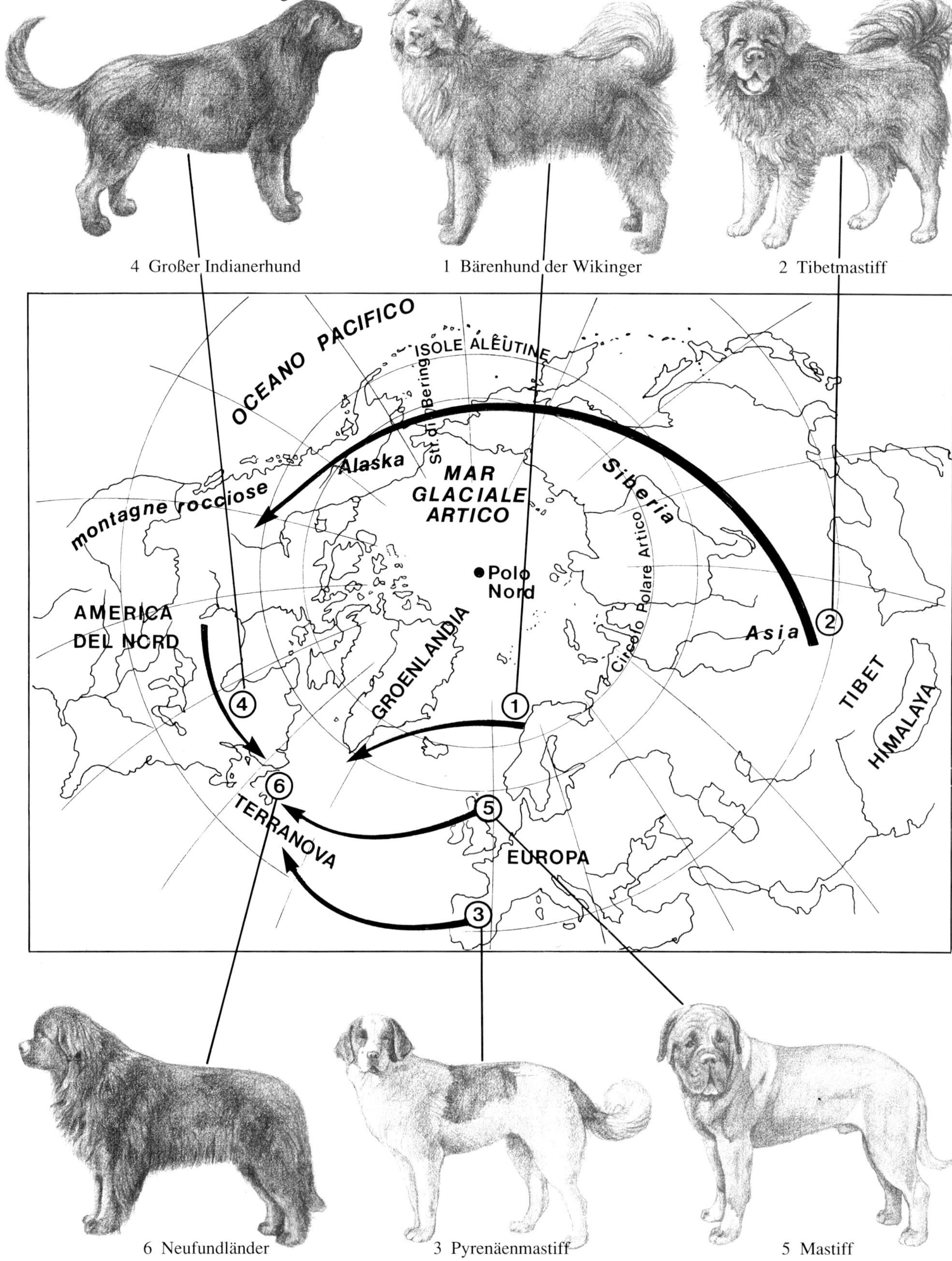
4 Großer Indianerhund
1 Bärenhund der Wikinger
2 Tibetmastiff
OCEANO PACIFICO
ISOLE ALEUTINE
St. di Bering
Alaska
MAR GLACIALE ARTICO
Siberia
montagne rocciose
Polo Nord
Circolo Polare Artico
AMERICA DEL NORD
GROENLANDIA
Asia
TIBET
HIMALAYA
TERRANOVA
EUROPA
1
2
3
4
5
6
6 Neufundländer
3 Pyrenäenmastiff
5 Mastiff

»großen schwarzen Hund« der Algonkin und der Sioux abstammen. Die ersten bewohnten das Gebiet von Ontario und Quebec bis nach Labrador, die zweiten, aus dem Norden stammend, hatten die ganze mittlere Zone zwischen Saskatchewan und Arkansas besetzt, von den Rocky Mountains bis zu den Alleghenys. Die Hunde der Indianer waren also im Gebiet der Großen Seen bis zu den mittleren Ebenen, vom Osten nach Westen bis nach Mexiko verbreitet. Prof. Otis Mason erzählt in seinem *Handbook of American Indian*, wie diese Tiere zur Jagd, zur Fischerei, zum Ziehen oder einfach als Begleiter für Alte und Kinder eingesetzt wurden. Während der Lagerverlegungen trugen sie Teile der Last oder zogen ein spezielles Gefährt, das aus Zelthaltestangen und Damhirschfellen hergestellt war. Wenn die Indianer das Kanu benutzten, liefen die Hunde lange Strecken an den Ufern der Flüsse entlang. Sie waren sehr nützlich und so hoch geschätzt, daß ihr Bild auf einige Totempfähle geschnitzt wurde.

Das geschah, bevor das Pferd, das erst zur Zeit der spanischen Invasion eingeführt wurde, den Hund aus dem Dienst bei den Menschen verdrängte. Allmählich begann der Indianerhund angesichts der größeren Nützlichkeit des Pferdes zu verschwinden, wobei er an den Orten länger gute Dienste leistete, die wegen der Schroffheit des Bodens, Eis und Schnee für das Pferd größere Schwierigkeiten boten. Auch diese Hypothese sieht einen angemessenen Zeitraum für eine genetische Fixierung vor, die der Rasse erlaubt hätte, die hauptsächlichen Merkmale, trotz der Kreuzungen mit den Hunden der Siedler, die im 16. und 17. Jahrhundert eingeführt wurden, zu behalten. Unter anderem spricht nichts dagegen, daß sich diese beiden Theorien ergänzen und summieren, so daß sich das Blut der Tibetdogge über den »großen Indianerhund« und den »Wikinger-Bärenhund« in den Vorfahren des Neufundländers verschmolzen haben könnte.

Es existieren weitere Theorien, wonach sich der indianische Hund mit dem schwarzen amerikanischen Wolf gekreuzt hätte. Diese Abart des Wolfes, die heute leider ausgestorben ist, wies besondere Merkmale auf, die ihn vom Wolf unterscheiden. Er unterschied sich nicht nur in der Farbe, sondern auch in der Stellung der Augen, der Qualität des Fells und der größeren Prädisposition zur Domestizierung. Typisch und nur bei den Wölfinnen war ein weißer Stern auf der Brust.

J. Godman in der *Amerikanischen Naturgeschichte* von 1836, und J.G. Wood in der *Illustrierten Naturgeschichte* von 1865 haben hervorgehoben, daß der schwarze Wolf in der Gegend der großen Prärien sehr verbreitet war, und der Forschungsreisende Hearne beschrieb die Gewohnheit der Indianer, junge Wölfe zum Spielen aus ihren Höhlen zu nehmen. Wir können jedenfalls nicht ausschließen, daß die beiden Spezies Gelegenheit hatten, sich zu begegnen. Übrigens sei daran erinnert, daß auch der Vorläufer der Tibetdogge von einem Wolf abstammte, und in diesem Fall ist die Zeit, die der Spezies gegeben war, sich zu verändern, viel länger.

Es gab auch Hypothesen über Kreuzungen mit den nordischen Hunden aus Alaska und Grönland. Im Jahre 1820 unterstrich Scott eine gewisse körperliche Ähnlichkeit zwischen den beiden Rassen und fand den größten Unterschied in der Haltung der Ohren, die beim Grönlandhund hoch aufgerichtet waren. Es ist zu erwähnen, daß auf einigen Abbildungen des 18. Jahrhunderts Neufundländer mit halb hängenden, aufrechten und sogar gestutzten Ohren erscheinen.

Godman beschreibt den Grönlandhund als dem Neufundländer ähnlich, fügt aber hinzu: »...die Nase des Neufundländers ist breit wie die des Mastiffs«. Darüber hinaus macht er darauf aufmerksam, daß der Neufundländer von den Indianern viel mehr als der Grönlandhund domestiziert worden sei, wobei er hauptsächlich als Lasttier diente!

Den genannten Theorien gänzlich entgegengesetzt war hingegen die Meinung von On. Harold MacPherson aus Neufundland (1937) und Johan Pietersee (1932), Züchter und Präsident des holländischen Neufundländer-Klubs. Beide glaubten, daß es die europäischen Siedler gewesen seien, die die Vorfahren des Neufundländers auf die Insel gebracht hätten. Gemäß ihrer Herkunft hätten sie Rassen aus ihren Heimatländern mitgeführt.

Damals waren in Europa viele Hunderassen in fortwährender Evolution begriffen, die dann der Ausgangspunkt für die modernen Rassen werden sollten. Der Barbet, eine typisch französische Rasse und Vorfahre des Pudels, war damals verbreitet und wurde vor allem bei der Entenjagd eingesetzt. Als hervorragender Schwimmer und geschickt beim Apportieren, wurde er oft auf Schiffen als Bordhund gehalten. Er wurde als Tier mit abgerundetem und breitem Schädel, mit ausgebildeter Stirnpartie und wolligem Fell beschrieben.

Auch französisch, aber wahrscheinlich von spanischer Herkunft waren die Epagneul, von dem antiken Wachtelspürhund abstammend und ebenfalls sehr geschickt bei der Jagd im Sumpfgebiet.

Auf der Iberischen Halbinsel waren einige

Unterarten der spanischen und portugiesischen Bracke verbreitet, wahrscheinlich die Vorfahren des Pointer und des Perdiguero. Analog dazu gab es in England die Spaniel und die Birddogs (englische Vogelhunde), im Typ etwa in der Mitte zwischen den Epagneul und den spanischen Bracken und Vorläufern der Setter.

Neben diesen Jagdhunderassen existierte dann eine Reihe von Molossern, die als Wachhunde und bisweilen auch für die Großwildjagd genutzt wurden.

Die Vorfahren des französischen Pyrenäenberghundes und des heutigen spanischen Pyrenäenhundes waren damals in einem einzigen Stamm vereint. Sehr verbreitet waren in jener Zeit die englischen Mastiffs, die damals überwiegend schwarz waren. In einigen Gegenden gab es Hunde, die dem schottischen Schäferhund ähnelten, aber massiver und gedrungener waren als die heutigen, die durch den Barsoi verfeinert worden sind. Daneben existierte eine ganze Gruppe von Metzgerhunden, in Frankreich Vorfahren der Bordeaux-Dogge, die in England Butcher- oder Estatedog genannt wurden.

Natürlich nahmen die Männer, die sich in die neuen Länder wagten, einige dieser Hunde mit, und es ist klar, daß zahlreiche Kreuzungen mit den einheimischen Rassen stattfanden. Auch Sir Joseph Bank, Mitglied der Royal Geographic Society, der in der zweiten Hälfte des achtzehnten Jahrhunderts Neufundland besuchte, versicherte, er habe meistens Bastarde mit Mastiff-Blut gesehen, von denen einige ins Wasser gingen und andere nicht.

Nur erscheint der Zeitraum von wenig mehr als einem Jahrhundert zu kurz, als daß sich ohne besondere Eingriffe die Charakteristika einer Rasse in so präziser Weise fixieren ließen.

Nach Dr. Heim sollen Kreuzungen mit den Pyrenäenhunden oder den Estate-dogs hauptsächlich bei der Entstehung der Landseer stattgefunden haben. Die Gegner dieser Theorie behaupten, daß ein Merkmal der Pyrenäenhunde die Polydaktylie sei, das heißt das Vorkommen von zwei Afterkrallen an den Hinterläufen. Sie versichern, daß der Neufundländer niemals Probleme mit Afterkrallen gehabt habe. Es wird dann bemerkt, daß das Vorkommen einer einfachen Afterkralle bei Neufundländer-Welpen nicht selten sei, so daß der Standard präzisiert: »Die Afterkralle, wenn vorhanden, sollte entfernt werden«.

Mich persönlich hat ein Merkmal beeindruckt, das bei den Berghunden und den Pyrenäenhunden ziemlich verbreitet ist und bei den Landseern auch nicht selten erscheint: die bemerkenswerte Entwicklung einer Nickhaut an einem oder beiden Augen. Da der kontinentale Landseer, der rein gezüchtet wird, dazu neigt, sich von dem schwarz-weißen Neufundländer zu unterscheiden, sollte man auf die Einkreuzung eines abweichenden Stammes in der scheckigen Variante hinweisen.

Nach all diesen schönen Erwägungen, bleibt uns nichts anderes übrig, als eine ehrliche Feststellung zu machen: wir wissen nicht, was die ersten Reisenden, die an den Küsten von Labrador und Neufundland landeten, wirklich antrafen. Vielleicht blieb bei so viel Neuem der Hund unbeachtet oder vielleicht ging man ganz selbstverständlich davon aus, daß er immer dort treu zur Stelle war, wo Menschen waren. Auf jeden Fall hielt man es für überflüssig, von ihm zu sprechen.

Andererseits waren jene Seefahrer nicht vorrangig Kynologen oder Naturwissenschaftler, sondern Forschungsreisende, Fischer oder Abenteurer. Sicherlich haben die ersten Kontakte mit der örtlichen Bevölkerung ihnen Grund gegeben, diese einheimischen Hunde schätzen zu lernen, die so gehorsam und geschickt, so nützlich in dem einsamen Ödland waren. Und bestimmt haben ihre außerordentliche Intelligenz, die außergewöhnliche Leidenschaft für das Wasser und das Apportieren jene rauhen Männer beeindruckt. Tatsache ist, daß sie begannen, sie auf ihren großen Segelschiffen mitzunehmen. Und hier beginnt die Geschichte des Neufundländers.

Die Geschichte

Wie schon im Jahre 1497 Caboto erklärt hatte, er habe keine Hunde auf der Insel bemerkt, so schwieg auch Kapitän Whitbourne aus Exmouth in seinem Bericht über seine Reise nach Neufundland über das Vorkommen von Hunden. Aber fünf Jahre später, während seines folgenden Aufenthaltes, erzählte er, er habe mehrere Male Begegnungen seines Mastiffs mit Wölfen und anderen Tieren der Insel mit seinen Expeditions-Kameraden beigewohnt. Die Tiere spielten und bellten lärmend und, während die Männer damit beschäftigt waren, den Fisch zu räuchern, entfernte sich der Hund für eine längere Zeit, auch länger als zehn Tage, um danach ohne jedes Zeichen von Fremdheit zurückzukehren. Diese »Tiere«, die nicht genauer beschrieben werden, könnten sehr gut einheimische Hunde gewesen sein, vielleicht verwilderte, mit denen sich der große Molosser höchstwahrscheinlich gepaart hat.

In den folgenden Jahren vervielfältigten sich die Reisen zwischen Europa und Amerika ebenso wie die Ansiedlungen auf der Insel. 1696 gab es auf Neufundland schon 400 Franzosen und 2300 Engländer. Sie widmeten sich vorwiegend der Fischerei, der Jagd und der Holzfällerei. Bei diesen Tätigkeiten halfen ihnen oft auch Hunde. Sie brauchten für ihre Arbeit starke, derbe, ausgeglichene und vor allem vielseitige Tiere. Weit entfernt davon, die Farbe des Felles oder die Haltung der Rute zu beachten, werden sie bei der Wahl eines Hundes aber bestimmt auf Robustheit des Knochenbaus, Gehorsam und Scharfsinn geachtet haben. Sie werden Nachzuchten von Hunden den Vorzug gegeben haben, die fähig waren, auch schwere Stämme zu ziehen, alles erlegte Wild aus dem Sumpf zurückzubringen und dem Meer im Sturm ohne Furcht zu trotzen. Es ist wahrscheinlich, daß sie all diese Merkmale in einem Typ gefunden haben, der schon existierte, oder daß sie versucht haben, ihn durch Einkreuzungen zu verbessern. Es ist jedoch klar, daß immer die Nützlichkeit und Leistung die wichtigsten Eigenschaften waren, und daß es die Auslese war, die einer Ansammlung von Genen erlaubte, sich zu summieren und Hauptrichtlinien zu verstärken, die dann die Rasse der Neufundländer hervorbrachten. Einheimisch oder nicht, der Ruhm eines Tieres, das zum Schwimmen und zum Apportieren besonders geeignet war, begann sich in gleicher Weise auf den Segelschiffen, die den Atlantik durchpflügten, wie unter den Seeleuten, die diese Hunde mit sich führten, zu verbreiten.

Im Jahre 1732 wurde der Hund mit dem Beinamen »Bärenhund« so beschrieben: »Der Bärenhund ist gewöhnlich ein Hund von sehr grossem Wuchs, von ruhigem Gang, dabei sehr wachsam; er kommt aus Neufundland, wo seine Aufgabe die Bewachung des Besitzes ist; er hat eine donnernde Stimme und ist fähig, ein Wasserrad mit seiner Körperkraft zu drehen«. Es war dieser Ruf, der Sir Joseph Bank veranlaßte, auf die Suche nach dieser besonderen Rasse zu gehen. In seinem *Journal of a Voyage to Newfoundland* schrieb er, daß er sehr erstaunt gewesen sei, zu sehen, daß auf der Insel keine eigene Rasse existierte. Die verschiedenen Mischlinge, die er traf, konnten durchaus gute Schwimmer sein, waren aber vor allem wegen ihrer Kraft geschätzt, die es zuließ, sie zum Ziehen von Schlitten und Holzstämmen während des Winters zu gebrauchen. In der Folge erfuhr er, daß in Trepassey ein Mann lebe, der eine besondere Rasse züchtete, die Neufundländer genannt wurde.

Er fand zwar keine Gelegenheit, diesen auf dieser Reise zu besuchen, aber auf den folgenden Expeditionen erwarb er einige der begehrten Hunde und brachte sie nach Europa. Dank seiner Initiative lernten viele bedeutende Persönlichkeiten dieser Epoche die Vorzüge und Tugenden dieser Rasse kennen.

Napoleon (1769-1821), Cook (1728-1779), Scott (1772-1832), Byron (1788-1824), Georg III (1738-1820), Landseer (1802-1873) und Wagner (1813-1883) wählten sich diese Hunde zu ihren Gefährten.

Während sich der Neufundländer in Europa ausbreitete, wurde seine Rasse auf der Heimatinsel jedoch hart angegriffen. Von den meisten als Arbeitshund angesehen, wurden sie während des Winters bis an die Grenze ihrer Kräfte ausgenutzt, um dann während des Sommers sich selbst überlassen zu sein.

Wie immer hatte der Leichtsinn der Menschen negative Auswirkungen. Die armen Hunde, die gezwungen waren, sich ihr Futter zum Überleben selbst zu beschaffen, vereinten sich in Rudeln und überfielen, wenn sie nichts anderes fanden, bisweilen die Herden, um sich Beute zu erjagen. Das rief so sehr den Zorn der Viehzüchter hervor, daß 1780 der Gouverneur der Insel Edward, in der Absicht, die Schafhaltung zu steigern, den Inselbewohnern verbot, mehr als einen Hund pro Familie zu halten. Wahrscheinlich verweigerten einige wegen der extremen Nützlichkeit dieser Tiere den Gehorsam, aber gewiß wurde die Hunde-Population drastisch dezimiert.

Als ob das nicht genügt hätte, bedrohte ein Dekret aus dem Jahre 1815 die Zahl der Tiere noch mehr. Die große Jury von St. John ordnete mit der Ausrede, man wolle eine Tollwut-Epidemie stoppen, an, daß alle Hunde, die freilaufend in der Stadt angetroffen würden, sofort zu töten seien, ausgenommen jene, die beim Holztransport eingesetzt wurden. Um zu dieser Vernichtung zu ermutigen, wurde eine Prämie von fünf Schilling für jedes getötete Tier ausgesetzt.

Eine so harte Maßnahme braucht nicht zu überraschen, wenn noch heute, im 20. Jahrhundert und in sogenannten zivilisierten Ländern, die Oberflächlichkeit von unzähligen Menschen, die ihre Hunde im Stich lassen, die Bildung von Rudeln ermöglicht, deren Wildern dann grausame Reaktionen auslöst.

Vielleicht veranlaßte gerade diese traurige Selektion damals die Menschen, die besten, stärksten und fähigsten Hunde für sich zu halten.

Im Jahre 1822 schrieb der schottische Forscher Cornack, er habe auf der Insel eine indianische Familie getroffen, die einen einzigen Hund besaß: Es war ein großer Neufundländer.

Ende des achtzehnten Jahrhunderts wuchs indes neues Interesse für den Hund in allen seinen verschiedenen Formen. Im Jahre 1755 hatte Buffon dreißig Hunderassen beschrieben, die er auf der Grundlage ihrer möglichen Herkunft und gewisser äußerer Charakteristika klassifizierte. Im Jahre 1800 wurde die *Cynographia Britannica* veröffentlicht.

Schlittentransport von Baumstämmen in Yukon.

Natürlich wurde auch der Neufundländer immer häufiger genannt. Nachdem ihm Cartwright zum ersten Male öffentlich den Namen der Insel verliehen hatte, erschienen zahlreiche Beschreibungen und Bilder dieser Rasse in den verschiedenen Publikationen der Epoche.

Die *History of Quadrupeds* des Jahres 1790 beschrieb ein schönes Exemplar von Neufundländer folgendermaßen:

- Länge des Körpers von der Nase bis zum Rutenansatz: 183,4 cm.
- Abstand zwischen den Vorderläufen, über den Schultern gemessen: 160 cm.
- Brustumfang, hinter der Schulter gemessen: 92 cm.
- Umfang des Kopfes oberhalb der Ohren: 61 cm.
- Größter Umfang des Vorderlaufs: 24 cm.

Das Buch erwähnte auch seine Pfoten mit den Schwimmhäuten, die Geschicklichkeit beim Schwimmen und die Vorliebe für das Forellenfischen.

Ein zeitgenössisches Bild von Bewick zeigte einen robusten, ziemlich hochläufigen Hund, mit kürzerem Fell als der heutige und hoher geringelter Rute. Der längliche Kopf hatte einen markanten Stop, aber der Fang zeigte schon eine gewisse Gedrungenheit. Sein Fell war weiß mit kleinen dunklen Flecken. Illustrationen der Epoche zeigen meistens mehrfarbige Tiere. Das ist überhaupt nicht ungewöhnlich, weil in der Zeit von 1690 bis 1798 hauptsächlich gescheckte Hunde nach Europa gebracht wurden. Offenbar entsprachen sie besonders dem Geschmack der englischen Käufer, die die hohe Statur und die auffallende Erscheinung schätzten.

Die Nachfrage nach sehr hochläufigen Exemplaren war so groß, daß Hunde nach Neu-Schottland exportiert wurden, wo man daran arbeitete, die Statur durch Einkreuzung anderer Rassen anzuheben. Von Halifax aus wurden diese Nachzuchten dann wieder nach England geschickt, nach Pool in der Grafschaft von Dorset, dem Haupthandelszentrum für die Kolonien. Indessen zeigten in jener Epoche die Hunde, die nach England kamen, die verschiedensten Farben: schwarz, braun, bronzefarben, schwarz-weiß, braun-weiß, tiefschwarz.

In den ersten Jahren des neunzehnten Jahrhunderts jedoch kehrte sich dieser Trend um, und man bevorzugte in England wie auf der Insel schwarze Exemplare. Im Jahre 1810 trat Robert Steel für die Verteidigung der ursprünglichen Rasse ein und erklärte, daß sie durch die

Einkreuzung von europäischen Hunden degeneriert sei.

In jenen Jahren hatten die wiederholten Kreuzungen der früheren Zeiten eine gewisse Verwirrung geschaffen. Eine Vielzahl von Typen neigte zur Bildung neuer »Rassen«, doch wurden häufig nur die Namen und die Beschreibungen gewechselt, da sie noch nicht klar differenziert waren.

Am Anfang gab es einen nicht leicht definierbaren Urtypus, bei dem vielleicht je nach Größe zwei Gruppen unterschieden wurden. Der unverwechselbare gemeinsame Nenner all dieser Hunde war immer der Charakter und die große Leidenschaft für das Schwimmen und Apportieren. Aus diesem Urstamm ging die Gattung der Retriever hervor.

Die geographische Fläche, auf der diese Rassen entstanden, umfaßte nicht allein die Insel Neufundland, sondern alle Länder des Kontinents um den Golf von St. Lorenz bis nach Maryland.

In Neu-Schottland brachte der kleine Neufundländer von St. John, gepaart mit dem Pointer, den Oated Coated Retriever hervor. Dieser brachte den Labrador mit glatthaarigem Fell. Auf der Insel Anticosti entwickelte der gleiche St. John, gekreuzt mit dem Pudel und dem Irish Water Spaniel, den Curly Coated Retriever mit gekräuseltem Fell.

Immer entlang der amerikanischen Küsten mischte sich inzwischen der ursprüngliche Hund mit dem Setter und dem Epagneul, um den Flat Coated Retriever hervorzubringen, aus dem später, wahrscheinlich durch Einkreuzung des Blutes von Setter und Bloodhound der Golden Retriever hervorging.

Zur selben Zeit wurden an den West- und Ost-Ufern der Chesapeake Bay, Sailor und Canton, ein männlicher und ein weiblicher Neufundländer, die 1807 aus dem Schiffbruch einer englischen Brick gerettet worden waren, wiederholt gepaart, nicht miteinander, sondern mit Water Spaniels, Coon Dogs und Hounds, wodurch sie die Grundlage für die Zucht des Chesapeake Bay Retriever bildeten.

Neben diesen neuen Rassen blieb immer der ursprüngliche Typus weiter bestehen, der dem höheren und kräftigeren europäischen Neufundländer gegenüberstand.

Im Jahre 1840 schrieb Hamilton Smith, nach einem Besuch in Neufundland in *Naturalist Library*, daß der ursprüngliche Hund schwarz und bronzefarben sei. Er halte die Köpfe der englischen Hunde im Verhältnis zu denen der Hunde der amerikanischen Kolonien für besser geformt und finde, daß sie besser gewölbte Schädel und einen weniger spitzen Fang hätten. Ein Bild des ursprünglichen Neufundländers, gemalt von Ash im Jahre 1843, zeigt in der Tat einen tiefschwarzen Hund von schlankem Profil. Beim europäischen Typ trugen spätere Einkreuzungen von Mastiff-Blut dazu bei, über den Knochenbau hinaus auch die Form des Schädels und die Tiefe des Fangs zu verstärken.

Kreuzungen mit Bernhardinern sind ebenfalls bekannt. In den Jahren 1830 und 1856 lief diese Rasse wegen unglücklicher Umstände und gene-

1789: Der Neufundländer nach Thomas Bewick.

1843: Neufundländer nach Ash.

tischer Schwächen, die möglicherweise mit zu großer Inzucht zusammenhingen, Gefahr auszusterben. Die Mönche des Hospizes griffen auf den Neufundländer zurück, um ihrer Rasse neue Kraft zu geben.

Es ist offensichtlich, daß nicht alle diese Mischlinge dem Bernhardiner ähnlich waren, im Gegenteil, es werden auch einige wie echte Neufundländer mit schwarzem oder scheckigem Fell ausgesehen haben.

Im Jahre 1887 schrieb Dalziel in *British Dogs*: »Auch wenn es erwiesen scheint, daß die Erklärung »importiert«, bezogen auf einen Neufundländer im Stammbuch des Kennel Clubs, die Herkunft aus Neufundland bezeichnet, handelt es sich dabei nicht um eine absolute Gewißheit...

»Gerettet«, Bild von Sir Edwin Landseer.

Viele gute Neufundländer stammen aus anderen Gegenden und einige, so sagt man, wurden aus den Hundezwingern der Bernhardinerzucht importiert.«

Immer mehr verstärkte sich jedoch in England die Vorliebe für den reinrassigen Hund. Zwischen 1840 und 1860 verschwanden auch die bronzenen Flecken und Schwarz wurde die dominierende Farbe. Nur dank der Leidenschaft und Kunst des großen Tiermalers Edwin Landseer blieb die Variante weiß mit schwarz, die von ihm ihren Namen erhielt, erhalten. Da er die malerische Wirkung ihrer Farben bevorzugte, malte er meistens gescheckte Exemplare, auch wenn es sich in Wirklichkeit um vollständig schwarze Hunde handelte und erreichte so, daß beim Publikum die Mode und der Geschmack an dieser Farbgebung wieder auflebten.

Die Definition der Rasse in England und ihre Verbreitung

In der zweiten Hälfte des 19. Jahrhunderts begann sich in England eine gewisse Anzahl von Liebhabern für die Rasse zu interessieren. Es handelte sich im allgemeinen um vermögende Hundeliebhaber, die Zeit und Geld für Zuchtprogramme aufwendeten, wobei sie von einem Stab von Helfern unterstützt wurden, die sich den Hunden widmeten.

Zu den bedeutendsten zählte Henry Farquharson. Sein erster Neufundländer war im Jahre 1830 von der gleichnamigen Insel nach Poole gekommen. In der Folgezeit importierte er weitere Hunde, und viele seiner Tiere hatten Erfolg. Einer der letzten war Scamp, Vater von Joe Saddler, der mit Lady in Waiting den Sieger Alderman zeugte, einen der ersten in Holland registrierten Neufundländer.

Der Import von der Insel Neufundland war in jenen Jahren sehr verbreitet. Im Jahre 1860 errang auf der Ausstellung in Birmingham von sechs ausgestellten Exemplaren eine aus St. John importierte Hündin den Siegertitel. Auch Mr. Milvan, Eigentümer eines wichtigen Zwingers, hatte auf Importe zurückgegriffen. Sein Hund Leo, der erste, der im Jahre 1875 registriert wurde, stammte aus Neufundland. Er war schwarz mit einer rostbraunen Schattierung, mit 76 cm Schulterhöhe und etwa 58 kg Gewicht. Ebenso importiert waren Derby und Old Gipsy, die Eltern von Heenan, dem ersten in diesem Zwinger gezüchteten Hund und Vater einer bemerkenswerten Nachkommenschaft. Sein Sohn Cato, im Besitz von Reverend Atkinson, schwarz mit Stern, wurde als ein außergewöhnliches Exemplar beschrieben und dadurch berühmt, daß er eine Frau und seinen Herrn, der ihr zu Hilfe eilen wollte, vor dem Ertrinken gerettet hat.

Eine der bekanntesten Persönlichkeiten der damaligen Zeit war Gordon Stables, Autor von Kinderbüchern und begeisterter Züchter von Hunden. Er schrieb viele Artikel über die Rasse und importierte unter anderem Ch. Theodore Nero, einen Rüden, der als besonders typischer Neufundländer von St. John beschrieben wurde.

Ein weiterer bedeutender Züchter war Mr. Nichol, Besitzer von Nelson. Mit diesem Rüden, der dann Champion wurde, züchtete er viele berühmte Hunde wie Lady Mayoress, Lady in Waiting, Ch. Courtier und Ch. Black Prince (Nelson x Jennie 1883). Black Prince war einer der berühmtesten Hunde in der Geschichte der Rasse. Unter einer Zeichnung dieses hervorragenden Hundes, der schon voll dem heutigen Typ entsprach, stand: »Sein großer Kopf, die kleinen Ohren, der gutmütige Ausdruck und der gut proportionierte und mächtige Körper sind in einer Skizze nach dem Leben von R.H. Moore wiedergegeben. Trotz seiner massigen Glieder ist er sehr behende und bewegt sich mit großer

1872: Leo.

1878: Ch. Black Prince.

Freiheit. Black Prince, zusammen mit Lady Mayoress, Ch. Gunville und Ch. Courtier, wurden von Mr. Mansfield gekauft, der um 1878 einen großen Zwinger aufgebaut hatte. Er besaß immer 30-40 Hunde guter Herkunft und wurde auch ein sehr bekannter Richter. Er war gegen das Bestreben, immer größere Hunde züchten zu wollen und glaubte, daß dies die Rasse schwächen würde, weil es ihr Substanz und Proportionen nähme. Im Zwinger von Mansfield machte Black Prince auch eine bemerkenswerte Karriere als Zuchtrüde und beeinflußte die europäischen Blutlinien über seine Nachkommen. Von ihnen wurden Lady Ramp von Hartenstein nach Deutschland und Black Princess nach Holland importiert.

Dank der Begeisterung dieser Liebhaber vermehrte sich die Zahl der reinrassigen Hunde, die nach Kriterien der Auslese rasch gezüchtet wurden. Im Jahre 1862 war die Anzahl der gemeldeten Neufundländer auf der Ausstellung der Agricultural Hall auf 41 angewachsen. In jenen Jahren nahm eine planmäßige Kynologie immer mehr Gestalt an. Man begnügte sich nicht mehr damit, die Hunde sich vermehren zu lassen, ihre äußeren Merkmale nach dem Augenschein einzuschätzen; man wollte Gewißheit über ihre Abstammung und präzisere Kriterien bei der Bewertung haben. Wenn die Rasse in der Vergangenheit unter recht willkürlichen Einkreuzungen gelitten hatte, war es jetzt nötig, sie von unerwünschten Merkmalen zu befreien, wobei man dem Prinzip der funktionellen Morphologie besondere Bedeutung beimaß. Man diskutierte über die Größe, die Farbe, das Halten der Rute, und es wurden viele interessante Artikel geschrieben.

Um 1875 begannen in England die Eintragungen in das Zuchtbuch. Im Jahre 1886 entstand der englische Newfoundland Club, der den ersten Standard abfaßte. Er war dem aktuellen Standard sehr ähnlich und gab der Rasse endlich eine offizielle Form.

Das führte zu einer bemerkenswerten Weiterentwicklung. Im Jahre 1892 erreichten die auf der Ausstellung in Preston gemeldeten Neufundländer die Rekordzahl von 128 Tieren: eine ausserordentliche Zahl, wenn man an die Reiseschwierigkeiten in jener Zeit denkt.

In den folgenden Jahren entstanden wichtige Zuchtstätten. Während Mr. Cooper, Züchter, Richter und Autor interessanter Artikel, neue Liebhaber sammelte, gründeten die Eheleute Wetwan den Shelton Kennel, wo im Jahre 1903 Champion Shelton Viking geboren wurde, der einzige Neufundländer, der je die Crufts gewonnen hat. Kurz danach begann Miss Goodall mit ihrem Zwinger zu züchten, der unter dem Namen »Gipsy« berühmt wurde. Ihr bekanntester Champion war Gipsy Duke, ein Sohn von Shelton Viking und Vater von Zingari Chief. Die Alchemie dieser beiden großen Zuchtstätten brachte nach einigen Jahren den bekanntesten aller Zuchtrüden hervor: Siki.

Inzwischen begann das Interesse für die Rasse auch auf dem Kontinent zu wachsen. Während in der ersten Hälfte des 19. Jahrhunderts in Europa alle langhaarigen Hunde, die schwarz oder weiß mit schwarz oder sogar weiß-braun oder tiefschwarz waren, unter dem Namen »Neufundländer« zusammengefaßt worden waren, merkte man nach den ersten Importen aus England und der Publikation des Standards, daß viele der bisherigen Zuchtprodukte nicht mit den Merkmalen, die für die Rasse gefordert wurden, übereinstimmten.

In Deutschland hatte im Jahre 1883 Max Hartenstein im Elsaß mit den englischen Hunden Guma, Tello, Nero und Guida die Zuchtstätte »Plavia« ins Leben gerufen. In der Folgezeit widmete er sich sehr aktiv den Neufundländern, wobei er gute Hunde auch an andere Liebhaber verkaufte. Die Frucht so vieler Arbeit wurde auf der Ausstellung in Berlin offensichtlich, auf der Hartenstein 16 Exemplare sehr guter Qualität zeigte. Aus England importierte er unter anderem Lady Ramp, eine 1885 in der Zuchtstätte von Mansfield geborene Tochter von Black Prince. Sie wurde als ein Neufundländer mit viel Temperament, schwarz mit Stern, 62 cm hoch, intelligent, als gute Schwimmerin, Taucherin und Apportiererin beschrieben. Diese interessanten Hinweise erschienen im deutschen Zuchtbuch.

Im Jahre 1893 hatte nämlich Dr. Herting aus Augsburg den »Neufundländer-Klub für den Kontinent« gegründet, der die Liebhaber verschiedener Länder vereinigte. Im Jahre 1898 gab es schon 69 Mitglieder, und man begann mit der Publikation des Neufundländer-Stammbuchs I, die Dr. Waszily betreute. Diese wertvolle Arbeit deckt den Zeitraum von 1898 bis 1902 mit einer Gesamtzahl von 144 eingetragenen Hunden ab und beschreibt, abgesehen von der Herkunft, auch die Prämierungen, die Maße und einige Merkmale. Sie enthält Fotografien, mehr als 80 Illustrationen und einen Kommentar zum detaillierten Standard, den der deutsche Klub von England übernommen hatte.

Auf den Neufundländer-Klub für den Kontinent stützten sich alle, die sich damals für Neufundländer interessierten. Eines der ersten Mitglieder war der Schweizer Professor Albert Heim (1849-1937), eine hervorragende Persönlichkeit im Bereich der Wissenschaft und Forschung. Er vertiefte die Kenntnis über die Rasse

Ch. Westerland Sieger von Harold MacPherson, verewigt auf einer Briefmarke der Insel Neufundland.

und bemühte sich, den Neufundländer auch in seinem Land unter besten Bedingungen für Typ und Robustheit zu verbreiten.

Im Jahre 1886 wurden Neufundländer von der Insel St. Pierre in die Schweiz importiert, nämlich Fox, Melanie und Turk. 1887 erwarb Prof. Heim in Deutschland Pluto und im folgenden Jahr Thetis aus der Zuchtstätte »Plavia«; aus England importierte er außerdem Pirat King, einen Sohn des Champions Courtier. Die Neufundländer verbreiteten sich rasch. Wo noch auf der Ausstellung von Zürich 1881 nur zwei Exemplare dieser Rasse bei insgesamt 200 eingeschriebenen Hunden zu sehen waren, stieg die Zahl im Jahre 1900 auf 51. Prof. Herting, Präsident des Neufundländer-Klubs, der bei dieser Gelegenheit richtete, sagte, er sei beeindruckt von der Zahl und der Qualität der Hunde. Sie hatten gut daran getan, von der Insel Neufundland zu importieren. Die importierten Hunde waren kleiner als die englischen und hatten bisweilen welliges Haar, aber mit letzteren gepaart zeugten sie Neufundländer von gutem Wuchs, wobei sie betont Typ und Temperament vererbten. Einer der wichtigsten schweizerischen Hunde war Wodan von Prof. Heim, aus der Paarung von Turk und Sasha II. Wodan brachte mehr als 200 Nachkommen. Im Jahre 1900 gewann er die Wasserarbeitsprüfungen in Zürich, und Heim schreibt, daß Wodan noch mit 9 Jahren hinter der Straßenbahn herlief und ohne Anlauf aufsprang. Äußerst intelligent und geschickt, wußte er sich in jeder Situation zu helfen.

Mit der Einführung der Zuchtbücher wuchs die Begeisterung für die Neufundländerzucht auch in anderen Ländern, die mit Interesse die Resultate verfolgten, die in England, Deutschland und der Schweiz erreicht wurden. Aus England wurden der Champion Alderman und eine Tochter von Black Prince, Black Princess nach Holland importiert. In der Folgezeit brachte Frau S. Cate Roorda die Hunde Moro und Normal von Deutschland nach Holland, gefolgt von der Siegerin Herta von Warrin. Die skandinavischen Länder hielten vor allem mit den deutschen Zwingern Kontakt; Eric Lundin importierte den deutschen Sieger Harras nach Schweden, der über seinen Sohn Vild die Blutlinien in jenen Jahren stark beeinflussen sollte. Auch Italien importierte aus Deutschland und der Schweiz.

In Frankreich hingegen wurde die Rasse überwiegend von Hunden geprägt, welche die Seeleute von den Nordküsten und ihren Reisen zu den Inseln St. Pierre und Miquelon mitgebracht hatten. Sie waren sehr verbreitet und hochgeschätzt und leisteten ihren Beitrag, indem sie Milch- und Fischkarren zogen. In der Anfangszeit hatten die Seeleute praktisch nur männliche Hunde mitgebracht, um sich nicht ihre Handelsquelle zu ruinieren. Sie wurden hier und da mit Hündinnen aus einheimischen Rassen gekreuzt, ohne daraus die Basis für eine wirkliche Zucht schaffen zu können.

Anfang des 20. Jahrhunderts verminderten sich die Importe bis zum Erliegen, und man konnte an den französischen Küsten keine Neufundländer mehr finden. Das kam daher, daß es auch auf der Ursprungsinsel immer schwieriger wurde, akzeptable Exemplare zu finden. Die hundefeindliche Politik und die wahllose Ausfuhr hatten Qualität und Zahl untergraben. Das stellte das Parlamentsmitglied Harold MacPherson im Jahre 1901 fest, nachdem er auf bemerkenswerte Schwierigkeiten gestoßen war, ein Exemplar für den Herzog und die Herzogin von Cornwall und York zu finden. Er, der seit seiner Jugend die Rasse geliebt hatte, mußte feststellen, daß sie in ihrem Ursprungsland dabei war, auszusterben. Mit einigen einheimischen Hunden und dank der großzügigen Einfuhr vieler Hunde aus Europa, darunter eines Onkel von Siki und dann Gannel Echo, Harlingen Peg und verschiedener anderer, begründete MacPherson auf St. John seinen Zwinger Westerland, der in der ganzen Welt berühmt werden sollte. Dieser Zwinger brachte große Champions von der Bedeutung des auf den Briefmarken der Insel verewigten »Siegers« oder Newtons, eines der berühmtesten

Ausstellungshunde, hervor.

Die zwanziger und dreißiger Jahre

Der erste Weltkrieg versetzte der Rasse einen schweren Schlag. Es gab nicht nur einen Stillstand der Geburtenzahl, sondern auch die lebenden Hunde wurden dezimiert: einige wurden für Militärdienste eingezogen, andere starben an Futtermangel oder wurden in den ganz verzweifelten Fällen selber zur Nahrung. Die Erholung erfolgte langsam und mühselig, aber das, was die Liebhaber in den verschiedenen Ländern hatten bewahren können, fand bei einer neuen Zahl von Begeisterten fruchtbaren Boden.

In der Schweiz hatte nur die Zuchtstätte »V. Toggenburg« von U. Mejer-Bosch ohne Unterbrechung weiter existiert, und es war ihnen gelungen, jene hervorragenden Neufundländer zu retten, die in der Nachkriegszeit den Stamm für neue Zuchtstätten bilden sollten. Über Miggi v. Leutberg, die nach England exportiert wurde, kam der »Stamm von Toggenburg« bis in die kanadischen und amerikanischen Ahnentafeln.

Auch in Deutschland war die Anzahl der überlebenden Hunde gering, und das Risiko einer zu engen Inzucht bedrohte die Übriggebliebenen. Einige Züchter hatten versucht, wie einst von den Inseln St. Pierre und Miquelon oder von den französischen Küsten des Nordens zu importieren, aber alle Versuche verliefen fruchtlos.

In dieser Zeit kam Champion Satan nach Europa. Satan war 1921 in einer Zuchtstätte von St. John geboren worden. Der Sohn des Züchters hatte ihn ausgewählt, um ihn auf eine Reise nach Europa mitzunehmen. Auf der Rückreise konnte er ihn aus zollrechtlichen Gründen nicht mehr an Bord nehmen und war so gezwungen, ihn zu verkaufen. Erworben von einem sehr erfahrenen Richter und Kynologen, siegte Satan wiederholt auf den Ausstellungen von Antwerpen. Der amerikanische Richter Thomas schrieb: »Ich habe noch nie ein solches Exemplar gesehen und kann nicht verstehen, wie man einen so kostbaren Hund aus Amerika ausreisen lassen konnte.« Satan blieb auch den deutschen Liebhabern nicht verborgen, und nach vielen Verhandlungen gelang es dem Präsidenten des deutschen Klubs Buchner, ihn in seinen Zwinger nach Mannheim zu holen. Heim beurteilte ihn 1923 in Stuttgart und schrieb die Worte, die den Hund in der Geschichte der Rasse unsterblich machten: »Satan übertrifft nicht nur auf den ersten Blick die anwesenden Konkurrenten, sondern alle bis dahin in Europa gesehenen. Es ist eine Freude, diesen Hund in jeder seiner Stellungen und Bewegungen zu bewundern. Wie alle aus Neufundland stammenden Exemplare ist auch Satan kleiner als wir es wünschten. Er ist am Widerrist 62 cm hoch, doch wir wissen, daß man bei der Paarung von Ursprünglichen mit unseren Hündinnen von guter Statur größere Nachkommen und noch größere Enkel erhält. Er ist in jeder Einzelheit von wunderbarer Vollkommenheit und verdient in jeder Beziehung das Urteil »vorzüglich«. Sein Fell ist lang, glänzend, tiefschwarz, ohne Flekken, sehr dicht und sein Auge dunkelkastanienbraun. Im ganzen ist er größer als die anderen von St. Miquelon stammenden Hunde. Die Rute ist voluminös und gut getragen. Die Form des Kopfes ist die, die wir suchen, aber schwer von solcher Vollkommenheit zu erreichen. Die wichtigste Sache ist die wunderbar typische und harmonische Gestalt, die gleichzeitig Kraft und Eleganz verrät, ohne Andeutung auch nur des geringsten Fehlers. Bei diesem Exemplar gibt es nicht ein einziges Detail, welches nicht in Proportion zu den übrigen stände. Er ist der wahre ideale Neufundländer, den wir nur annähernd erreicht haben«. Natürlich schaffte es Heim, lei-

Ch. Sieger Satan. Winterthur, 1927 (rechtes Bild). Von links: Dr. Rickli mit Attila von Wolfbach; Herr Feer mit Tom von Toggenburg; Prof. Heim mit Balu von Wolfbach.

Ch. Siki, der »Vater der Champions«.

denschaftlich bemüht wie er war, daß der Rüde in die Schweiz an Emil Burkhard, den Inhaber des Zwingers »v.d. Waldstätte«, verkauft wurde.

Im Jahre 1925 gründeten Heim, Burkhard und 20 weitere Liebhaber in Basel den Schweizer Neufundländer-Klub. Der Austausch zwischen den verschiedenen Ländern wurde immer aktiver. In Deutschland entstanden verschiedene Zwinger, unter anderem: v. Radegast, v. Charlottenhof und dann v. Niederrhein, v.d. Peck-Bergen, u.s.w.

Auch in Holland hatten die Neufundländer einen neuen begeisterten Förderer gefunden. Im Jahre 1916 kaufte Johan Pieterse den Rüden Tom, einen Sohn von Moro und Norma. Er begeisterte sich zutiefst für die Rasse. Im Jahre 1917 gründeten elf Liebhaber in Haarlem den Niederländischen Neufundländer-Klub. Pieterse übernahm das Amt des Sekretärs; er gab es 1932 auf, als er Präsident wurde. Er diente dem Klub bis zum Jahre seines Todes 1958, immer unterstützt von seiner Frau, die Sekretärin geworden war.

Der von Pieterse gegründete Zwinger v.d. Negerhut, brachte viele wichtige Hunde hervor, unter ihnen Ch. Henk v.d. Negerhut, den Vater von Kentucky Home's Boy, und den Ch. Tom v.d. Negerhut. Aus der Zusammenarbeit mit anderen holländischen Zwingern (v.d. Oude Plantage, v.d. Onderneming, Kentucky Home's, St. John) entstanden interessante Blutlinien, die sich in vielen Ländern ausbreiten sollten, in Deutschland, in der Schweiz, in England und Italien.

Anfang der zwanziger Jahre hatte sich die Zahl der Neufundländer auch in England stark verringert. Im Jahre 1927 betrug die Zahl der eingetragenen Exemplare nur 22, aber im Jahre 1928 war sie wieder auf 75 gestiegen. Miss Goodall, die sich für die Rasse aufgeopfert hatte, starb gleich nach dem Krieg, aber die von ihr aufgebauten Blutlinien wurden fortgeführt. Im Jahre 1922 entstand aus einer Linie, die wiederholt Ch. Shelton Viking und seine Nachkommen Gipsy Duke, Zingari Chief, Gipsy Viscount und Shelton King einschloß, der berühmte Ch. Siki von George Bland. Er war nicht der einzige Champion, der von diesem begeisterten Liebhaber gezüchtet wurde, aber er war bestimmt der berühmteste. Sein breiter und massiger Kopf, mit kleinen ausdrucksvollen Augen, der rechtekkige Fang, seine Größe und Masse machten aus Siki ein herausragendes Exemplar. Wirklich berühmt wurde er durch seine Erbstärke, wobei er mit verschiedenen Hündinnen das Beste seiner Eigenschaften weitergab, sicherlich dank der Homogenität der Blutlinien, von denen er abstammte. Er wurde zum »Vater der Champions« ernannt, und einen Nachkommen von Siki zu besitzen wurde zum Ehrgeiz aller Liebhaber der Epoche. Zu den Berühmtesten unter seinen Nachkommen zählten: Brave Michael, Ganel Echo, Help, Black Bess, Seagrave Black Berry, Seafarer, Harlingen Neptune, Shelton Baron, Shelton Cabin Boy und Monna Vanna.

In eben jenen Jahren gründete May van Oppen mit ihrem Ehemann Col. Roberts den Zwinger Harlingen, der in der Geschichte der Rasse und im Austausch mit anderen Ländern ein bemerkenswertes Gewicht haben sollte. Im Jahre 1924 erwarb May van Oppen, die von holländischer Herkunft war, von Johan Pieterse Judith v.d. Negerhut. Judith hatte im Zwinger Harlingen keine Nachkommen, aber sie warf - an eine andere Züchterin, Miss Deane, abgegeben -

sehr gute Welpen, zuerst nach dem Rüden Captain Courageous, dann nach einem Sohn von Ch. Siki, Brave Michael. Unter letzteren waren Water Rat und Uncle Tom, genannt Maso, der von Eduino Colnaghi nach Italien importiert, berühmt werden sollte.

Es waren Jahre des Ruhms für die englische Zucht, weil die exportierten Hunde auf den Ausstellungen anderer Länder siegten, wobei sie ihre Blutlinien in die ganze Welt trugen. Der Import der englischen Hunde war auch in Amerika entscheidend, wo sich der Typ der gezüchteten Tiere in kurzer Zeit veränderte. Sie wurden sehr massig, mit schön gewölbten Köpfen und glatterem und dichterem Fell. Es handelte sich vor allem um Nachkommen von Siki.

In die Vereinigten Staaten importierte der Zwinger Waseeka im Jahre 1929 zunächst Ch. Seafarer, sogleich gefolgt von Seagrave Blackberry, Harlingen Neptune of Waseeka und Harlingen Jess of Waseeka. Die Rasse erreichte in jenen Jahren einen bemerkenswerten Zuwachs. Es wurden Prüfungen in Wasserarbeit angesetzt, und im Jahre 1930 gründete man den Newfoundland Club of America, der dem AKC angegliedert wurde. Nach Kanada hingegen gelangten Ch. Shelton Baron zu Herrn Oliver, der den von dem Ehepaar Wetwan übernommenen Zwinger Shelton weiterführte und Ch. Shelton Cabin Boy, der in den Zwinger Drumnod von Montague Wallace kam. Die englischen Linien verbreiteten sich auch in Europa: Harlingen Black Pete wurde nach Schweden an Betty Bergs Zwinger Helluland Kennel verkauft. Seine Nachkommenschaft diente als Zuchtgrundstock auch für dänische, norwegische und finnische Zwinger.

Es war eine gute Saat, die sich in den schwierigen Jahren, die kommen sollten, als nützlich erwies. Noch einmal schickte der Krieg sich an, die ganze Welt zu erschüttern und damit auch alle Aktivitäten, die nur im Frieden gedeihen, wie die Hundezucht.

Die vierziger und fünfziger Jahre

Während des zweiten Weltkriegs gab es in England einen einzigen Wurf, von Bulwell Michael mit seiner Tochter, die von der Hündin Harlingen Waseeka Ocean Spray stammte und unmittelbar vor dem Krieg aus Amerika importiert worden war. Der Wurf wurde bei der Familie Handley vom Zwinger Fairwater geboren, die verschiedene Neufundländer besaß und sich dafür aufopferte, daß ihre Hunde trotz der Rationierungen und Einschränkungen des Krieges überleben konnten. Ihr Mann fuhr am Abend nach der Arbeit unter Bombenhagel viele Kilometer mit dem Fahrrad, um Futter für die Hunde zu besorgen. Von dem Wurf behielten sie Brave Serestus, der Vater von vier Champions wurde und Ahnherr von sehr vielen Würfen der Nachkriegszeit ist.

In Holland war das Los der Neufundländer besser, und es gab mehrere Würfe; im Jahre 1943 wurde unter anderen Alex v. Froonacker geboren, der Vater der berühmten The Baribals Anca; im Jahre 1944 ging Cerberus v. Vriendshap aus den Linien v.d. Negerhut, v.d. Oude Plantage und v.d. Onderneming hervor, der, mit The Baribals Anca gepaart, zur Basis für die Zwinger »v.d. Drie Anjers« und »Van't, Zeepaardje« wurde.

In Amerika hatten in derselben Zeit, die aus England importierten Hunde in den neuen Zwingern Waseeka, Seaward, Oquaga, Coastwise, Dryad, Midway und Little Bear ihre Blutlinien weiter verbreitet. Am Ende des Krieges kehrten diese Linien durch einige Importe nach England zurück und waren für den Aufschwung auch in anderen Ländern Europas hilfreich.

Im Jahre 1949 schickte Frau Power die Hündin Harlingen Waseeka Black Gold, die von Waseeka Dauntlees tragend war, nach England zum Zwinger Harlingen Kennel von Familie Roberts als Geschenk des Neufundländer-Klubs von Amerika. Aus dem Wurf gingen drei Champions hervor: Harlingen Coastguard, Harlingen Pirat und Harlingen Brigantine. Brigantine warf nach dem Rüden Brave Serestus die Hündin Harlingen Black Cherry, die wieder mit Harlingen Coastguard gepaart wurde und Patriot of Witchazel warf. Der Zwinger Harlingen Kennel importierte im Jahre 1955 auch Midian Dryad Sea Anchor aus dem Zwinger Dryad von M. und K. Drury.

Unterdessen importierte Mona Bennett, die Inhaberin des Zwingers Perryhow, der in den 50er und 60er Jahren sehr bekannt war, aus Holland The Baribals Anca, die Hündin, die schon im Zwinger v.d. Drie Anjers geworfen hatte und die dadurch berühmt werden sollte, daß sie an den ersten Würfen der Nachkriegszeit in der ganzen Welt blutlich beteiligt war. Anca wurde zuerst mit Brave Serestus und danach mit Midway Gipsy Seaolar of Perryhow gepaart, den Mona Bennett im Jahre 1951 aus den Vereinigten Staaten importiert hatte. Gipsy Seaolar war ein Abkömmling von Champion Shelton Mearmaid Queen Gipsy und Ch. Mill Creek Seafarer of Manitou, beide kanadischer Herkunft, die dem Zwinger Midway das Blut der Nachkommen von Siki zugeführt hatten: Shelton Baron und Shelton Cabin Boy, von denen dann auch der kanadische und amerikanische Champion Midway Blackledge Sea Raider abstammte.

Gipsy Seaolar und Anca brachten mehrere

Champions hervor, unter ihnen Neptune of Perryhow, eine der Säulen der italienischen Zucht der 50er Jahre. Auch die holländische Linie von Anca fand eine weite Verbreitung. Sjoerd v.d. Drie Anjers, aus Anca und Cerberus v.d. Vriendshap, hatte mit Annie v. Oldersheim dem Zwinger van't Zeepaardje einen wichtigen Wurf gebracht; von diesem wurde Beatrijs van't Zeepaardje vom Zwinger Dryad in die USA importiert. Ihre Tochter Ch. Dryad Christine of Glenora wurde die Mutter des berühmten Edenglen Banner, Sieger auf der Spezialausstellung von Lenox im Jahre 1967.

Baldur van't Zeepaardje wurde internationaler Champion und Vater eines der wichtigsten Hunde der schweizerischen und deutschen Linien: Barry von Grenzberg. Brigitte van't Zeepaardje brachte den Ch. Duke van't Zeepaardje hervor, einen sehr bekannten braunen Hund, der hinter Linien steht, die noch heute recht verbreitet sind.

Die holländischen Linien hatten auch in Finnland Erfolg. In den 50er Jahren erreichte die Zucht des Neufundländers unter der Leitung des begeisterten Züchters Gerold Blomberg eine bemerkenswerte Verbreitung. Er importierte aus Holland zwei interessante Hunde, nämlich Pere Noble v. Nordwige (Rena v.d. Drie Anjers x Goliath v. Froonacker) und Theresja v.d. Drie Anjers (Ria v.d. Drie Anjers x Iwan v. Froonacker) und gestaltete die Zuchtprogramme, indem er die Kontakte zum Ausland intensivierte. Diese Arbeit brachte Finnland hohe Anerkennung seitens der Liebhaber anderer Nationen, die in den folgenden Jahren zahlreiche Neufundländer aus Finnland importierten. Einige Zwinger, die in den folgenden Jahren wirken sollten, waren Taaran, Trappers, Marun, Merikarhun, Gerogest, Nattanin, Biorntoph, Alderbay und Harmonattan.

Deutschland und die Schweiz entwickelten in der Nachkriegszeit die Linien der Zwinger v. Charlottenhof, v. Tannenburg, v. Biebertal und v.d. Peck-Bergen weiter, die auf den alten Blutlinien des Zwingers v. Radegast mit Zufluß holländischer Strömungen (v.d. Oude Plantage, St. John und Posseidons) basierten. Aus diesen

Pit v. Margarethenhof.

Janko v.d. Peck-Bergen.

Ch. Barry v. Grenzberg.

Cdn. Ch. Romy v.d. Schürz.

Stämmen entstanden in den 50er Jahren neue Zwinger. In Deutschland waren unter den bekanntesten die Zwinger v.d. Wilhelmshöhe, der die Hündin Susi v.d. Wilhelmshöhe, Int.Ch. und Bundessiegerin hervorbrachte, Mutter von Barry v. Grenzberg, sowie v.St. Florian, v. Giskadi, Nördlingen und v. Zschimmeroth.

Cito v. Zschimmeroth wurde im Jahre 1958 Internationaler Champion und Bundessieger und lieferte seinen Beitrag zu wichtigen Linien: Mit Candra v. Giskadi brachte er Ch. Anuk v. St. Florian und Int. Ch. Ara v. St. Florian hervor, letztere nach Barry v. Grenzberg Mutter des Int. Ch. Cherry v. St. Florian; mit Eileen v. Giskadi zeugte dieser Halef v. Giskadi, Bundessieger und Klub-Sieger im Jahre 1961. Aus der Verbindung zweier Kinder von Cito v. Zschimmeroth entstand im Jahre 1959 Ria v. Nördlingen; Ria und Cherry v. St. Florian brachten einen der bekanntesten Hunde des folgenden Jahrzehnts hervor: den Int. Ch. Felix v. Nördlingen.

In der Schweiz wurden die Linien »v.d. Peck-Bergen« durch Int. Ch. Bob v.d. Warte mit jenen verbunden, die aus dem Zwinger v.d. Waldstätte von Emil Burkhard kamen. Er hatte seinen Zwinger über die Kriegsjahre erhalten, wobei er unter anderem aus Holland Ottolini v.d. Oude Plantage, Siegerin im Jahre 1942, importierte. Aus dieser Verbindung gingen im Zwinger v.d. Schürz einige Champions hervor, darunter Gido v.d. Schürz, Pan v.d. Schürz, Hexe v.d. Schürz und Romy v.d. Schürz, die nach Kanada exportiert wurde. Noch ein berühmter Hund aus jenen Jahren war Barry v. Grenzberg, Sieger des Jahres 1959, der einen bemerkenswerten Einfluß auf die schweizerischen Blutlinien hatte. Mit Dina v. Hussenstein, Tochter von Gido v.d. Schürz, zeugte er Amor v. Grundhof, den Vater zweier großer Deckrüden: Int. Ch. Rik v. Blattenhof und Int. Ch. Simbo v. Schwarzen Mutz. Eine Tochter von Amor, Int. Ch. Zara de Novai, wurde nach Schweden in den Zwinger Kløvagårdens exportiert.

Die letzten dreißig Jahre

In den 60er Jahren erlebte der Neufundländer in vielen Ländern eine bemerkenswerte Verbreitung, die in den 70er und 80er Jahren noch deutlicher wurde. Das Anwachsen der Zahl von Liebhabern führte zur Entstehung neuer Zwinger und zu mannigfaltigem internationalen Austausch, um die Blutlinien zu erneuern. Es wurden auch in vielen Ländern, wo sie noch nicht existiert hatten, Rasseklubs gegründet.

In England

England importierte, um die Probleme der Quarantäne zu überwinden, eine große Zahl von Neufundländern aus den USA, aus Finnland, Holland und danach auch aus Dänemark. Aus Deutschland wurden vor allem Landseer importiert. Diese Importe begannen, sich mit den Linien zu vereinigen, die schon vorhanden waren: Perryhow, Sparry, Fairwater, Little Creek, Verduron, Bonnybay, Storytime und Esmeduna, wodurch neues Zuchtmaterial für die Zwinger, die gerade gegründet wurden, zur Verfügung stand.

Aus Finnland importierte der Zwinger Harlingen die schwarz-weiße Hündin Taaran Taru. Mr. Morgan hingegen importierte Harmonattan Hokay und Marun Kiwa, woraus Ch. Lord Hercules of Fairwater hervorging. Er wurde Vater einiger Champions des Zwingers Attimore von Esther Denham, unter ihnen die Hündin Ch. Attimore Aquarius. Noch in den 60er Jahren importierten die Eheleute J. Warren vom Zwinger Littlegrange aus Holland Avalon's Ikaros (Nattanin Ralli x Avalon's Castalia), der eine Nachkommenschaft von bemerkenswerter Qualität brachte, darunter sechs Champions. Mit der Hündin Ch. Attimore Aquarius zeugte Ikaros den Ch. Attimore Royal Sovereign, der als Deckrüde des 1972 entstandenen Zwingers Stormail des Ehepaares Oriani benutzt wurde. Mit Bacchalaos Bright Water zeugte er in einem einzigen Wurf fünf Champions, unter ihnen Stormsail Matterhorn und Wetterhorn. Auch der Sigroc Kennel von Miss Davies, die viele Jahre Sekretärin des englischen Klubs war, nutzte finnische Linien: im Jahre 1966 importierte Miss Davies Merikarhun Fay of Sigroc, eine Hündin, die in der Folgezeit mit Ch. Sigroc King Neptune, einem Sohn von Harmonattan Hokay und Marun Kiwa, gepaart wurde. Ein Rüde dieser Linie, Ch. Sigroc Sail by the Stars, war der beste Neufundländer des Jahres 1979 und gehörte zu den meistprämierten Hunden in Großbritannien. Aus Amerika kamen Dory-O's Harbour Grace, die im Zwinger Wanitopa Ch. Gentle Geant hervorbrachte, Seawards Sea Billow, importiert vom Zwinger Suleskerry und einige Exemplare der Zwinger Little Bear und Nashau-Auke für den Zwinger Little Creek von Herrn Cassidy.

Auch Mr. Frost vom Harratons Kennel, der besonders an den schwarz-weißen Hunden interessiert war, importierte aus Amerika Hunde aus den Zwingern Morycis und Seaward und aus Europa kontinentale Landseer aus den Zwingern v. Heidenberg, v.d. Weilerhöhe, v. Petersberg und v. Bellander. Der Zwinger Shermead von Herrn und Frau Adey importierte Lancelot of Shermead aus Finnland und Shermead Bijou of the Thatch Roof aus Holland.

Am Ende der 70er Jahre wendete sich das Interesse einiger neuer Züchter nach Dänemark.

Ch. Stormsail Matterhorn und Ch. Stormsail Wetterhorn (Eigentümer Oriani)

Stormsail Sacred Spirit (Eigent. Oriani).

Ch. Wellfont Admiral (Eigent. Birch).

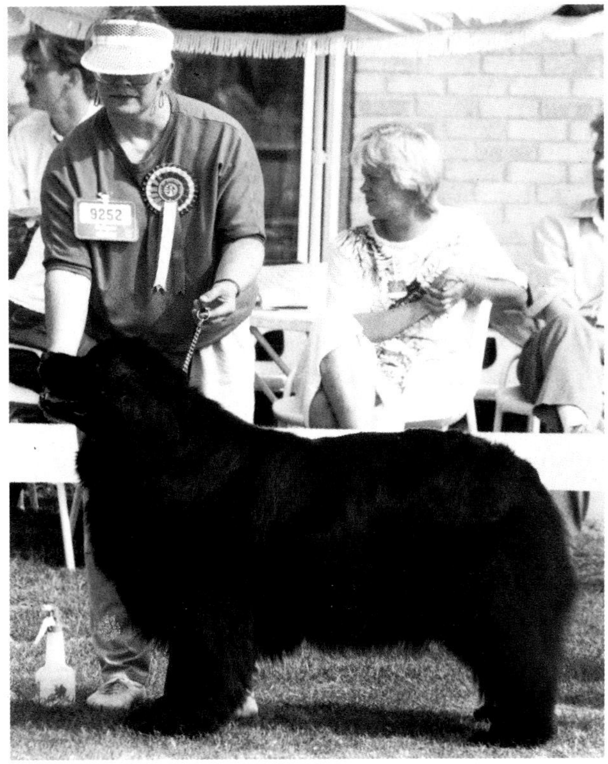

Ch. Stormsail Black Walnutt (Eigent. Oriani, Foto Dave Freeman).

Ch. Kelligrews Terre Neuve mit Seaquaybear (Eigent. Scothern, Foto Ernest T. Gascoigne).

Der Zwinger Wellfont der Eheleute Birch importierte La Bellas Ibrahim von Moeller-Hansen und in der Folgezeit Ch. Ursula's Figaro und Ursula's Brigitte of Wellfont von B. Gothen-Christensen. La Bellas Ibrahim wurde mit Mapleopal Who Loves Yababy gepaart, die von den Eheleuten Ludlow gezüchtet wurde, und die mit Erfolg die Zuchtlinie Esmeduna aufgebaut hatte. Dieser Wurf brachte vier Champions: Ambassador, der australischer und neuseeländischer Champion wurde, Amanda, Angie und Admiral, der eine große Zahl von Preisen gewann, wobei er den von Gipsy Duke seit 1910 gehaltenen Rekord schlug. Wellfont Admiral wurde auch im Zwinger Karazan von Frau P. Colgan als Deckrüde benutzt, wo er mit Shermead Fragrant Cloud einige Champions zeugte, unter ihnen Karazan Golddigger und Karazan Goldlust. Herr Colgan importierte außerdem aus Dänemark Ch. Ursula's White Sails und eine braune Hündin, La Bellas Abba, die zwei weitere braune Champions brachte: Karazan Hot Chocolate und Karazan Sweet Charity.

Im letzten Jahrzehnt waren auch einige Exemplare aus dem deutschen Zwinger v. Söven im Besitz von Karl Schmitz erfolgreich. Quay und Quanda v. Söven, Nachkommen von Ch. Ferro v. Söven und Samson v. Söven, Sohn von Black Bear's Caesar, der zahlreiche Preise gewann und Vater von Ch. Stormsail Black Walnutt wurde. Ein anderer Import, der gute Nachzuchten brachte, war La Bellas Winston der Eheleute Baggaley, der für verschiedene Zwinger deckte, unter ihnen Nut Brook und Wellfont. In den letzten Jahren kamen auch einige amerikanische Importe der Zwinger Brunhaus, Lifeboy und Grers und vor allem der Ch. Kelligrews Terre Neuve in den Zwinger Seaquaybear der Eheleute Scothern.

In den Vereinigten Staaten

Auch in Amerika hatte die Rasse in den 60er und 70er Jahren einen enormen Zuwachs, und neben denen, die schon existierten, entstanden viele neue Zwinger. Insbesondere die Blutlinien des Dryad- und des Little Bear-Kennels hatten eine bemerkenswerte Verbreitung. Der Zwinger Dryad von Kitty und Maynard Drury hatte die Linien von Waseeka weiterentwickelt, einschließlich Oquaga, Coastwise und Top Sail, wobei sie eine große Anzahl von Champions und unter anderem zwei Zuchtrüden hervorbrachten, die in den Ahnenreihen vieler Champions der kommenden Jahre präsent sein sollten: Dryad's Sea Rover und Dryad's Goliath of Gath. Anfang der 60er Jahre wurde Dryad's Sea Rover mit Ch. Dryad's Christine of Glenora gepaart, welche die holländische Linie von Beatrijs van't Zeepaardje weiterführte. Dabei zeugte er den schon erwähnten Edenglen Banner für den Zwinger Edenglen. Der Little Bear Kennel von Margaret und Vadim Chern hatte als Stammvater hingegen Ch. Midway Black Ledge Sea Raider, den Vater des amerikanischen und kanadischen Champions Little Bear's James Thurber. Auch dieser Zwinger züchtete viele erfolgreiche Neufundländer, unter ihnen Thunder, Canicula Campio, John Paul Jones, Bonavista, Black Sambo und Royal Top Gallant. In den 50er Jahren hatte der Little Bear-Kennel eine Einkreuzung englischen Blutes von Perryhow durchgeführt, anschließend auch der Newtonlinie durch Ch. Dryad's Christine of Glenora. Newton war einer der berühmtesten amerikanischen Neufundländer der 60er Jahre, der in den Ausstellungsringen große Erfolge errang. Er wurde im Jahre 1958 als Sohn von Topsail's Captain Bob Bartlett und Mary of Sparry von Harold MacPherson gezüchtet. Im Besitz von Melvin Sokolsky und auf Ausstellungen präsentiert von Alan Levine errang Newton eine unglaubliche Zahl von Plazierungen und wurde Champion in den USA, Kanada, Bermudas und Bahamas. Auch diese Erfolge trugen dazu bei, das Interesse am Neufundländer zu steigern. Die Zahl der Zwinger wuchs beachtlich. Die Liste der Züchter, die vom NCA veröffentlicht worden war, enthielt 53 Eintragungen; im Jahre 86 waren es etwa neunzig und im Jahre 1990 bereits 115 Zwinger.

Der größte Teil der Ahnenreihen ging auf Dryad und Little Bear oder deren Nachkommen zurück. Der Dryad Kennel hatte besonderen Einfluß auf die Zwinger Shipshape, Edenglen, Indigo, Harobed, Kilyka, Halirock, Pooh Bear; der Little Bear Zwinger versorgte Irwindyl, Black Mischief, Nashau-Auke, Kwasind, Shipchandler mit Hunden. Beide Linien wurden dann auch untereinander gekreuzt. Weitere wichtige Zwinger waren Tranquilus, Ebonewf, Brittania, Peppertree, Hilvig und Barbara Allen. Der Zwinger Seaward importierte für die Schwarz-weiß-Zucht eine gewisse Zahl von Zuchttieren aus Europa, unter ihnen Eaglebay Domino und Domino of Sparry, der mit Dryad's Blanca Sultana eine Gruppe von Champions von großer Homogenität zeugte, die mehrere Male in der »Team Class« Champions wurden. Andere Importe waren aus Finnland Marun Kille für den Mischief-Kennel; aus Holland Avalons Galatheia für Edenglen; aus Dänemark Birkegaarden Brave Boatswain für Barbara Allen. Der Zwinger Dryad benutzte auch die schweizerische Linie von Romy v.d. Schürz, die nach Kanada von dem Harbour Beem-Kennel importiert worden war. Die Tochter, Dryad's Christmas Cheer, gewann den »Best Opposite Sex« in Lennox im Jahre 1967.

Ch. Pouch Cove's Favorite Son.

Anfang der 70er Jahre entstanden einige neue Zwinger, unter ihnen Newton-Ark von J. und A. Levine; Pouch-Cove von D. und P. Helming; Tuckamore von Barbara A. Finch; Shadybrook von R. und J. Krokum und viele andere, die in den 80er Jahren einige Championlinien bringen sollten.

In Kanada

In Kanada wurden die Linien Laurel Brae, Shelton, Perivale, Millecreek, Drumnod, Topsail und Black-Ledge in neuen Zwingern fortgeführt. Im Jahre 1963 gründete Frau Navin, Besitzerin des Zwingers Shipmate, zusammen mit 40 anderen Liebhabern den Newfoundland Club of Canada. Sein erster Präsident Douglas Irvin trug zur Verbreitung der Schwarz-weiß-Variante bei und importierte unter anderem 1966 aus der Schweiz den Landseer Fjord v.d. Arx. In den folgenden Jahren traten viele neue Zwinger ins Leben, unter ihnen: Topmast von M. Willmott in Saskatchwan, Kimtale von MacKenzie in Ontario, Brunhaus in Alaska, Littlecreek in Ontario, Dullrick und Bearbrook in Quebec, Spokinewf, Greer, Marcapents, Nordstrand und viele andere.

Auf der Insel Neufundland selbst setzten zwei Zwinger die Linien von Westerland fort: Glenmire von Baird und l'Harbour Beem von Nutbeem.

In den nordischen Ländern

Wie andere Länder wandte sich Skandinavien Anfang der 60er Jahre für den Aufbau eigener Zwinger an Finnland. In Schweden waren die alten Linien von Helluland schon früher mit finnischen Hunden gekreuzt worden. Der Kennel Auricco von Sandra Larson hatte mit Hilfe eines finnischen Deckrüden Auricco Black Archibald gezüchtet, den Vater von Chicka, der Stammutter des Kennel Kläm. Der Zwinger Bambella von Karin Fern hatte hingegen aus Finnland Marinelle von Ros Lodge und Ch. Alderbay Bamse importiert. Ulla Andersson vom Zwinger Kläm führte einen anderen bemerkenswerten Zuchtstamm ein: Nattanin Rita und Nattanin Jyry, Biontorp Una, Biontorp Ulrica und Int. Ch. Finnbear Ikaros (Avalon's Daphne x Ch. Punnilah Turja), der mit verschiedenen Hündinnen 15 Champions hervorbrachte. Danach folgten aus Holland Avalon's Illione, Dick v.d. Edelweißgrotte aus Deutschland und später Dulricks Canadian Ambassadeur aus Kanada. Der große Einsatz dieser Liebhaber führte im Jahre 1967 zur Gründung des Svenska Newfoundlandhund Klubben, dessen Präsidentin Ulla Andersson wurde. In den Folgejahren entstanden neue Zwinger: einmal Klövagaarden der Eheleute Johanson, die aus der Schweiz Zara de Novai importierten, aus Finnland Biontorp Taifun und aus Dänemark Caniz Major Newton; dann der Zwinger Kariland der Eheleute Thorander; Gas-Cohns, der Ursula's Macmortensen importierte; Ominmac, der La Bella's Goliath einführte und unter den neueren Zwingern der West-Side, der sich vorwiegend der Schwarz-weiß-Variante widmete.

In denselben Jahren hatte die Rasse in Dänemark einen ungeheuren Aufschwung genommen. Die Linien schwedischen Ursprungs, aufgebaut von den beiden Zwingern Bjoernegaard und Store Bjorn, wurden durch Einkreuzungen, welche ihre Charakteristiken noch verstärken konnten, aufgefrischt. Im Jahre 1967 wurde der Newfoundlandklubben i Danmark unter der Präsidentschaft von Fleming Uziel, Besitzer des Caniz Major-Kennels, gegründet. Er führte eine bemerkenswerte Zahl von Neufundländern ein. Aus England kamen Storytime Cachalot, Vater verschiedener skandinavischer Champions, unter ihnen Ch. Nero und die Hündin Ch. Sparry Treasure of Littlegrange, die mit Ch. Black Alexandrov von finnisch-schwedischem Ursprung gepaart wurde. Uziel züchtete eine Anzahl hervorragender Hunde, darunter Caniz Major Skibber, Sohn von Little Bear Royal Top Gallant, importiert aus den Vereinigten Staaten. Caniz Major Skibber wurde ein berühmter Hund, Internationaler Champion, und zeugte eine bemerkenswerte Nachkommenschaft, darunter der deutsche Ch. Ferro v. Söven. Sein Name erscheint in den Ahnentafeln vieler heutiger Hunde.

Im Jahre 1973 kam Ch. Little Bear Two If By Sea, der Vater vom Int. Ch. Bjergegaards Wilma, aus den USA. Ein anderer Zwinger, Birkegaardens, importierte aus Schweden Klövagaardens Ea, die aus einer schweizerischen Linie stammte und Swe Danes Black Cukardo. Sie zeugten hervorragende Nachzuchten, unter ihnen Birkegaardens Tina und Birkegaardens Don Camillo, einen internationalen Champion, der auch in anderen Ländern als Zuchtrüde eingesetzt wurde.

Der Zwinger Ursula's von Birgitte Gothen vereinigte die deutsche Linie von Cita v. Gramschatzerwald mit der Linie Edenglen's Koks aus den Vereinigten Staaten, wobei er unter anderem Ursula's Castor hervorbrachte, der an den Zwin-

Ch. Caniz Major Skibber (Eigentümer Kumler).

Ch. La Bella's Dolittle
(Eigentümer Møller Hansen).

Ch. La Bella's Winston
(Eigentümer Baggaley's).

Ch. Ursula's Captain Cook
(Eigentümer Gothen-Christensen).

ger v. Schwabenland nach Deutschland ging, wo er der Vater vieler Nachzuchten wurde. Aus der ehemaligen DDR importierte Brigitte Gothen im Jahre 1971 Int. Ch. Cora v. Ostseestrand, die eine bemerkenswerte Ausstellungskarriere machte. In den 70er Jahren ließ der Ursula's Kennel Halirock Rambling Rose aus den Vereinigten Staaten kommen und für die Schwarzweiß-Linie einige englische Hunde und zwar Harraton's Sea Cloud, Roydsrook Sea Shanty und Roydsrook Starmaiden. Ch. Starmaiden wurde mit Ch. Topmast's Hannibal gepaart, den eine Gruppe dänischer Züchter aus Kanada importiert hatte. Zu den wichtigsten Nachkommen zählten Ch. Ursula's Alexandra und Ch. Ursula's Captain Cook. Topmast's Hannibal wurde mit vielen anderen Hündinnen gepaart und ist unter anderem Vater von Black Dome's Sir Coxwain, Ursula's Admiral Ascot und Ursula's Golddigger.

Der Zwinger La Bella von Palle Moeller-Hansen wendete sich hingegen mehr deutschen und holländischen Linien zu. Aus Deutschland importierte er Jan v. St. Florian und Leonie v.d. Niederburg; aus Holland Black Beauty v.d. Papenhof aus der Linie von Duke van't Zeepaardje. Aus diesen Linien züchtete dieser Zwinger eine stattliche Anzahl von Neufundländern mit besonderer Ausrichtung auf die braune Farbgebung. Er exportierte in viele Länder. La Bella's Goliath ging nach Schweden, La Bella's Funny Girl nach Holland, La Bella's Ibrahim, La Bella's Abba und zuletzt La Bella's Winston nach England, La Bella's Gazelle und La Bella's Favorite in die Schweiz. Noch ein bekannter Hund war der Int. Ch. La Bella's Faust.

In den letzten Jahren sind in Dänemark viele neue Zwinger entstanden, unter ihnen Borghøjs, Black Bears, Fjordblinks, Topsails, Mira Nobilis, Björnebandens und noch andere, die die Zahl der Meldungen bei den Neufundländertreffen auf über 200 ansteigen ließ.

In Holland

Holland gehört zu den Ländern, die einen besonders starken internationalen Austausch durchführten, indem sie die alten holländischen Zuchten mit englischen, deutschen, schweizerischen, dänischen und finnischen Linien vereinigten. In den 60er Jahren hatte der Zwinger v.d. Papenhof bemerkenswerten Erfolg und seine Nachzuchten wurden dann von vielen anderen Zwingern eingesetzt. Aus der Linie von Duke van't Zeepaardje und Avalon's Aphrodite stammten Achilles v.d. Papenhof, Sieger über vier aufeinanderfolgende Jahre (1964-1967) auf der Spezial-Ausstellung in Amsterdam, Anka und Astrid, auch sie bekannte Sieger, und Int. Ch. Brigitte v.d. Papenhof. Astrid v.d. Papenhof, gepaart mit dem deutschen Ch. Cherry v. St. Florian, wurde Mutter vom Ch. Chico v.d. Papenhof, der mit Ch. Brigitte den Ch. Isodorus Christian v. Hertogsveen hervorbrachte. Bouncer v.d. Papenhof und Cerafine v.d. Papenhof gingen an den Zwinger Marskwa, wo sie Marskwa Amand zeugten. Black Beauty v.d. Papenhof wurde an den dänischen Zwinger La Bella abgegeben. Der Zwinger v. Porte Amarre von Emilia Biemond paarte stattdessen Douglas v.d. Papenhof mit Trappers Suomi, die aus Finnland importiert worden war, woraus Shalom v. Porte Amarre hervorging, die mit dem Schweizer Karel v. Niederburg, Youngster v. Porte Amarre zeugte, den Vater vom Int. Ch. Dag. Der Zwinger of the Thatch Roof von Anton v. Doremalen vereinigte anfangs mit den holländischen Linien v.d. Papenhof und Blaauwhof die englische Linie von Shermead Lively Lad und mit diesen wieder deutsche, dänische und finnische Blutlinien. In der Folgezeit importierte er über Anton v. Doremalen Ch. Dag, Sohn von Youngster v. Porte Amarre und Josephine, einer Schwester von Masimo und Ultima, beide dänische Sieger, auch die Linie von Caniz Major Skibber.

Auch der Zwinger van't Hoogveen von S. Mulderij, der in den 70er Jahren entstanden war, bekam einen bemerkenswerten Beitrag von Papenhof durch Marskwa's Amand, den Vater von Int. Ch. Fleur van't Hoogveen und von Ch. Isodorns Christian v. Hertog'sVeen, der, mit Fleur gepaart, den Ch. Aäron van't Hoogreen, Ch. Rimmo und Royo van't Hoogreen zeugte. Aus der Inzest-Paarung von Fleur mit Aäron stammten Ch. Lin, Ch. Lars und Loko van't Hoogveen.

Der Zwinger Avalon der Eheleute van Zijl vereinigte die holländische Linie mit finnischen und amerikanischen. Nach Finnland exportierte er unter anderem Avalon's Daphne, die Mutter von Finnbear Ikaros, und importierte von dort im Jahre 1963 Nattanin Ralli, den Vater zahlreicher Würfe, und Biorntorp Zenita. Aus Amerika hingegen importierte er Edenglens Galateia, die aus den Linien von Newton und von Beatrijs van't Zeepaardje stammte und Dryad Avalon. In der Folgezeit benutzte er auch die deutschen Linien des Zwingers v. Brungerst.

In den 70er Jahren wurde auch die schweizerische Linie des Ch. Marco v. Neufundländerheim nach Holland eingeführt und mit der Linie von Fleur v.d. Papenhof vereinigt.

Aus diesen Blutlinien, verbunden mit jener von Aäron van't Hoogveen, ging der Ch. Basco van't Zoonegge von der Familie Dijks-v. Wolven, Eigentümer des Zwingers van't Zoonegge, hervor.

Weltsieger Dag (Eigentümer v. Doremalen).

Ch. Dennis v. Orfeunegro (Eigentümer v. Doremalen).

Ch. Aäron v.h. Hoogveen (Eigentümer Mulderij).

Ch. Basco v.'t Zoonegge (Eigentümer v. Dijks).

Unter den Importen der letzten Jahre erinnern wir an die schwarz-weißen Ursula's Ocean Pirate und Brunhaus Liberty Belle von G.M. Broekkamp-Brower und an den schwarzen Fjordblink's Hakon. Im letzten Jahrzehnt hat es einen bemerkenswerten Zuwachs an Zwingern gegeben; darunter van't Ameltorbos, v.d. Tafelronde, of The Dark Blossom, Dukeroy's, El Corsario, Zillimondus usw.

Beim Ausstellungstreffen des Klubs im Jahre 1991 gab es 348 Meldungen.

In der Schweiz und in Deutschland

In den 60er und 70er Jahren arbeiteten Deutschland und die Schweiz hauptsächlich mit ihren alten Linien. In Deutschland war in jenen Jahren einer der bekanntesten Zwinger der v.d. Niederburg von Erika Toppius in Konstanz, die Zuchtrüden wie: Halef v. Giskadi, Felix v. Nördlingen und Rik v. Blattenhof einsetzte, wodurch sie Neufundländer erhielt, die homogen und sehr typisch waren und in mehreren Ländern großen Einfluß gewannen, besonders in der Schweiz, Italien und in Frankreich. Zu den bekanntesten Hunden ihres Zwingers v.d. Niederburg zählten Ch. Marke, Karel, Fafner, Ingrabam, Illo, Elodie, Ombra und Galathee v.d. Niederburg.

Der Zwinger v. St. Florian in München setzte die Linie von Ch. Cherry, Larry v. St. Florian und vom Int. Ch. Olly v. St. Florian fort und kreuzte dann mit den schweizerischen Linien Meggenhorn und v. Gollorina, wodurch er eine ansehnliche Zahl von braunen Hunden erhielt. Der Zwinger v. Nördlingen züchtete mit Ch. Cherry v. St. Florian einige hervorragende Neufundländer, deren berühmtester der Int. Ch. Felix

v. Nördlingen des Herrn Ziegler war, der als Zuchtrüde eine bemerkenswerte Karriere machte und in vielen Ahnentafeln erscheint. Der Zwinger v. Brungerst von Heinrich Ippen nutzte die Linien von Halef v. Giskadi, Bauschan v. Fichtenberg und Mara v. St. Fridolin, Eltern von Quax und Quintus v. Brungerst, sowie die von Meggenhorn, v.d. Uckermark und v. Schwabenland. Der Zwinger v.d. Uckermark von Herbert Kretschmer verband die Linien St. Florian, Hürbestrand und Schwabenland, wobei er unter anderem Int. Ch. Froni v. Uckermark und die Siegerin Laila v.d. Uckermark hervorbrachte. Der Zwinger v. Schwabenland züchtete in den 70er Jahren etliche Würfe, meistens Nachzuchten von Ursula's Castor, der aus Dänemark importiert worden war.

In den 70er Jahren entstanden neue Zwinger, unter ihnen der v. Söven von K. Schmitz, der den Ch. Ferro v. Söven züchtete, Vater von interessanten Nachzuchten, wie z.B. Int. Ch. Enrik v. Luxemburg; dann auch der v. Broibachtal, der wiederholt Cicero v. Galloway als Zuchtrüden benutzte; und auch den Zwinger v. Hürbestrand,

Ch. Karel v.d. Niederburg (Eigentümer Jeannot)

Ch. Felix v. Nördlingen (Eigentümer Ziegler)

Ch. Ferro v. Söven (Eigentümer K. Schmitz) mit Barbara und Philip Schmitz und den Töchtern von Birgitte Gothen (DK).

der den Int. Ch. Prinz v. Hürbestrand hervorbrachte. In den folgenden Jahren vermehrte sich die Zahl der Zwinger noch weiter; unter ihnen waren der Zwinger v. Sonnenberg von Mrachatz, von der Wässernach von M. und P. Krotsch, der eine bemerkenswerte Zahl von Würfen von dem Int. Ch. Graf v. Luxemburg züchtete, und der Zwinger v. Riesrand von Evi Grosshauser, der nach Ch. Black Domes Sir Coxwain den Rüden Gammel-Dansk v. Riesrand hervorbrachte.

In der Schweiz war die Linie, welche die Zucht am meisten beeinflußte, ohne Zweifel die der beiden Nachzuchten von Amor v. Grundhof, nämlich Rik v. Blattenhof und Simbo v. Schwarzen Mutz, beide internationale Champions. Simbo v. Schwarzen Mutz wurde von mehreren schweizerischen und ausländischen Zwingern als Zuchtrüde eingesetzt. Rik v. Blattenhof war Vater einiger bemerkenswerter Neufundländer, die in vielen Ahnenreihen erscheinen: Ben v. Felsbach, Asso de la Chassotte, Cicero v. Galloway und Karel v.d. Niederburg. Diese Linien drückten unter anderem den Zwingern v. Neufundländerheim, v. Felsbach, v. St. Silvester, v.d. Salzweid, de Soremont und anderen ihren Stempel auf. Karel v.d. Niederburg wurde auch durch seinen Sohn Lord Byron's Argus zur Grundlage des Zwingers Lord Byron von C. Büttner. Der Zwinger v. Murgwai der Eheleute Kollbrunner vereinigte die Linie v. Schwarzen Mutz mit der von Rik v. Blattenhof, wobei er Neufundländer von hervorragendem Ausdruck erhielt, wie Ch. Aura v. Murgwai und Blacky v. Murgwai. Von Aura v. Murgwai und Karel v. Niederburg erhielt er Ch. Felissa v. Murgwai. In der Folgezeit führte er auch die Linie von Koko v. St. Fridolin ein.

Der Zwinger v. St. Fridolin benutzte sowohl die Linie von Rik v. Blattenhof als auch die dänische Linie von La Bella's Favorite, dem Vater von Koko. Koko v. St. Fridolin deckte im Zwinger v. St. Johanniswald von V. Sterki, der einige Nachzuchten nach Italien und nach Frankreich exportierte.

Der Zwinger v.d. Fuchshalden der Eheleute Christen vereinigte die Linien v. St. Johanniswald mit den deutschen der v. Brungerst und den schweizerischen des Zwingers v. Meggenhorn, wobei auch braune Tiere geboren wurden, dazu noch jene v. Luxemburg.

Die schweizerische Zucht hatte auch einen bemerkenswerten Einfluß auf die Verbreitung des Neufundländers in Frankreich.

In Frankreich und Luxemburg

In Frankreich gab es in den 60er Jahren für die Rasse eine ständig wachsende Zahl von Liebhabern. Im Jahre 1963 wurde der Club Français du Chien Terre-Neuve gegründet. Unter den Zwingern, die auf schweizerische Linien aufbauten, waren Tiad Douar Nevez, de Men Ar Groas, de Terres Vieilles und der Zwinger de La Mare Bleu, der auch aus England importierte. Ein weiterer nach Frankreich importierter schweizerischer Neufundländer, der bemerkenswerten Erfolg hatte, war Asso v.d. Schnelzenschachen von J.C. Brun, der Int. Ch. und auch Weltsieger wurde.

Ch. Ben v. Felsbach.

Blacky v. Murgwai (Eigentümer Sieder).

Aura, Arina und Amor v. Murgwai (Eigentümer G. Kollbrunner).

Bolette, Lord Byron's Argus, Ursula's und Alderamin Phoenicis (Eigentümer C. Büttner).

Der Zwinger de La Pierre aux Coqs der Eheleute Engrand vereinigte in den 70er Jahren die alten französischen Linien mit den dänischen und schwedischen von Ursula's Illione und Klövagaarden's Rudolph, den deutschen von Quax v. Brungerst und den englischen vom Bachalaos Kennel.

Unter den eingesetzten Zuchtrüden waren Ch. Enrik v. Luxemburg und Ch. Gammel-Dansk v. Riesrand. Zu den wichtigsten aus dieser Zucht entstandenen Neufundländern gehören Ch. Jolie Belle de la Pierre aux Coqs, Ch. Roz Belle de La Pierre aux Coqs und der Weltsieger '86 und '91 Int. Ch. Vercors de La Pierre aux Coqs, ein Sohn von Enrik.

Im Süden Frankreichs, an der Côte d'Azur, züchtete der Zwinger des Coteaux Rouges von I. und M. Verrier aus schweizerischen und deutschen Linien des Terres Vieilles eine große Zahl von guten Hunden, unter ihnen den Ch. Sirius des Coteaux Rouges. In den letzten Jahren importierte er Inuk v. Luxemburg, der wiederholt als Zuchtrüde eingesetzt wurde.

Weitere Zwinger waren de La Caverne Aux Fees von M. Tetart, du Pré de la Croix Verte von Durant-Picandet, du Lac aux Genets usw.

In Luxemburg züchtete der in den 70er Jahren von Christiane und Claus Bröcker aufgebaute Zwinger v. Luxemburg in wenigen Jahren eine Anzahl von hervorragenden Exemplaren, unter ihnen Ch. Enrik v. Luxemburg der Eheleute Rinder und Weltsieger Erasmus Graf v. Luxemburg, die in vielen Ländern als Zuchtrüden eingesetzt wurden. Zu den bekanntesten weiteren Zuchterfolgen zählen die Champions Graf Gina, Gibson und Heroine v. Luxemburg.

Weltsieger '86 und '91 Int. Ch. Vercors de La Pierre Aux Coqs (Eigentümer Engrand).

Ch. Sirius des Coteaux Rouges.

Anmerkung der Redaktion: Graf v. Luxemburg - Sohn von Enrik und Enkel von Ferror Söven - beeinflußte zu seiner Zeit nachhaltig die Zucht in Deutschland mit über 400 Nachkommen. Er deckte auch in vielen anderen europäischen Ländern.

Es wäre unmöglich oder zumindest schwierig, eine Geschichte des Neufundländers aller Länder und Zwinger zu schreiben. Man bedenke nur, daß sich der Neufundländer auch in Südafrika, Australien und Neuseeland ausbreitet. Neue Erkenntnisse werden auch die Kontakte mit den Ländern des Ostens bringen, die seit kurzem ihre Grenzen geöffnet haben. Dies wird dann eine Aufgabe der kommenden Jahre.

Der Neufundländer in Italien

Die niedergeschriebene Geschichte des Neufundländers in Italien beginnt mit der Publikation der Zuchtbücher des Kennel Club Italiano im Jahre 1898, seine Präsenz ist aber viel älter. In den Wörterbüchern und Enzyklopädien jener

Int. Ch. Graf v. Luxemburg (Eigentümer Krotsch).

Weltsieger Erasmus Graf v. Luxemburg (Eigentümer R. Holbe)

Zeit findet man unter dem Stichwort »Hund« vor allem detaillierte Beschreibungen dieser Rasse.

Aus der *Enciclopedia illustrata* des Jahres 1891 zitieren wir: »Die Neufundländer (Canis Terrae Novae) sind die Giganten unter allen Hunden mit seidenartigem Fell. Dieses große, wunderbare Tier ist wahrscheinlich ein Mischling zwischen dem großen Pudel und dem Metzgerhund aus Frankreich, das bis heute auf Neufundland seine Rasse in ursprünglicher Reinheit bewahrt hat. Die Epoche und die Art und Weise, wie sich diese Rasse auf Neufundland gebildet hat, sind sehr unsicher. Man weiß mit Sicherheit, daß die Engländer sie bei ihrer ersten Ankunft auf der Insel im Jahre 1662 noch nicht angetroffen haben. Und man vermutet, daß die Vorfahren dieser hervorragenden und besonderen Tiere mit großer Wahrscheinlichkeit erst nach der Kolonisation dorthin gebracht worden sind. Der Neufundländer vereinigt wie alle Kreuzungen in sich unleugbar die Merkmale seiner Vorfahren. Mit der Form, der Masse und der Kraft des französischen Metzgerhundes, der selbst aus einer Kreuzung des großen Windhundes und des Jagdhundes entstand, vereinigt er zum Teil Fell und Ohrform, die zur Variante des großen seidenfelligen Hundes gehören. Er ist ein mächtiges Tier, stark und robust, mit breitem und langem Kopf, das Maul ein wenig vergrößert, Ohren mittlerer Länge, herabhängend, geschmückt mit zottigen Haaren. Er besitzt eine starke Brust, mächtigen Hals, hohe und robuste Läufe, dichtes, langes, zottiges oder gekräuseltes, weiches, gleichsam seidenartiges Fell, eine ziemlich lange, buschige Rute und zwischen den Zehen gut entwickelte Schwimmhäute. Seine Farbe ist sehr unterschiedlich. Die meisten Neufundländer sind schwarz, mit leuchtend gelb-rostigen Flecken über den Augen, an der Kehle und an den Gelenken der Pfoten. Die Farbe Schwarz-weiß ist weniger häufig, ebenso wie der Weiß-mit-Braun-Gefleckte oder der gleichmäßig Schwarz-Braune und der Weiße«.

Eine ganze Seite des Buches ist all seinen Heldentaten gewidmet. Das Bild eines großen Neufundländers mit gebogener Rute, eine Lampe im Fang tragend, vervollständigt das Bild.

Im Wörterbuch von Melzi steht er in einer Gruppe von anderen Wachhund-Rassen, die übrigens ziemlich konfus zusammengestellt ist. Neben dem Bernhardiner und der deutschen Dogge erscheint der Mastino und eine nicht näher beschriebene Schäferhundart. In der Mitte werden zwei Hunde zwischen Bulldogge und Boxer als Molosser und Dogge vorgestellt, aber der Neufundländer ist in einer schon sehr typischen Form abgebildet und wird so beschrieben: »Großer Mastino, Herkunft aus Neufundland, hat langes und lockiges Fell. Er stürzt sich ins Wasser, um Menschen zu retten.« Es ist nicht schwierig, sich vorzustellen, daß in einem Land mit Seefahrttraditionen, wie dem unseren, in der Zeit der Segelschiffahrt einige Schiffskapitäne die berühmten Hunde der Insel als Maskottchen der Besatzung und außerdem im Bewußtsein der Dienste, die sie im Notfall leisten könnten, auf ihren langen Reisen mit sich führten.

Sicherlich blieb mancher dieser Hunde bei den Familien und vermehrte sich, aber davon ist keine Spur geblieben.

Andererseits wurden in den ersten Jahren des 20. Jahrhunderts viele Neufundländer gar nicht eingetragen. Das Konzept der Ahnentafeln mußte noch für den allgemeinen Gebrauch eingeführt werden, und so wurden diese Hunde nur durch die Erinnerungen und auf Fotos der Zeit unsterblich gemacht.

Die ersten Eintragungen erscheinen fragmentarisch und ungenau und betreffen hauptsächlich Exemplare, die aus Deutschland und der Schweiz eingeführt und auf den ersten Hundeausstellungen vorgeführt worden waren. Unter diesen sticht eine Gruppe des Zwingers von Mollis hervor, die im Jahre 1901 in Mailand präsentiert wurde, und ein gewisser Ras, geboren im Januar 1903 und gezüchtet von einem nicht genauer identifizierten »Fischer von St. John in Neufundland«.

Der erste italienische Zwinger entstand erst in den 20er Jahren durch den großen Liebhaber der Rasse Eduino Colnaghi. Er hatte im Jahre 1889 Neufundländer in Österreich kennengelernt, als er im Alter von 14 Jahren als Gast von Freunden durch das Eingreifen eines sehr schönen Neufundländers mit Namen Robur vor der wütenden Attacke einer Dogge gerettet wurde. Er verliebte sich derart, daß er, sobald er erwachsen war, einen Hund dieser Rasse haben wollte und ihm natürlich den Namen seines unvergeßlichen Freundes Robur gab.

Robur v. Radegast wurde der Stammvater des berühmten Zwingers Serchio, der zwischen 1920 und 1936 eine ganze Anzahl von hervorragenden Neufundländern züchtete, darunter Argo, Broba, Tom Mix, Siro, Ilaria, Maryelsa, Oretta und Cape Race, der durch eine berühmte Zeichnung seines Besitzers, des Malers Amos Nattini, unsterblich wurde.

Im Jahre 1925 importierte Colnaghi aus England Monna Vanna, eine Tochter des berühmten Ch. Siki und der Hündin Southlands Pride.

Die Leidenschaft von Colnaghi, seine intensive Tätigkeit zugunsten der Rasse und seine Bereitschaft, anderen Liebhabern seine Erfahrungen weiterzugeben, trugen schnell Früchte. Auf der Spezialausstellung in Mailand im Jahre 1930

Ein historisches Foto! Florenz, 1931. Von links: Cesare Petri mit Senor del Serchio, Frau Cipolla mit Vera del Serchio, Eduino Colnaghi mit Ch. Monna Vanna und Ilaria del Serchio, Ingenieur Guidi mit Uncle Tom.

konnten die Besucher eine große Anzahl von Neufundländern bester Qualität bewundern.

Inzwischen war im Jahre 1929 die SIT (Società Italiana Terranova) gegründet worden; Eduino Colnaghi wurde ihr Präsident. In der Folgezeit wurde er von der ENCI zum Spezialrichter der Rasse berufen. Unter der Führung von Colnaghi, der sehr geschickt gute Kontakte mit dem Ausland knüpfte, gab es für die neuen Zwinger, die entstanden, interessante Importe.

Im Jahre 1928 importiere der Zwinger dell'Apuania von Umberto Catania aus Viareggio Dewet v.d. Waldstätte, gezüchtet von E. Burkhard und Sohn von Attila v. Wolfbach von Prof. Heim. Aus Deutschland kamen Ajax v. Eichwald und Nelly v. Biebertal für den Zwinger Eliseo von Lionello Canali aus Genua und Barry v. Walterstein wurde für den Zwinger Tigullio von Berengo Gardin aus S. Margherita Ligure importiert.

Aus England kam im Jahre 1930 Daventry Boatman aus der Linie Harlingen für A. Aliprandi aus Mailand, dazu zwei weitere wichtige Importe, Nachzuchten aus der Paarung Brave Michael und Judith v.d. Negerhut: Uncle Tom und Duskje Dinaah. Uncle Tom, Maso genannt, wurde Champion und ging an den Zwinger dell'Agogna der Eheleute Agnese und Silvio Cipolla, die auch Nori v. Walterstein und Anita v. Frachstein importierten.

Im Jahre 1931 war die Zahl der jährlich eingetragenen Welpen auf 37 gestiegen, in jener Zeit eine ansehnliche Zahl; im Jahre 1934 waren es sogar 45. Aber das Klima änderte sich und Kriegswolken zogen auf.

Die Mitteilungen der SIT, die auch heute noch an Materialien reiche Dokumente darstellen, mußten ihre Publikation einstellen. Die Mitteilung Nr. 6, 3. Jahrgang vom 15. Mai 1932 erklärte in den letzten veröffentlichten Nachrichten: die SIA (Società Italiana Alani) löste sich auf, die SIT folgte ihr in der Hoffnung auf bessere Zeiten nach.

Trotz schwieriger Zeiten blieb die Zahl der Würfe in den Jahren 1935 und '36 dennoch hoch. Im Jahre 1934 gelang es E. Colnaghi, Westerland Ramsay aus dem berühmten Zwinger von Harold MacPherson von Neufundland zu importieren. Mit Ramsay und Brixia züchtete er am 5. Oktober 1936 den letzten Wurf »del Serchio« mit nur zwei Hündinnen, Masa und Carmen.

In den folgenden Jahren verringerte sich die Zahl der Würfe rasch. Im Jahre 1937 exportierte der Zwinger dell'Agogna Lidia dell'Agogna nach Holland und importierte Otto v.d. Oude Plantage.

Im Jahre 1941 hatten Otto v.d. Oude Plantage und Nivea den letzten Wurf der Vorkriegszeit, dann hörten die Eintragungen vollständig auf. Der nächste wieder registrierte Wurf von Aldo v.

Eine in der Familie vererbte Leidenschaft: die Mutter der Autorin im Jahre 1918.

Friedbuhl und Flora v.d. Schürz des Ingenieurs Armando Piaggio aus Genua erblickte erst 1950 das Licht der Welt.

Von den alten Zwingern nahm nur dell'Agogna seine Zucht nach dem Krieg wieder auf, aber es war nötig, neue Hunde zu importieren. Aus der Schweiz kamen im Jahre 1950 Nyusa de la Pommeraie, eine Hündin von 11 Monaten, und Banco de la Maison Neuve. Im November 1951 wurde deren erster Wurf geboren: Nilo, Niso, Nike, Ninfa und Nivea. Im selben Jahr fand ein weiterer hervorragender Import statt: Neptune of Perryhow, Sohn von Midway Gipsy Seaolar of Perryhow und der berühmten The Barribals Anca. Dieser Rüde wurde Champion und zeugte mit Nivea und Nyusa eine bemerkenswerte Anzahl von Würfen.

Von 1950 bis 1960 wurden insgesamt 62 Welpen eingetragen, die meisten vom Zwinger dell'Agogna oder Nachkommen seiner Hunde. Im Jahre 1956 wurde unter anderem von Neptune of Perryhow und Nivea dell'Agogna, Serio dell'Agogna gezeugt. Er ging an den Ingenieur Olper aus Mailand, der im Jahre 1959 aus England auch Bounty of Sparry importierte.

In den 60er Jahren folgten weitere Importe: der Zwinger dell'Agogna erwarb Roderick of Sparry aus England, Tania und Annette v. Schwabenland aus Deutschland und Avalous Itulos, der später Champion wurde und Avalous Olympia aus Holland. Aus Neufundland importierte Claire Weener Harbour Beemkillich (Romy v.d. Schürz x Glenmire Tam of Harbour Beem) und Glenmire B'osum (Newton Westerland x Lady of Glenmire), von dem der Int. Ch. Fogo abstammte. Es folgten weitere Exemplare aus schweizerischen, französischen und deutschen Linien. Im Jahre 1958 zeugten Avalous Itulos und Tania v. Schwabenland den Ch. Gaio dell'Agogna von Cesare Gallia.

Im Jahre 1966 wurde von Serio dell'Agogna nach Bounty of Sparry die Hündin Cora geboren, mein erster Neufundländer, die Ch. It. Int. M.R. und Stammutter des Zwingers degli Angeli Neri wurde. Im Jahre 1969 wurde Cora mit dem schweizerischen Int. Ch. Simbo v. Schwarzen Mutz gepaart. Aus dieser Verbindung stammen Amanda, Ambra, Aar, Astro, Asthom, Ascot, Araq. Die beiden wichtigsten Nachzuchten waren der italienische und Int. Ch. Aar und die italienische und Int. Ch. R. Amanda.

Aar wurde wiederum zum Stammvater des Zwingers delle Acque Celesti von M. Luisa Bruzzo, der eine große Anzahl von Neufundländern züchtete. Mit Ch. Hilvig's Ondine, importiert aus den USA, brachte er Int. Ch. Aldebaran und Ch. Baten delle Acque Celesti von Giuseppe Rossi hervor; mit Ara v. St. Peter den Ch. Fjord, der mit Kluna v. Kilombero, Tochter von Karel v.d. Niederburg, den Grundstein für den Zwin-

Ch. Cora, Ch. Aar und Ch. Amanda.

Ch. Christian und Ch. Ethel degli Angeli Neri.

ger dei Moicani von Tina Justi Rabbogliatti legte. In Frankreich deckte er für den Zwinger des Terres Vieilles und für den Zwinger von Belvezet, woraus Ch. Fr. Jupiter de Belvezet und der Ch. It. Int. Jubal de Belvezet von Bartolo Ruffinengo hervorgingen.

Amanda, Uri genannt, blieb im Zwinger degli Angeli Neri und brachte mit dem schweizerischen Asso de la Chassotte, Sohn von Rik v. Blattenhoff, zwei Nachzuchten, die in den 70er Jahren großen Erfolg haben sollten, nämlich Ch. It. Int. M.R. Christian degli Angeli und Ch. It. Int. Ethel degli Angeli Neri. Insbesondere Ch. Christian degli Angeli Neri prägte den Zwinger in bemerkenswerter Weise, indem er mit verschiedenen Hündinnen etwa zwanzig Würfe brachte. Mit Ch. Baia degli Angeli Neri (Ch. Cora x Pirat v.d. Juliana) zeugte er unter anderem Ch. Felix degli Angeli Neri von Paolo Trevisi und Ch. Mabel degli Angeli Neri von Annalisa Pisaneschi.

Bei einer darauffolgenden Paarung mit Karel

v.d. Niederburg brachte Amanda zwei weitere Champions, Ch. Hans degli Angeli Neri von Oreste Diazzi und Ch. Harold degli Angeli Neri von Dina Laugeri Zaccone. Harold wurde Stammvater des Zwingers La Venaria Reale und brachte mit Nuvola v. Neufundländerheim eine Anzahl hervorragender Tiere, darunter die Hündin Ch. Alone.

In den 60er Jahren wurden in Italien insgesamt 85 Welpen geboren, und es hatte 12 Importe gegeben; in den 70er Jahren stieg die italienische Nachzucht rasch auf 370, bei 63 importierten Neufundländern.

Darunter kam aus der Schweiz Sol v. St. Johanniswald (von Koko v. St. Fridolin x Oron v. St. Johanniswald). Dieser brachte mit Aldebaranachzuchten: Ch. Cygnus, Ch. Cassiopeia und die Hündin Ch. It. Int. A. Sv. Carina delle Acque Celesti, Stammutter des Zwingers Geminorum von Adriana Griffa; Flipper de Soremont, Sohn des Int. Ch. Ben v. Felsbach, der Ch. It. Int. und Vater von Weltsiegerin Malva und Basis des Zwingers degli Orsi di S. Michele von Luciano Veronesi wurde; Avalon's Boreas für den Zwinger dell'Agogna; Bluff, ein schwedischer Rüde aus der Linie Kläm von Umberto Chiostri, Vater von der Ch. Chantal vom Zwinger Incisie von Baldovino Incisa in Camerana; darüber hinaus wurden einige englische und französische Hunde für den Zwinger della Gabanina von Francesco Rocca, del Laghetto von M. Zerilli Marimo und für Daniela Cavalli Funiciello importiert.

Die Rasse wuchs rasch und zog eine immer größere Zahl von Hundeliebhabern an; die Zeit war gekommen, einen Klub ins Leben zu rufen. Im September 1976 setzten 42 Gründungsmitglieder in Genua Nervi ihre Unterschrift unter das Statut. Der Club Italiano del Terranova war geboren. Die Zukunft erschloß sich für viele Vorhaben, die sich mit der größeren Verbreitung

Eine Gruppe des Zwingers de La Venaria Reale: Ch. Alone, Ch. Harold degli Angeli Neri und Nuvola v. Neufundländerheim.

Favola de La Venaria Reale.

Athos dei Moicani (Eigentümer P. Marenghi).

Zwinger Geminorum: Ch. Aldebaran, Ch. Carina delle Acque Celesti, Ch. Alhena Geminorum und Ch. Alrai Cephei.

des Neufundländers in Italien nach und nach noch erweiterten.

Die 80er Jahre brachten in der Tat ein immer stärkeres Wachstum. Es waren 58 Welpen im Jahre 1980; 82 im Jahre '81; 93 im Jahre '82; 81 im Jahre '83; 89 im Jahre '84; 105 im Jahre '85; 164 im Jahre '86; 162 im Jahre '87; 247 im Jahre '88; 369 im Jahre '89.

In der ersten Hälfte des Jahrzehnts waren Zucht und Aktivität der vorhandenen Zwinger stark mit der Einführung weiterer ausländischer Linien verbunden. Unter den aus dem Ausland eingesetzten Zuchtrüden waren Mirko v. Murgwai und Lord v. Murgwai, die für den Zwinger de La Venaria Reale beziehungsweise für dei Moicani deckten; Int. Ch. Enrik v. Luxemburg (Ch. Ferro v. Söven x Blacky) deckte für die Zwinger degli Angeli Neri und La Venaria Reale; Ch. Ferro v. Söven zeugte Ch. It. Int. Sv. F.R. Alhena Geminorum, Ch. It. Int. Sv. A. Alrai Cephei, Int. Ch. Geminorum Corona und den holländischen Ch. Basco van't Zoonegge; Ch. It. Bartok; Lord Byron's Billy Budd; Int. Ch. Lux. Weltsieger. Erasmus Graf v. Luxemburg, der für den Zwinger de La Venaria Reale deckte und für degli Angeli Neri. Mit Suomi degli Angeli Neri, Tochter des Ch. Christian degli Angeli Neri, zeugte er insgesamt sieben Champions, davon fünf im ersten Wurf: Ch. It. Int. R. SM. A. Zeder degli Angeli Neri, Ch. It. Zenith degli Angeli Neri, Ch. It. Zeus degli Angeli Neri, Ch. It. Zingarella degli Angeli Neri, Ch. It. Zelda degli Angeli Neri und im zweiten Wurf des Jahres 1987 Ch. It. Int. Dilys degli Angeli Neri und Ch. It. Debbye degli Angeli Neri. In der zweiten Hälfte der 80er Jahre entstanden neue Zwinger, von denen sich einige der Variante schwarz-weiß widmeten.

Im Jahre 1985 begann der Zwinger Cayuga Newf von M. Massa und F. Vitale, der seine Linien zunächst mit dänischen Hunden des Zwingers Ursula's aufbaute, indem er Ch. It. Int. Ursula's Golddigger, Ursula's Lady Luna, Ursula's Near to My Heart und Ch. Ursula's Admiral Ascot importierte, und später dann mit kanadischen Linien des Zwingers Topmast und Bearbrook, indem er Ch. Am. Cdn. Dk. Sm. It. Int. Weltsieger Topmast's Blackberry Blossom, Topmast's Peg O My Heart, Ch. It. Int. Topmast's Applesauce, Ch. Cdn. Int. Am. Topmast's John Houston, Ch. Cdn. Am. R. Int. It. Bearbrook Barnacle Bill und Ch. It. R. Dulrick's A

Weltsieger Topmast's Blackberry Blossom (Eigentümer Zwinger Cayuga, Foto Søren Wesseltoft).

Tail Spin, Sohn von Bearbrook Domino de Dourga, importierte. Bearbrook Barnacle Bill zeugte mitTopmast's Blackberry Blossom die Hündin Ch. Cdn. It. Int. Cayuga I'm Juliet of Bonaventura und Ch. It. Int. A. Iron Man Tyson of Bonaventura und mit Topmast's Applesauce den Ch. It. Int. Cayuga Fearnaught. Immer auf denselben Linien aufbauend entstand der Zwinger Vertigo von Beatrice Schiatti, der mit Bearbrook Barnacle Bill Int. Ch. Athletic Grizzly und von Dulrick'n A Tail Spin, die Int. Ch. Bear in Mind und den Int. Ch. Berry The Perry züchtete.

Dulrick'n A Tail Spin deckte auch für den Zwinger Geminorum, wobei er mit Alhena Geminorum die Ch. It. Int. Geminorum Eridania und Int. Ch. Geminorum Elettra zeugte.

In derselben Periode wurde aus Frankreich Venise des Coteaux Rouges von Fedorka Orebic Malfatti importiert, die mit Ch. Zeder degli Angeli Neri einige hervorragende Nachzuchten brachte, unter ihnen Athos, Anouk und Ch. It. Arnoux.

In den letzten Jahren sind einige Würfe von Privatleuten und Mitgliedern des Club Italiano del Terranova gezüchtet worden, die, da sie alle auf gute Auslese achteten, einen nützlichen Beitrag für die Rasse geleistet haben. Im Jahre 1990 betrug die Zahl der im *Libro Origini Italiano* eingetragenen Neufundländer 561.

Ein so schnelles Anwachsen birgt, auch wenn es auf der einen Seite positiv zu werten ist, auf der anderen eine große Gefahr. Gute Hunde zu erhalten, ist nicht leicht.

Der Züchter, dem wirklich an der Rasse liegt, wird dafür sorgen, nur mit den Hunden zu züchten, die dafür am besten geeignet sind. Das verlangt jedoch eine zahlenmäßig begrenzte Zucht. Wenn die Nachfrage zu rasch steigt, wird sie sich ein Angebot in anderen Kategorien suchen, die sicherlich nicht die gleichen Interessen haben. Und da lebende Zuchttiere sehr schwierig zu kontrollieren sind, werden neue Hunde das vorhandene Erbgut ausdehnen, wobei sie auch ungewollte Merkmale integrieren und übertragen.

Dazu kommt, daß die Mode, die manchmal Ausdruck kurzlebiger und starken Wechseln unterworfener Wünsche ist, zum Impulskauf eines

Ch. Berry The Perry (Eigentümer Schiatti und Baronti).

Bonavista Bop Drop (Eigentümer Zwinger Vertigo).

attraktiven 2 Monate alten Welpen leicht verführen kann.

Ist der Hund dann etwa ein Jahr alt, fängt die Arbeit an ihn zu pflegen, zu ernähren, und zu bürsten; dies kann dann zur Belastung werden, was leicht dazu führen wird, daß man ihn plötzlich abgibt: und dies ist ein schweres Trauma für jeden Hund, noch schwerer für den Neufundländer, dessen Bindung an »seine« Menschen eine seiner tiefsten Motivationen ist.

Zum Abschluß der geschichtlichen Betrachtung werfen wir einen Blick in die Zukunft. Wir wünschen uns, daß sich die Rasse weiterhin verbreiten möge, aber nur in einer angemessenen und verantwortlichen Zucht.

Die folgenden Seiten haben das Ziel, eine bessere Kenntnis des Neufundländers zu vermitteln, damit die Begegnung mit ihm nicht zufällig, sondern wohlüberlegt und Quelle von viel Freude für Mensch und Hund sei.

Ch. Zeder degli Angeli Neri (Eigentümer G. Pasini).

Ch. Dulrick'n A Tail Spin (Eigentümer Zwinger Cayuga).

Ch. Arnoux (Eigentümer Rita Cadonna).

II. DIE RASSESTANDARDS DES NEUFUNDLÄNDERS

Die Basis für eine Hunderasse ist in dem Moment gegeben, wenn eine Gruppe von Exemplaren, die zur selben Spezies gehören, dank der Bedingungen von Umfeld, Geschichte, Geographie oder Nutzung die Fähigkeit erlangt hat, mit einer gewissen Konstanz bestimmte Eigenschaften zu reproduzieren.

Dennoch ist der Mechanismus der Übertragung der Rassenmerkmale so beschaffen, daß aus einem homogenen Durchschnitt auch viele Variationen hervorgehen können. Um diese exzessiven Abweichungen, im Grunde Änderungen der Rasse, zu verhindern und um präzisere Bewertungskriterien zu erreichen, sind die Rassestandards geschaffen worden.

Jeder Standard steht unter der Obhut des Herkunftslandes der Rasse. Für den Neufundländer ist dieses Land England, obwohl die Insel Neufundland heute politisch zu Kanada gehört. In der Zeit der Anerkennung der Rasse, im Jahre 1886, war sie eine englische Kolonie.

Der englische Standard wird von allen Ländern anerkannt, die Mitglieder der F.C.I. (Fédération Cynologique Internationale) sind, unter ihnen auch Italien. USA und Kanada, die nicht Mitglieder der F.C.I. sind, benutzen hingegen ihre eigenen Standards.

Rassestandard der FCI Nr. 50 / 14. Februar 1989

Allgemeines Erscheinungsbild: gut ausgewogen, beeindruckt durch Kraft und große Aktivität. Massive Knochen, die jedoch nicht den Eindruck von Schwerfälligkeit erwecken . Edel, majestätisch und kraftvoll.

Charakteristika: großer Zug- und Wasserhund mit angeborenem Instinkt Leben zu retten, ergebener Gefährte.

Wesen: außergewöhnlich liebenswürdig und gelehrig.

Kopf und Schädel: breiter, massiver Kopf, gut entwickeltes Hinterhauptbein, ohne ausgeprägtem Stop. Kurzer Fang, der ebenmäßig geschnitten und eher quadratisch ist, er ist mit kurzem, feinem Haar bedeckt.

Augen: klein, dunkelbraun, ziemlich tief gebettet und ziemlich weit auseinanderliegend, Bindehaut nicht sichtbar.

Ohren: klein, gut hinten und der Linie des Oberkopfes folgend angesetzt, eng am Kopf anliegend und mit kurzen Haaren, ohne jegliche Fransenbildung, bedeckt.

Fang/Gebiß: weich (sanft), gut von den Lefzen bedeckt. Scherengebiß bevorzugt, wobei die obere Schneidezahnreihe ohne Zwischenraum über die untere greift und die Zähne senkrecht im Kiefer stehen. Zangengebiß erlaubt.

Hals: stark, gut auf den Schultern aufgesetzt.

Vorhand: Vorderläufe völlig gerade, gut bemuskelt. Die Ellenbogen liegen gut an den Seiten an und sind tiefstehend.

Körper: gut aufgerippt, breiter Rücken mit ebener Rückenlinie, kräftige, muskulöse Lendenpartie. Tiefe, ziemlich breite Brust.

Hinterhand: kräftig und sehr gut gebaut. Schlaffheit der Lenden und Kuhhessigkeit höchst unerwünscht. Wolfskrallen sollten entfernt sein.

Pfoten: groß, mit deutlich ausgebildeten Zwischenzehenhäuten, gut geformt. Gespreizte Zehen oder nach außen gedrehte Pfoten sind höchst unerwünscht.

Gangart/Bewegung: frei, leicht rollende Gangart. In der Bewegung ist ein geringfügiges Einwärtsdrehen der Vorderpfoten statthaft.

Rute: mäßig lang, geringfügig bis unterhalb des Sprunggelenks reichend. Gut dick und reichlich mit Haar bedeckt, jedoch bildet es keine Fahne. Im Stand hängt sie mit einem kleinen Bogen am Ende gerade herab. In der Bewegung wird sie leicht angehoben, in erregtem Zustand wird sie waagerecht mit einer geringfügigen Biegung an der Rutenspitze getragen. Knickruten oder über den Rücken gerollte Ruten sind höchst unerwünscht.

Haarkleid: doppeltes Haarkleid, glatt und dicht. Von grober Struktur und öliger Beschaffenheit, wasserabweisend. Gegen den Strich gebürstet, fällt das Haar von allein in seine ursprüngliche natürliche Lage zurück. Vorderläufe gut, Hinterläufe leicht befedert. Körper gut behaart, das Haar an der Brust formt jedoch keine Mähne.

Farbe: die einzigen zugelassenen Farben sind:

Schwarz: sattes mattglänzendes Tiefschwarz, wobei ein Bronzeschimmer gestattet ist. Geringer weißer Brustfleck, sowie etwas Weiß an den Zehenspitzen und an der Rutenspitze sind erlaubt.

Braun: kann schokoladen- oder bronzefarben sein. Ansonsten unterscheidet sie sich mit Ausnahme der Farbe nicht von Schwarzen. Geringer weißer Brustfleck, sowie etwas Weiß an den Zehenspitzen und an der Rutenspitze sind erlaubt.

Weiß-Schwarz (Anglo/Amerikanischer Landseer):
Weiß, ausschließlich mit schwarzen Markierungen. Zu bevorzugen ist ein schwarzer Kopf mit schmaler weißer Blesse, gleichmäßig ausgebildete Sattelmarkierung, die schwarze Markierung der Kruppe geht harmonisch zur Rute über. Der Schönheit der Zeichnung muß große Aufmerksamkeit geschenkt werden. Rußflecken sind ein unerwünschtes Merkmal.

Größe/Gewicht: Durchschnittliche Schulterhöhe:
Rüden: 71 cm Hündinnen: 66 cm
Durchschnittliches Gewicht:
Rüden 64 bis 69 kg Hündinnen: 50 bis 55 kg

Fehler: jede Abweichung von den vorgenannten Punkten sollte als Fehler angesehen werden, dessen Bewertung im genauen Verhältnis zum Grad der Abweichung stehen sollte.

Anmerkung: Rüden sollten zwei offensichtlich normal entwickelte Hoden aufweisen, die sich vollständig im Skrotum befinden.

Standard USA AKC 8. May 1990

General Appearance: The Newfoundland is a sweet-dispositioned dog that acts neither dull nor illtempered. He is a devoted companion. A multipurpose dog, at home on land and in water, the Newfoundland is capable of draft work and possesses natural lifesaving abilities.

The Newfoundland is a large, heavily coated, well balanced dog that is deep bodied, heavily boned, muscular and strong. A good specimen of the breed has dignity and proud head carriage.

The following description is that of the ideal Newfoundland. Any deviation from this ideal is to be penalized to the extent of the deviation. Structural and movement faults common to all working dogs are as undesirable in the Newfoundland as in any other breed, even though they are not specifically mentioned herein.

Size, Proportion, Substance: Average height for adult dogs is 28 inches, (71 cm), for adult bitches, 26 inches (66 cm). Approximate weight of adult dogs ranges from 130 to 150 pounds (58-68 kg), adult bitches from 100 to 120 pounds (45-54 kg). The dog's appearance is more massive throughout than the bitch's. Large size is desirable, but never at the expense of balance, structure and correct gait. The Newfoundland is slightly longer than tall when measured from the point of shoulder to point of buttocks and from withers to ground. He is a dog of considerable substance which is determined by spring of rib, strong muscle, and heavy bone.

Head: The head is massive, with a broad **skull**, slightly arched crown, and strongly developed occipital bone. Cheeks are well developed. **Eyes** are dark brown. (Browns and Grays may have lighter eyes and should be penalized only to the extent that color affects expression). They are relatively small, deep-set, and spaced wide apart. Eyelids fit closely with no inversion. **Ears** are relatively small and triangular with rounded tips. They are set on the skull level with, or slightly above, the brow and lie close to the head. When the ear is brought forward, it reaches to the inner corner of the eye on the same side. **Expression** is soft and reflects the characteristics of the breed: benevolence, intelligence, and dignity.

Forehead and face are smooth and free of wrinkles. Slope of the stop is moderate but, because of the well developed brow, it may appear abrupt in profile. The **muzzle** is clean-cut, broad throughout its length, and deep. Depth and length are approximately equal, the length form tip of nose to stop being less than that from stop to occiput. The top of the muzzle is rounded, and the bridge, in profile, is straight or only slightly arched. Teeth meet in a scissors or level **bite**. Dropped lower incisors, in an otherwise normal bite, are not indicative of a skeletal malocclusion and should be considered only a minor deviation.

Neck, Topline, Body: The **neck** is strong and well set on the shoulders and is long enough for proud head carriage. The **back** is strong, broad, and muscular and is level from just behind the withers to the croup. The chest is full and deep with the brisket reaching at least down to the elbows. Ribs are well sprung, with the anterior third of the rib cage tapered to allow elbow clearance. The flank is deep. The croup is broad and slopes slightly. **Tail** - Tail set follows the natural line of the croup. The tail is broad at the base and strong. It has no kinks, and the distal bone reaches to the hock. When the dog is standing relaxed, its tail hangs straight or with a slight curve at the end. When the dog is in motion or excited, the tail is carried out, but it does not curl over the back.

Forequarters: Shoulders are muscular and well laid back. Elbows lie directly below the highest point of the withers. Forelegs are muscular, heavily boned, straight, and parallel to each other, and the elbows point directly to the rear. The distance from elbow to ground equals about half the dog's height. Pasterns are strong and slightly sloping. Feet are proportionate to the body in size, webbed, and cat foot in type. Dewclaws may be removed.

Hindquarters: The rear assembly is powerful, muscular, and heavily boned. Viewed from the rear, the legs are straight and parallel. Viewed from the side, the thighs are broad and fairly long. Stifles and hocks are well bent and the line from hock to ground is perpendicular. Hocks are well let down. Hind feet are similar to the front feet. Dewclaws should be removed.

Coat: The adult Newfoundland has a flat, water-resistant, double coat that tends to fall back into place when rubbed against the nap. The outer coat is coarse, moderately long, and full, either straight or with a wave. The undercoat is soft and dense, although it is often less dense during the summer months or in warmer climates. Hair on the face and muzzle is short and fine. The backs of the legs are feathered all the way down. The tail is covered with long dense hair.

Excess hair may be trimmed for neatness. Whiskers need not be trimmed.

Color: Color is secondary to type, structure and soundness.

Recognized Newfoundland colors are black, brown, gray, and white and black.

Solid Colors - Blacks, Browns, and Grays may appear as solid colors or solid colors with white at any, some, or all, of the following locations: chin, chest, toes, and tip of tail. Any amount of white found at these locations is typical and is not penalized. Also typical are a tinge of bronze on a black or gray coat and lighter furnishings on a brown or gray coat.

Landseer - white base coat with black markings. Typically, the head is solid black, or black with white on the muzzle, with or without a blaze. There is a separate black saddle and black on the rump extending onto a white tail.

Markings, on either solid colors or Landseers, might deviate considerably from those described and should be penalized only to the extent of the deviation. Clear white or white with minimal ticking is preferred.

Gait: The Newfoundland in motion has good reach, strong drive, and gives the impression of effortless power. His gait is smooth and rhythmic, covering the maximum amount of ground with the minimum number of steps. Forelegs and hind legs travel straight forward. As the dog's speed

increases, the legs tend toward single tracking. When moving, a slight roll of the skin is characteristic of the breed. Essential to good movement is the balance of correct front and rear assemblies.
Temperament: Sweetness of temperament is the hallmark of the Newfoundland; this is the most important single characteristic of the breed.
Disqualifications: Any colors or combinations of colors not specifically described are disqualified.

Standard Canada 01. Januar 1979

Origin and Purpose: The breed originated in Newfoundland form dogs indigenous to the island, and the big black bear dogs introduced by the Vikings in 1001 A.D. With the advent of European fishermen, a variety of new breeds helped to shape and re-invigorate the breed, but the essential characteristics of the Newfoundland dog remained. By the time colonization was permitted in 1610, the distinct physical characteristics and mental attributes had been established in the breed for all time.

The large size, heavy coat and webbed feet permit him to withstand the rigors of the extreme climate and sea while serving both as lifeguard and draught animal.
General Appearance: The Newfoundland is massive, deep bodied, well muscled and coordinated, projecting dignity in stance and head carriage. The appearance is square in that the length of the dog, from the top of the withers to the base of the tail is equal to the distance from the top of the withers to the ground. The distance from the top of the withers to the underside of the chest is greater than the distance from the underside of the chest to the ground. The body of the bitch may be slightly longer, and is less massive than that of the dog. A mature dog should never appear leggy or lacking substance. The Newfoundland is free moving with a slight roll perceptible. Substantial webbing of the toes is always present. Large size is desirable but never at the expense of gait symmetry and balance. Fine bone is to be faulted.
Temperament: The Newfoundland's expression is soft and reflect the character of the breed - benevolent, intelligent, dignified but capable of fun. He is known for his sterling gentleness and serenity. Any show of ill temper or timidity is to be severely faulted. Bad temperament is a disqualification.
Size: The average height for adult dogs is 28 inches (71 cm), for adult bitches, 26 inches (66 cm). The average weight for adult dogs is 150 pounds (68 kg), for adult bitches, 120 pounds (54 kg). Large size is desirable but it is not to be favored over correct gait, symmetry, soundness and structure.
Coat and Colour: The Newfoundland has a water resistant double coat. The outer coat is moderately long and straight with no curl. A slight wave is permissible. When rubbed the wrong way, the coat tends to fall back into place. The undercoat is soft and dense, but less dense during the summer months, but always found to some extent on the rump and chest. A completely open coat is to be faulted. The hair on the head, muzzle and ears is short and fine. The front and rear legs are feathered. The tail is completely covered with long dense hair, but does not form a flag. A short, flat, smooth coat, (Labrador Retriever type) is a disqualification. The traditional colour is black. A sunburned black is permissible. White markings on chest, toes and/or tip of tail are permissible. Markings of any

Ch. Amanda (Eigentümer Zwinger degli Angeli Neri).

colour other than white are most objectionable and the dog is to be disqualified. The Landseer Newfoundland is white with black markings, and is of historical significance to the breed. The preferred pattern of markings for the Landseer is black head with white blaze extending onto the muzzle, black saddle and black rump and upper tail. All remaining parts are to be white with a minimum of ticking. The symmetry of markings and beauty of pattern characterize the best marked Landseers. Landseers are to be shown in the same classes as blacks unless special classes are provided for them.

Head: The head is massive with a broad *skull,* slightly arched crown and strongly developed occipital bone. The forehead and face are smooth and free of wrinkles. The top is not abrupt. The *muzzle* is clean cut and covered with short fine hair. It is rather square, deep and moderately short. The nostrils are well developed. The bitch's head follows the same general conformation, but is feminine and less massive. A narrow head, snipey or long muzzle is to be faulted. Pronounced flews are not desirable. The *eyes* are dark brown, relatively small and deep set. They are spaced wide apart and show no haw. Round, protruding or yellow eyes are objectionable. The *ears* are relatively small and triangular with rounded tips. They are set well back on the side of the head and lie close. When the ear of the adult dog is brought forward, it reaches to the inner corner of the eye on the same side. The teeth meet in a scissors of level bite.

Neck: The neck is strong, muscular and well set on the shoulders. It is long enough to permit dignified head carriage, and should not show surplus dewlap.

Forequarters: When the dog is not in motion, the forelegs are straight and parallel, with the elbows close to the chest. The shoulders are well muscled and well laid back at an angle approaching 45 degrees. The pasterns are slightly sloping. Down in the pasterns is to be faulted. The feet are proportionate to the body in size, well rounded and tight, with firm compact toes (cat foot type). Splayed toes are a fault. Toeing in or out is undesirable.

Body: The Newfoundland's chest is broad, full and deep, with the brisket reaching to the elbows. The back is broad, with good spread of rib, and the topline is level from the withers to croup, never roached, slack or swayed. The loins are strong and well muscled, and the croup is broad. The pelvis slopes at an angle of about 30 degrees. Viewed from the side the body is deep, showing no discernible tuck-up. Bone structure is massive throughout but does not give sluggish appearance.

Hindquarters: Because driving power for swimming, pulling loads or covering ground efficiently is largely dependent upon the hindquarters, the rear structure of the Newfoundland is of prime importance. The hip assembly is broad, strong and well developed. The upper thighs are wide and muscular. The lower thighs are strong and fairly long. The stifles are well bent, but not so as to give a crouching appearance. The hocks are well let down, well apart and parallel to each other. They turn neither in nor out. The feet are firm and tight. Dewclaws if present should have been removed. Straight stifles, cow hocks, barrel legs, and pigeon toes are to be faulted.

Tail: The tail acts as a rudder when the Newfoundland is swimming, therefore it is strong and broad at the base. When the dog is standing the tail hangs straight down, possibly a little curved at the tip, reaching to or slightly below the hocks; when the dog is in motion or excited, the

Ch. Molly Mill's Bepo
(Eigentümer J. Bombe).

tail is carried straight out or with slight upward curve but never curled over the back nor curved inward between the legs. A tail with a kink or curled at the end is very objectionable.
Gait: The Newfoundland has good reach and strong drive, giving the impression of effortless power. In motion, the legs move straight forward parallel to the line of travel. A slight roll is present. As the speed increases, the dog tends to single track, with the topline remaining level. Mincing, shuffling, crabbing, too close moving, weaving, crossing over in front, toeing out or distinctly toeing in front, hackney action and pacing are all faults.
Faults: Legginess, narrow head, snipey or long muzzle, pronounced flews, short tail, long tail, tail with a kink, tail with a curled end, fine bone, any show of ill temper or timidity, open coat, eyes showing pronounced haw, round, protruding or yellow eyes, splayed feet, down pastern, mincing, shuffling, crabbing, weaving, crossing over in front, toeing out or distinctly toeing-in in front, hackney action or pacing, straight stifles, cow hocks, barrel legs, roached, slack or sway back, lack of webbing between toes, overshot or undershot or wry mouth.
Disqualifications: Bad temperament, short flat-coat (Labrador Retriever type), markings of any other colour than white on a black dog, any colours other than the traditional black, or Landseer (white and black).

Anatomischer Aufbau.

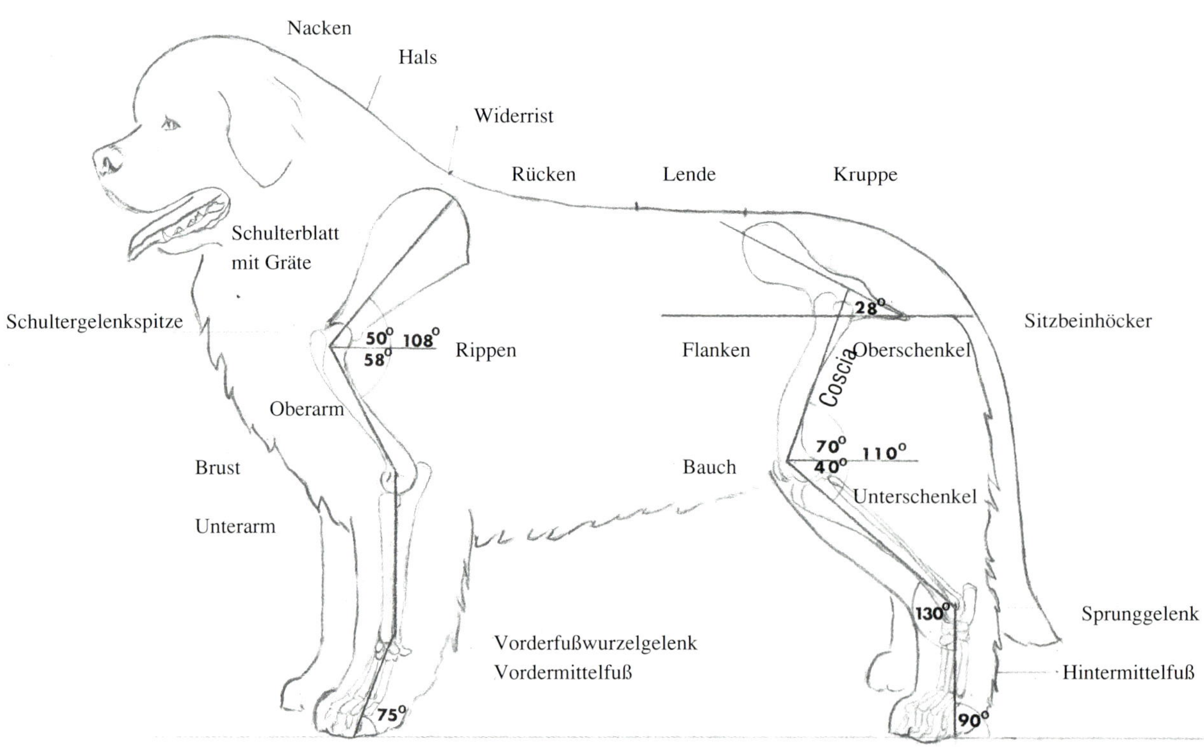

Muskulatur

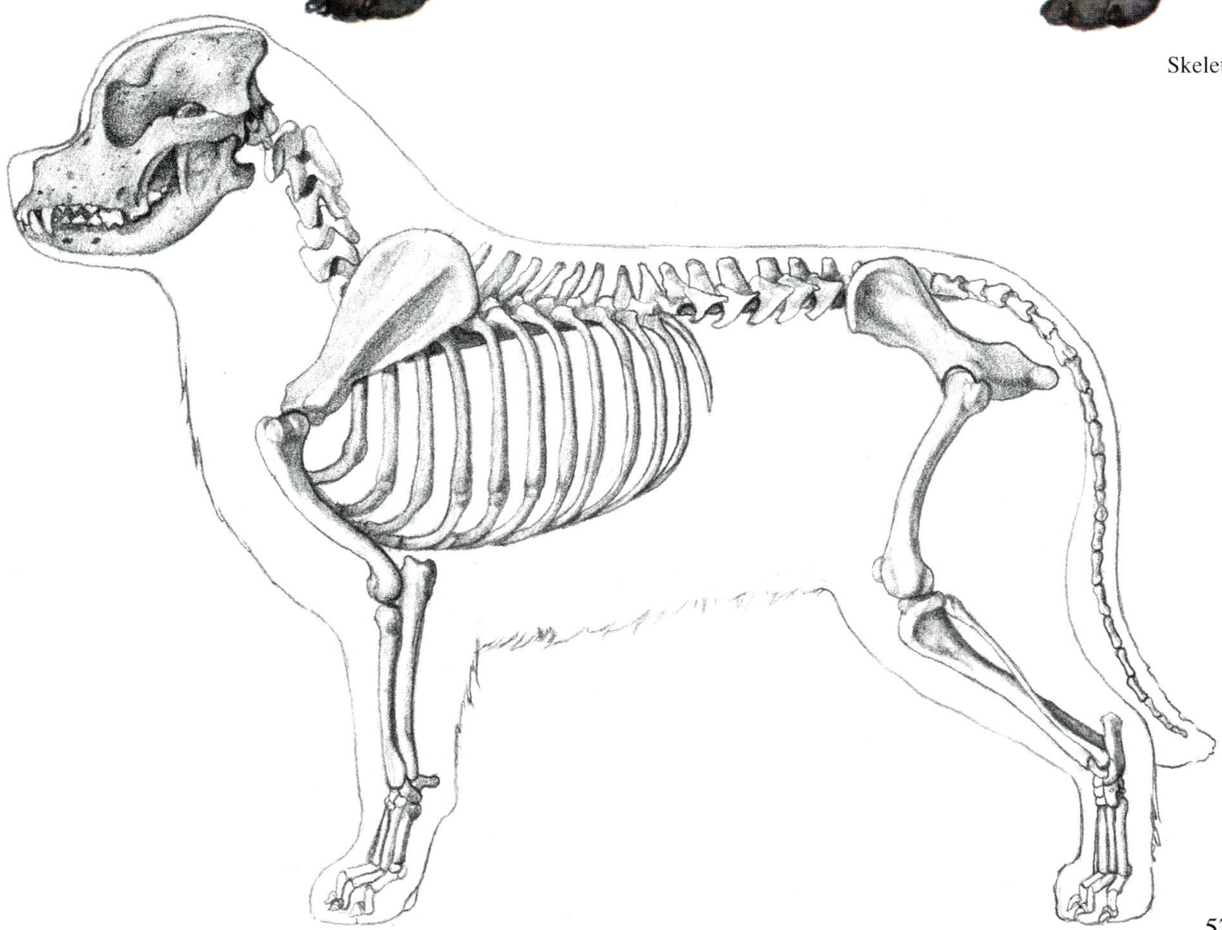

Skelett

Schädel (Seitenansicht)

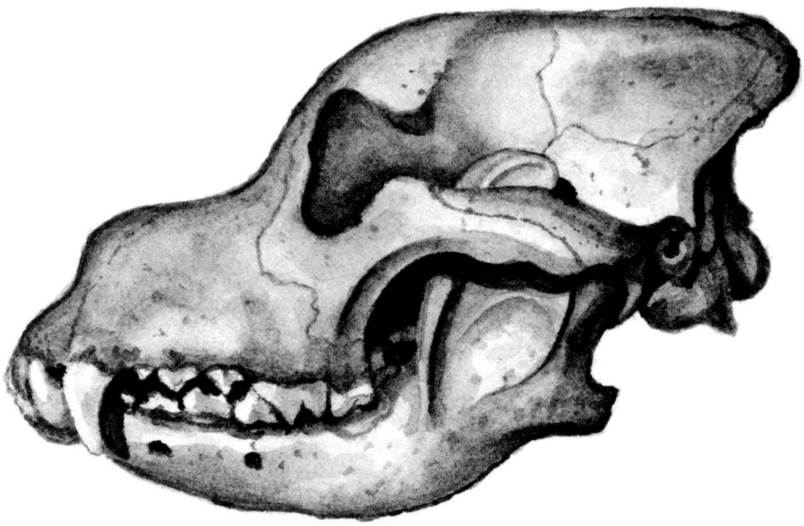

Die Schädelregionen

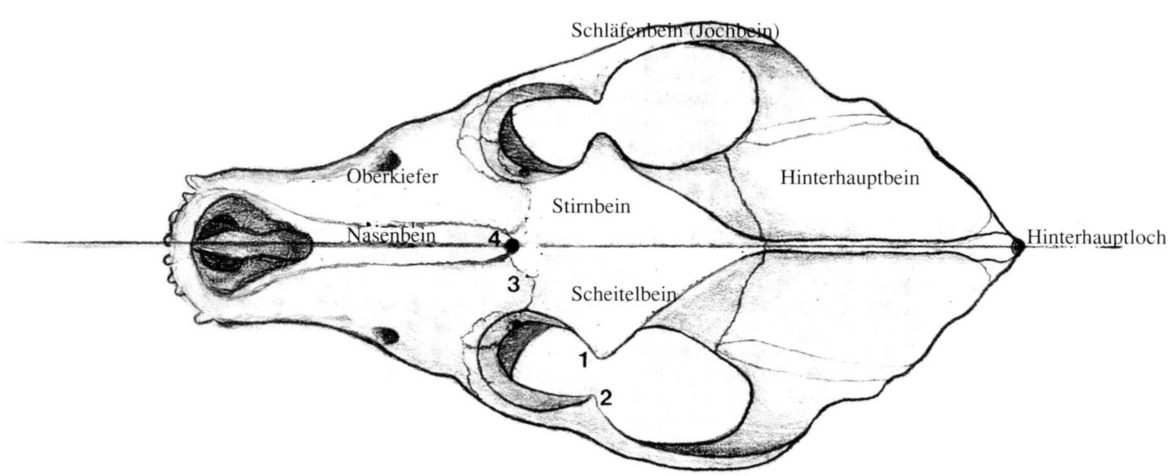

1 - Jochbeinknochenfortsatz der Stirn (ektorbitaler Punkt)

2 - Frontaler Knochenfortsatz des Jochbeins

3 - Kiefernapophyse

4 - Nasenapophyse

III. KOMMENTAR ZU DEN STANDARDS

Die Prüfung und die Gegenüberstellung der drei Standards macht deutlich, daß in ihnen, abgesehen von der Farbe, keine grundlegenden Unterschiede bestehen.

Der ideale Typ des Neufundländers ist in den Standards der ganzen Welt gleich. Es ist also sinnvoll, sich zu fragen, wie es möglich ist, daß man auch im Bereich desselben Landes, manchmal bei verschiedenen Exemplaren auf erhebliche Unterschiede treffen kann. Es ist offensichtlich, daß sich Züchter und Richter auf die Vorschriften der Standards einigen müssen, aber allzu oft lassen diese Raum für Interpretationen.

Es kann zum Beispiel geschehen, daß einige durch Überbetonung eines Merkmals dazu kommen, dieses zu verschärfen und zu karikieren, während andere zulassen, daß Merkmale bis zum Verschwinden verwässert werden. Dabei vergessen beide ein Prinzip, das sehr wichtig und von den bekanntesten Liebhabern jeder Zeit ausgedrückt worden ist: »Beim Neufundländer muß alles in Harmonie und richtig proportioniert sein«.

Vielleicht würde das nicht vorkommen oder weniger problematisch sein, wenn der Standard weniger dürftig wäre.

Der II. Kynologische Weltkongress, der im Jahre 1934 in München abgehalten wurde, wünschte - mit einstimmigem Beschluß - daß bei der Redaktion der Standard angegeben werden sollte:

1) Eine unveränderliche Ordnung in der Bezeichnung der verschiedenen Teile des Körpers eines Hundes;
2) eine zweckmäßige Beschreibung dieser Teile;
3) eine Skala von Punkten, sie zu bewerten.

Darüber hinaus sorgte er für ein sehr detailliertes Modell des Standardtyps, so daß seine korrekte Abfassung in diesem Computerzeitalter die Übereinstimmung des idealen Hundes hätte geben können. Selbstverständlich wollen wir damit nichts von der natürlichen Individualität der einzelnen Exemplare wegnehmen.

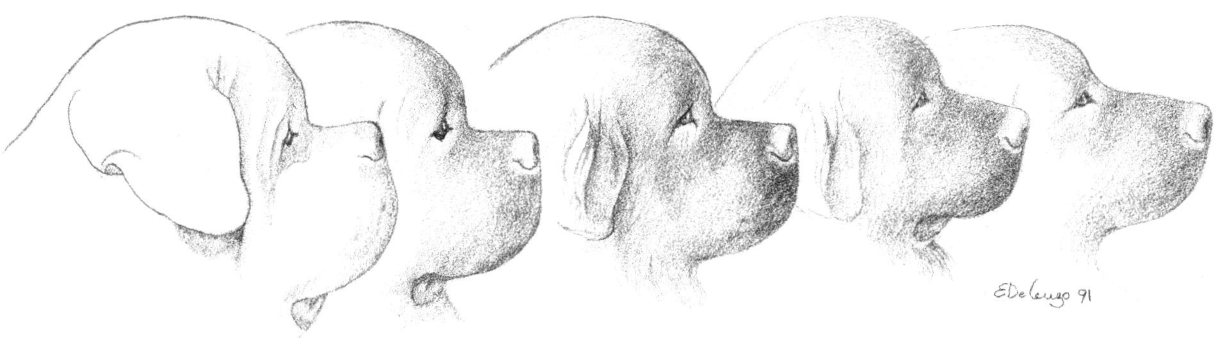

Typologische Variationen des Kopfes.

Der Begriff des Individuums selbst beinhaltet mehr oder weniger offensichtliche Differenzen, so daß kein einziger Hund je mit einem anderen der selben Rasse identisch ist. Dennoch ist es wichtig, zwischen individuellen Variationen innerhalb desselben Typs und typologischen Varianten in derselben Rasse zu unterscheiden. Jede Variante besitzt ihre eigenen Charakteristika, die so wichtig und bestimmt, so besonders sind, daß sie selbst den Typ darstellen.

Es kommt vor, daß man sagen hört: »Dieser Hund ähnelt einer Bracke«, oder »Er schaut wie ein Mastino aus«, oder mal »Er hat den Ausdruck eines Wolfes«. Nun denn: all diese Exemplare können zur selben Rasse gehören und ihr in fast allem ähneln, außer in den Besonderheiten, die es vermögen, einen ganz abweichenden Eindruck hervorzurufen.

Es sind gerade diese Merkmale, die besser identifiziert, vertieft, beschrieben und im Standard illustriert werden müssen, damit er aufhört, ein Skelett zu sein, das man nach Belieben anzieht, vielmehr einen konkreten Führer darstellen kann.

In der Geschichte beinahe aller Hunderassen existiert eine nebelhafte Periode, in der undeutliche Bilder von Vorfahren erscheinen, die recht verschieden von den Hunden sind, die wir als

Rasse kennen. Die Geburt der Rasse fällt mit einer gewissen Fixierung ihres Typs zusammen.

Es kann sein, daß diese Fixierung mit Hybridismus erreicht worden ist, indem man verschiedenste Gene in den Originalstamm einbrachte; nichtsdestoweniger kann man von diesem Augenblick an nur auf diesen allein Bezug nehmen.

In der Zukunft kann es vorkommen, daß die Züchter in gewissen Zeiten nicht kontinuierlich typische Exemplare hervorbringen oder hervorbringen können. Das darf jedoch kein Grund dafür sein, beliebig Variationen nach einer Mode, dem Geschmack oder dem durchschnittlichen Produkt zu akzeptieren. Die einzelnen Individuen müssen immer mit dem Ideal konfrontiert werden. Die Wahrung des Typs ist die Garantie für den Bestand der Rasse in der Zukunft.

Nach dieser Feststellung versteht man, daß es die Pflicht eines jeden Liebhabers ist, die feinsten Mechanismen des Ausdrucks, den der Typ fordert, aufzuspüren. Das beinhaltet eine Reihe von Vergleichen zwischen einzelnen Exemplaren, um bei ihnen Differenzen und Ähnlichkeiten aufzudecken, die Kenntnis der anatomischen Grundlagen, um sie bestimmen und beschreiben zu können, die Verwendung allgemein gültiger Fachausdrücke und einen konstruktiven Dialog erlauben. Dabei ist es nötig, nie die Funktion aus dem Auge zu verlieren.

Allgemeine Erscheinung und Eignung

Der Neufundländer ist ein Molosser von großem Wuchs und dichtem, dickem Fell. Der besonders liebenswürdige und intelligente Charakter, seine Leidenschaft für das Schwimmen und das Apportieren, seine Kraft, sein Mut haben ihn als Arbeitshund berühmt gemacht, insbesondere für die edle Aufgabe der Rettung aus dem Wasser. Wir wollen hier nicht die Geschichte der Rettungen aus dem Meer oder den Flüssen, der Hilfe für Fischer und Seefahrer wiederholen; angebrachter ist es vielleicht, daran zu erinnern, daß dieser Hund auch für das Ziehen von Baumstämmen, Schlitten und als Postbote eingesetzt wurde. Wir können ihn uns dann vorstellen, wie er einen Sprung von einem Felsen zum anderen tut, wie er taucht, wie er fest zwischen seinen Kiefern ein Tau zieht, das vom Sturm gepeitscht wird, Hals und Rücken vor Anstrengung gebogen, die Vorderläufe in einer äussersten Anstrengung ausgestreckt. Wir sehen ihn

Ch. Christian degli Angeli Neri.
(Foto Seite 62)

Ch. Enrik v. Luxemburg (Eigentümer O. Rinder).

sich spannen, um die Trägheit der schweren Fuhre zu besiegen und den festen Rücken sanft der schweren Last bieten. Er muß deshalb in einer Weise gebaut sein, daß er diese wichtigen Aufgaben auf die beste Art lösen kann. Er muß sich also robust und muskulös zeigen, von massivem Knochenbau, mit großer Kraft, aber gleichzeitig harmonisch, ausgeglichen in allen seinen Teilen in der Bewegung flüssig. Gerade genügend hoch, im Vergleich zu den Längenmaßen, um beweglich zu bleiben, doch nicht allzu hoch, um nichts an Festigkeit zu verlieren.

Das erste Merkmal, das ins Auge springt, wenn man einem guten Exemplar gegenübersteht, ist die Größe: Größe jedoch mehr verstanden als Synonym von Masse denn als Statur: Ein solider und starker Körper mit großen Durchmessern, der nie den Eindruck von Leere oder Beschränktheit geben darf. Wer sich über diese Begriffe getäuscht hat, hat nicht selten mit dem Hang zum Gigantismus ernsthafte Problem hervorgerufen, zuallererst durch den Verlust von Gleichgewicht und Harmonie. Schwerlich bewahren Exemplare, die eine gewisse Größe überschreiten, die Proportionen: die Glieder werden zu lang, oft sind sie wenig gewinkelt, und der Kopf erscheint fast immer im Verhältnis kleiner, obwohl in den meisten Fällen eine verlängerte Gesichtsregion vorhanden ist. Man verliert auf diese Art das so gepriesene »Gesamtbild des Bären«.

Natürlich hat das alles eine ganz genaue Bedeutung und findet seine Erklärung beim Vergleich mit der Lehre über den Körperbau.

Das Überschreiten gewisser Ziele, sei es, daß man durch Gene verschiedener Rassen oder durch Selektion dahin kommt, geht immer mit einer Veränderung des ursprünglichen physischen Typs einher. Wenn man dann daran denkt, wie die Hormone imstande sind, die Entwicklung des Skeletts zu beeinflussen und wie sehr das eingreift in die Ordnung der Schädel-Gesicht-Struktur, erscheint es klar, daß dieser Mechanismus dazu beiträgt, Variationen auch in dem Bereich zu schaffen, der für den Typ und den Ausdruck am wichtigsten ist: beim Kopf.

Der Kopf

Seit die Wissenschaftler begannen, sich für die Hunde-Typologie zu interessieren, hat der Kopf bei ihren Untersuchungen eine vorherrschende Rolle gespielt. Von Buffon, der die Haltung der Ohren untersuchte, bis zu Cuvier und von Megnin, der im Jahre 1897 seine Klassifikation aufstellte (wolfsartige, brackenartige, molosserartige, cranioide), von Cornevin zu Baron und zu Dechambre, der 1921 die einzelnen Rassen auf der Basis des Verhältnisses der Schädel-Gesicht-Achsen unterteilte (konkavlinige, geradlinige, konvexlinige): der Kopf erschien immer als die phänotypisch wichtigste Region, was im berühmten Satz des Italieners Solaro gipfelt: *»Der Kopf bestimmt die Rasse«*.

Kein anderer Teil des Körpers ist in der Tat so verschiedenartig und reich an Besonderheiten für den Ausdruck des Typs, während die anderen Teile im allgemeinen für die Konstruktion bedeutungsvoller sind. Das gilt ganz besonders für den Neufundländer.

Man denke nur an die jahrhundertealte Tradition und an den legendären Charakter dieser Rettungshunderasse und man versteht, daß sie nicht auskommen kann ohne ein »Gesicht«, jenes Gesicht. In ihm wird die Harmonie der Formen, die in den anderen Regionen Ausdruck für perfekte Körperfunktion ist, zum Spiegel des inneren Gleichgewichtes.

Der rundliche Schädel mit weiter Stirn, für den die gewundene Linie des Ohres den Rahmen bildet, der quadratische, dabei nicht eckige Fang, die weiche, aber saubere Lefze und vor allem die freundliche, heitere Intensität des Blickes, sind eine Synthese von Proportionen, die keine Unausgeglichenheit durch zuviel oder zuwenig zuläßt.

Man bleibt angesichts eines schönen Exemplars begeistert stehen, wie vor einem schönen Bild, und man wird nie müde, es anzuschauen. So scheint es uns beinahe, als ob man das Heilige mit dem Profanen vermischt, wenn man die anatomischen Grundlagen eines starken Halsansatzes oder eines edlen Ausdrucks vertiefen will. Aber hier nimmt man wahr, daß sich alles ohne eine ausreichend anschauliche Terminologie auf reine Intuition reduziert, die an die individuelle Sensibilität gebunden ist. Es ist also nötig, auf diesen fundamentalen und universell gültigen Kanon zurückzugreifen, mit dem die Kynologie uns ausgestattet hat.

Wie der Standard sagt, muß der Kopf des Neufundländers »breit und massiv« sein. Seine Länge, gemessen von der Apophyse bis zum oberen-vorderen Winkel des Nasenschwamms, liegt ein wenig unterhalb von 4/10 der Höhe am Widerrist, ungefähr 38-39 %. Aber am interessantesten ist das Längen-Breiten-Verhältnis, gemessen auf der Höhe der Jochbeinbögen und ausgedrückt in der Formel:

$$\text{Gesamtschädelindex} = \frac{\text{Breite} \times 100}{\text{Länge}}$$

Dieser Index erlaubt es, die Hunderassen zu unterteilen in: dolichocephale, mit langem und schmalem Kopf im Verhältnis < 50; brachycephale, mit breitem Kopf und dem Verhältnis > 50; mesocephale, im Verhältnis = 50. Der Neufundländer gehört als Molosser zu den brachycephalen und besitzt einen Kopfindex um 60/63.

Der Kopf wird in zwei herausragende Regionen unterteilt: den Schädel und den Fang. Das Verhältnis, in dem sie zueinander stehen, bestimmt einen der grundlegenden Aspekte des Typs und wird nach jenen Idealprofilen bestimmt, die den Namen Schädel-Gesichts-Achsen tragen.

Die obere Längsachse *des Schädels* ist die imaginäre Gerade, die den Hinterhauptstachel (Zentrum des Hinterhauptbeins) mit dem Nasenbein (Punkt des Zusammentreffens von Nasen- und Stirnknochen) verbindet.

Die obere Längsachse *des Fanges* ist die Linie des Nasenrückens, gezogen vom vorder-oberen Winkel des Nasenschwamms zu der Querlinie, welche die beiden inneren Augenwinkel verbindet.

Das Verhältnis der Achsen zueinander kann sein: Parallelität, Zusammenlaufen, Auseinanderlaufen. Beim Parallelismus treffen sie sich nie; beim Zusammenlaufen treffen sie sich, wobei sie einen stumpfen Winkel unterhalb von 180 ° bilden; beim Auseinanderlaufen bilden sie einen Winkel oberhalb von 180 °.

Es handelt sich um eine Tatsache von äußerstem Interesse, die charakteristisch für jede Hunderasse ist. Es springt sofort ins Auge, wie stark zusammenlaufende Linien den Neufundländer dem Bernhardiner nähern, während die auseinanderlaufenden ihn zur Bracke oder zum Bloodhound führen.

Sie erweisen sich deshalb als äußerst wichtig in der Definition des Typs, und jeder Standard müßte davon eine akkurate Beschreibung geben. Dennoch findet man recht selten einen Hinweis darauf, auch nicht in den Texten und Kommentaren zum Standard.

Verhältnis der Schädel-Gesichts-Achsen.

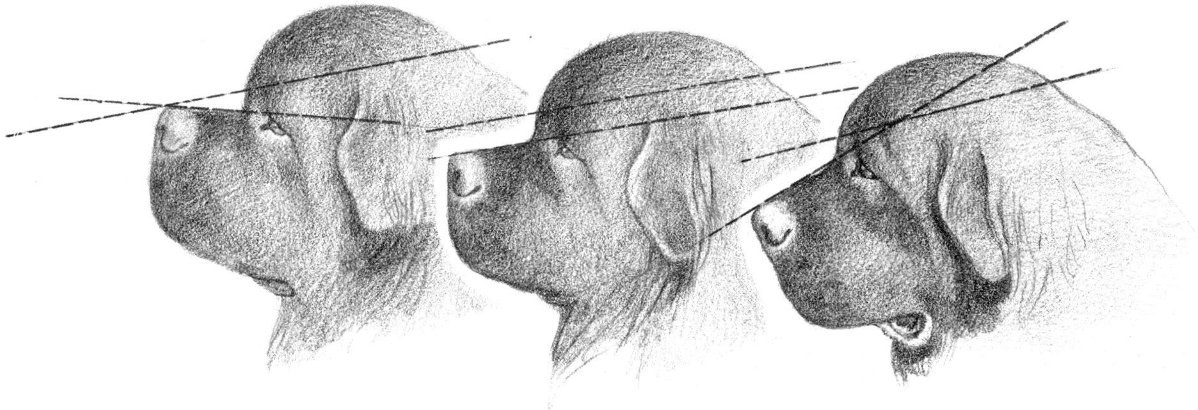

Konvergenz Parallelität Divergenz

Wir bringen den einzigen Hinweis, entnommen dem Buch »Le Terre Neuve« von Dr. Maurice Luquet, der die Klassifikation von Dechambre kommentiert, der den Neufundländer unter die Konkavlinigen zählt: »Wenn man sich heutzutage auf den Standard bezieht, der in Kraft ist, und das Aussehen der Hunde, die bei Ausstellungen untersucht wurden, denken wir, daß es sich eher um ein subkonkavliniges Mittelding zwischen dem perfekten Geradlinigen und dem ausgeprägt Konkavlinigen handelt«.

Dieser Diskurs, der wiederaufgenommen und diskutiert werden müßte, unterstreicht jedenfalls die Notwendigkeit eines genau definierten Parallelismus. In keinem Fall darf man je Nachsicht haben mit der Divergenz, die keinen Sinn hat, weder vom historischen, noch vom funktionellen Gesichtspunkt. Es handelt sich nämlich um einen Bau, der die Atmung während des Schwimmens und des Apportierens nicht begünstigt. Man braucht nur einen Neufundländer in Aktivität zu beobachten, um sich darüber im Klaren zu sein. Die Haltung ist immer dieselbe: Widerrist und Kruppe am Wasserspiegel, Hals vorgestreckt, Kopf über den Hals ausgestreckt, um den Nasenschwamm fern von der Oberfläche zu halten. Divergierende Achsen würden eine größere Streckung des Kopfes vom Hals verlangen, mit daraus folgender verminderter Atmungsfähigkeit. Ein weiterer Faktor von größter Bedeutung für Typ und Funktion, die immer eng zusammengehören, ist durch die Beziehung der Durchmesser und den Bau von Schädel und Fang gegeben.

Der Schädel

Für ein besseres Verständnis mag es nützlich

Die Kopfabschnitte

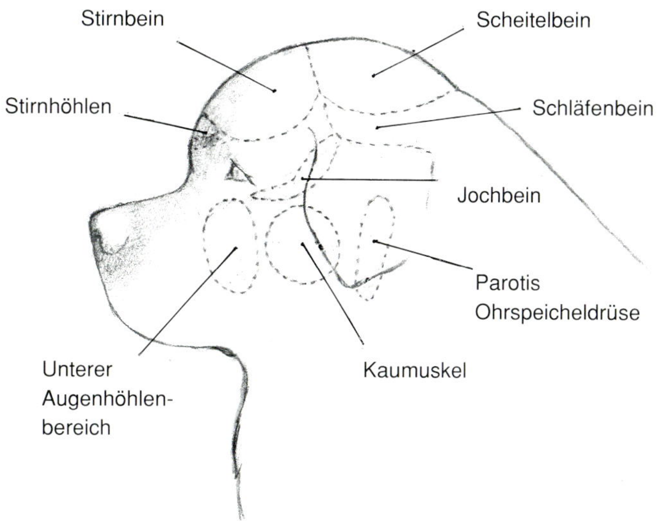

sein, die interessanten Überlegungen von Studer über die Entstehung der Mastini zu wiederholen:

- »Seit der Antike suchte der Mensch Hunderassen zu erhalten, die durch ihre Kraft und ihren Beiß-Apparat in der Lage waren, gegen mächtige Feinde und gegen große Tiere zu kämpfen, an der Jagd teilzunehmen und große, widerspenstige Haustiere in Schach zu halten. Um solche Exemplare zu erhalten, wurden Hunde von grossem Wuchs gezüchtet und hauptsächlich solche mit einem stark entwickelten Zahnapparat. Solche, die über einen Punkt des Kinnbacken-Hebels verfügten, der nahe am Einfügungspunkt war, und das heißt, mit der kürzestmöglichen Strecke vom Knochenfortsatz der Beißmuskeln aus«.

- »Muskel, die so verkürzt sind, werden plump und schwer bei Hunden mit ausgeprägter Entwicklung des Gebisses. Diese Umstände verlangten eine bemerkenswerte Entwicklung der Beißmuskulatur und diese ihrerseits eine große Knochenoberfläche. Deshalb folgt daraus, daß die Röhrenknochen des Schädels hervortreten, die Sagittalkante sich enorm hebt und von da die seitlichen Wände des Schädels wie ein Dach in Richtung der Jochbeinknochen fallen, die Jochbeine entwickeln sich übermäßig und der Schläfenmuskel findet einen weiten Raum in den Höhlen des Schädels«.

- »Die Jochbeine selbst werden nicht nur ausgedehnt, sondern auch mächtig und dick, um dem Gaumenbein einen genügenden Ansatzpunkt zu geben. Der Unterkiefer zeigt Röhren und Gruben für die Einfügung der Muskulatur, wird massiv und seine Unterkante - welche die Bewegung begrenzt - ermittelt sich außen mit betont konvexer Form«.

- »Gewöhnlich ist der Punkt, wo die Teile des Gesichtes auf jene des Gehirns treffen, sehr breit, und deshalb präsentiert sich die Stirn breit und flach mit einer leichten Eindellung in der Mittellinie...«.

Das Schwimmen des Neufundländers: Bedeutung der Schädel-Gesichtsknochen in Verbindung mit der Funktion.

Natürlich ist der Neufundländer recht weit entfernt von gewissen übertriebenen Differenzierungen, aber es ist trotzdem wertvoll zu verstehen, warum diese Rasse, die gerade erst im vergangenen Jahrhundert unter die Mastini klassifiziert wurde, in ihren Reihen keine dolichocephalen Köpfe, eingeschränkte Brustkörbe, fliehende Schläfen dulden kann.

Die besondere Bildung des Schädels mit der Entwicklung auch in die Höhe erlaubt es der Schläfe, einen richtigen Sitz zu finden, ohne die exzessive Dicke anzunehmen, die dem Kopf den Eindruck eines Rottweilers gäbe. In gleicher Weise wird ein Gaumenbein von guten Proportionen die Basis einer sanft gewölbten Wange sein. Die weite, breite Stirn erscheint als ein fundamentales Charakteristikum der Rasse. In der Tat, während die Breite des Kopfes durch den Jochbein-Durchmesser gegeben ist, wird sein rundliches kuppelgleiches Aussehen durch die Ausweitung der Stirnbeine, sei es transversal als auch in die Höhe, bestimmt. Ein richtiges Gleichgewicht zwischen diesen beiden Dimensionen ist unerläßlich: wenn die Höhe mangelhaft wäre, erschiene der Kopf irgendwie platt; umgekehrt, wenn er der Breite ermangelte, erschiene er vertikal und eng. Die Bildung der Stirnbeine ist in Verbindung mit dem Geruchssinn der einzelnen Rassen gebracht worden.

Hunde mit starkem Geruchssinn, wie Spürhunde, die die Fährte mit kurzen und wiederholten Atemzügen beschnuppern, zeigen eine verkleinerte Stirn im Verhältnis zu jenen, die auf Distanz riechen, indem sie den Geruch aus der Entfernung auffangen, wobei sie große Mengen von Luft einatmen. Der Neufundländer gehört ganz sicher zu den letzteren, und auch in diesem Falle verschmelzen Morphologie und Funktion harmonisch miteinander.

Die Breite der Stirn ebenso wie der Abstand der beiden äußeren Punkte (Jochbeinansätze der Stirn), die den seitlichen Durchmesser bestimmen, bedingen unter anderem die Position der Augen, die, wie der Standard bestimmt, ziemlich weit voneinander entfernt liegen sollen.

Eine korrekte Entwicklung des Augenbrauenbogens akzentuiert diese Charakteristika, die beim frontalen Anblick durch kurzes, feines, leuchtendes Fell der Region hervorgehoben werden, das auf die darunterliegenden Knochenbögen eine samtartige Maske von Helldunkel zeichnet.

Die metopische Naht, eine Falte, die vom Nasenpunkt zum Punkt des Zusammentreffens der Stirnspitzen aufsteigt, darf nicht zu sehr markiert sein, um nicht die Weichheit des Ganzen zu stören.

Von seitlicher Ansicht ist der Stop oder die Nasen-Stirn-Senkung nicht plötzlich wie beim Bernhardiner oder bei der Dogge. Darauf bezieht sich wahrscheinlich der Standard, wenn er sagt: »Der Stop darf nicht zu ausgeprägt sein«. Dennoch soll er in guter Neigung aufsteigen. Der Punkt, an dem die Stirnbeine sich aus den Nasenknochen und von den Ansätzen der Beißmuskeln erheben, muß sehr deutlich sein, indem er dann eine weiche, runde Kurve entwickelt, die durch die Form der Augenbrauenbögen noch mehr akzentuiert wird. Der Grad des Stops wird auf der Basis des Winkels bestimmt, den man erhält, wenn man einen Zeiger des Kompasses an die Nasenröhre und den anderen an die Nase-

Conrad degli Angeli Neri.

Stirn-Eindellung auf der Mittellinie des Kopfes anlegt. Beim Neufundländer ist sein Wert etwa 130 °. Auf der Ebene der Stirn (Winkel Stirnnase) beträgt er 110-120 °. Darüber setzt sich der Schädel von der Verbindung der Stirnspitzen in der Sagittalspitze (mäßig gewölbt) fort, welche die beiden Scheitelbeine trennt und in dem Hinterhauptbein endet. An diesem Punkt unterstreicht der Standard, daß »der Hinterhaupt-Knochenfortsatz gut entwickelt sein soll«. Es ist offensichtlich, daß es so sein muß, weil an dieser Basis große Gelenk- und Muskelkomplexe des Nackens ihren Mittelpunkt haben, die bei der besonderen Funktion, zu ziehen und Gewichte zu tragen, helfen. Aber es ist selbstverständlich, daß er nicht wie ein offensichtlicher Knochenauswuchs erscheinen darf, der dann eher ein Zeichen für spärliche Muskelentwicklung wäre.

Der Fang

Der Fang (oder das Gesicht) bildet die zweite große Region des Kopfes. Er muß in richtiger Proportion zum Schädel stehen: wenn bei der Aktion des Zupackens der letztere mit seinen Muskeln den Motor darstellt, so sind die Kiefer die Hebelarme, an denen sich Widerstand und Kraft treffen.

Einem »breiten und massiven« Schädel muß deshalb ein »kurzer und viereckiger«, das heißt fester und geräumiger Fang entsprechen.

Die Länge des Fanges, vom Rand des Nasenschwammes bis zum Nasenansatz, beträgt etwa 36-38 % der Gesamtlänge des Kopfes. Seine Länge und Tiefe sind beinahe gleich. Die Tiefe ist zum guten Teil an die Entwicklung der Oberkiefer gebunden, von denen sich breite Luftwege und bemerkenswerte Atemkapazität herleiten, die sehr wichtig für einen Apportier-Hund sind, bei dem mühelose Atmung bei geschlossenem Fang möglich sein muß. Aus demselben Grund und mit noch größerer Berechtigung ist die Breite des Fanges entscheidend, die man auf der Höhe des ersten echten Molaren mißt. Sie stellt ungefähr 54 % des Jochbein-Durchmessers dar.

Der Parallelismus der beiden Seiten des Fanges, der auf der Höhe des dritten Prämolars be-

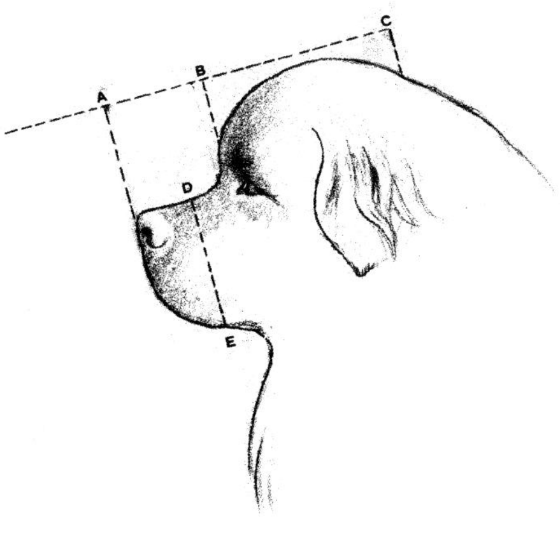

A-C = Länge des Kopfes.
A-B = Länge des Fanges.
D-E = Tiefe des Fanges.

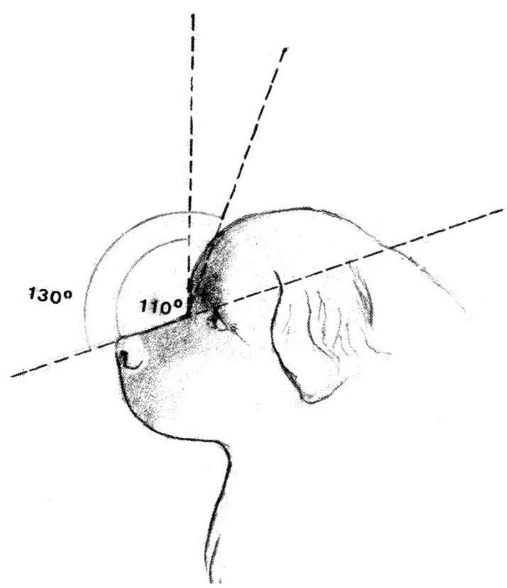

130 ° = Winkel Schädel-Gesicht.
110 ° = Winkel Stirn-Nase.

A-B = Breite des Schädels (Jochbein-Durchmesser).
C-D = Breite des Fanges.

ginnt, ist ein wichtiges Charakteristikum des Typs und bestimmt die Quadratur und die Breite der vorderen Plattform. Von vorne gesehen erscheint er breit, aber mit aufgelockerten Konturen durch die Einfügung der Schneidezähne in leichter Kurve. In der Praxis hat der Fang ein quasi kubisches Aussehen, aber mit weichen, abgestumpften Kanten, die zu den fließenden Linien des Schädels völlig in Harmonie stehen.

Die Nasen- und Oberkieferknochen müssen sich harmonisch mit der Stirn und der Augenhöhle verbinden. Vorspringende Nasenknochen stören dieses Aussehen und werden, wie auch eine ausgeprägte Oberkieferbein-Region, die eine kümmerliche Entwicklung der Basis des Jochbeinknochens, des Kiefers und des Gaumenbeins anzeigt, bestraft.

Die Nasenröhre, die von den Nasenknochen, den Kiefern und Schneidezähnen gebildet wird, ist breit und soll, im Profil gesehen, geradlinig erscheinen. Eine Ramsnase, die für die Rassen mit divergenten Schädel-Gesichts-Achsen typisch ist, stellt einen schweren Fehler dar und steht im Gegensatz zur funktionellen Anatomie.

Wie wir schon gesagt haben, ist das Volumen der eingeatmeten Luft sehr wichtig für den Neufundländer: Eine breite und perfekt geradlinige Nasenröhre entspricht voll diesem Bedürfnis. Natürlich wäre das nicht möglich ohne adäquate Form des Nasenschwamms, der den letzten Teil der Region repräsentiert.

Der Nasenschwamm muß sehr breit, gut geöffnet und klar gezeichnet sein, mit an den Nasenrücken angelehnten Flügeln. Der letztere findet sich auf der gleichen Vertikale der Vorderseite der Lefzen und trifft im rechten Winkel auf die Längsachse des Fanges.

Die Nasenlöcher sind breit, beweglich, von mäßiger Dicke, um eine gute Ausdehnung bei größerem Luftzufluß zu erlauben, wenn die Atmung sich beschleunigt.

Manchmal trifft man hervortretende Nasenschwämme an, mit einem Profil im spitzen Winkel, die an die Bracke und den Spürhund erinnern, im Verhältnis zur Linie der Nasenröhre geneigt, oder andere wiederum, die zurücktreten, mit hervortretender Scheidewand und fleischigen Nasenflügeln, beide sehr fehlerhaft. Das selbe kann man über Nasenschwämme sagen, die obwohl sie korrekte Profile haben, im Verhältnis zur Breite des Fanges verhältnismäßig klein erscheinen.

Der untere Teil des Fangs wird durch den Unterkiefer bestimmt: stark und mäßig gekrümmt muß er sein, mit einem breiten Zwischenkiefer-Kanal; aber sein Profil wird von den Lefzen gezeichnet. In der seitlichen Perspektive zeigt sich die Oberlefze weich, mit einer rundlichen vorderen Wölbung und voll, so daß sie die darunterliegende Struktur verdeckt. Sie darf nie straff oder fliehend erscheinen, wie es bei einem konischen und zugespitzten Fang ist; dennoch darf sie nicht zu sehr hängen wie bei anderen molossoiden Rassen, bei denen die Lefzen den deutlichen Eindruck von Schwere vermitteln.

Die Unterlefze darf außerdem nicht herunterfallen, sondern soll an der Kinnlade anliegen, ohne sich nach außen zu öffnen. Die Kinnlade ist weich, aber die Öffnung darf bei geschlossenem Fang nicht sichtbar sein und auch nicht mehr oder weniger hängende Beutel bilden.

Im Vorderteil werden die Lefzen durch die Mittelfalte getrennt und trennen sich nach einer gewissen Distanz von der dreieckigen Platte in Form eines umgedrehten, offenen »V«. Hängende Lefzen gehen im Gegenteil mit einer sehr engen »V-artigen Öffnung« einher.

Manchmal wird jedoch eine starke Lefzenentwicklung mit Breite und Tiefe verwechselt, die im wesentlichen von der darunterliegenden Knochenkapazität herrühren soll, nicht von einem Überfluß an Haut.

Ein Fang dieses Typs, der auf den ersten Blick stark und geräumig erscheinen könnte, enthüllt von vorne gesehen sofort seine wahre Natur: Nasenröhre nicht proportioniert im Verhält-

Athos
(Eigentümer G. Sontacchi).

Die Atmung beim Schwimmen: geräumiger Nasenschwamm und bewegliche Nasenlöcher.

nis zur Tiefe und enge Spaltung der Lefzen.

Darüber hinaus ist oft eine Reihe von Merkmalen genetisch miteinander verknüpft, so daß man unzureichende Schädeldurchmesser, tiefe, schwere Ohren, offene Augen mit sichtbarer Bindehaut, Wamme etc. assoziieren kann.

Eine überentwickelte, entsprechend von Lefzensäcken begleitete Lefze, hat keine andere Funktion als die, die Umgebung jedesmal, wenn der Hund den Kopf schüttelt, mit Speichel zu überschwemmen. Und wir wollen hier ein für allemal hervorheben, daß der Neufundländer, wenn die Lefzen korrekt sind, absolut kein speichelnder Hund ist.

Was die Farbe angeht, ist der Lefzenrand bei den schwarzen und schwarz-weißen Hunden vorzugsweise schwarz, bei den braunen dagegen hell. Bei einigen Exemplaren trifft man bisweilen teilweise Depigmentierungen an, und diese verstärken sich im allgemeinen im Alter.

Auch die Zunge kann bisweilen typische, schwarze Pigmentierungen zeigen.

Das Ohr

Die Untersuchung der äußeren Profile des Kopfes kann nicht vollständig sein ohne eine genaue Beschreibung des Ohres. Beim Neufundländer kann man es mit Recht als den idealen Rahmen für ein schönes Bild ansehen. Mit breiter, schräger Basis an der Mitte des Schädels, auf der Höhe oder wenig oberhalb des Augenbrauenbogens eingesetzt, folgt das Ohr der fließenden Außenlinie des Kopfes und betont beim Anblick von vorne die typische Form einer Haube. Da beim Hund die Art, wie er es trägt, ein genauer Hinweis auf seinen verschiedenartigen seelischen Zustand ist, wird er es gemäß einer besonderen, ausdrucksvollen Mimik laufend bewegen. So wird das Ohr bei einem aufmerksamen Tier ein wenig hoch und nach vorne getragen werden, wodurch sich der Ausdruck der Augenbrauen und das Volumen des Kopfes steigern; in entspannter Verfassung wird es tiefer und weiter rückwärts getragen. Das Ohr hat eine dreieckige Form mit abgerundeter Spitze, weist eine beschränkte Dicke auf, ohne dünne Stellen, noch übermäßige Schwere. Wenn es einen korrekten Ansatz und die richtige Länge hat, reicht es vorwärts gehalten bis zum inneren Winkel des Auges und verdeckt nicht die Kehle. Den Kopf begleitend beginnt es an der vorderen Ansatzstelle mit einer weichen Kurve, die der Rundung der Schläfe folgt, wird auf dem Jochbeinbogen betont und nähert sich wieder dem Gaumenbein, das es leicht streift. Diese Linie wird durch kurzes und feines Fell hervorgehoben, das die vordere Hälfte und die Spitze des Ohres bedeckt.

Der Standard bezieht sich sicherlich darauf, wenn er von »kurzem Fell und ohne Fransen« spricht. An seinem hinteren Teil jedoch zeigt es immer Fransen, die ausgedünnt werden können, wenn sie zu lang sind, aber nicht vollständig entfernt werden sollen, weil dann das Ohr des Neufundländers dem anderer Rassen ähnelt, indem es die Profile des Kopfes und den Ansatz des Halses hart und eingeschnitten erscheinen läßt.

Die Mängel, die das Ohr betreffen, liegen meistens in Ansatz und Größe: das Ohr, das zu tief und zu weit hinten angesetzt ist, erinnert an das des Cockers und beeinträchtigt das Aussehen des Kopfes; so stören auch zu kleine, zu hoch und zu weit vorne angesetzte Ohren die fließenden Linien und geben besonders bei dicken Schläfen den Eindruck eines flachen Schädels.

Das Auge

Wenn das Ohr den Rahmen des Kopfes bildet, so ist das Auge sicherlich sein Mittelpunkt, der die Aufmerksamkeit konzentriert und den Ausdruck steigert. Der Ausdruck der Augen des Neufundländers verdient tausend Attribute: edel, freundlich, intelligent, geduldig, aufmerksam, fröhlich, nachdenklich, aufrichtig... und es würde noch nicht genügen, all das zu beschreiben, was man ausdrücken möchte.

Jenseits der gefühlsbedingten Deutungen muß man jedoch klarlegen, welches die morphologischen Aspekte sind, die einen solchen Ausdruck ermöglichen.

Beim Neufundländer sollen die Augen »klein, von dunkelbrauner Farbe, gut eingesetzt in die Augenhöhle, ohne sichtbare Bindehaut, ziemlich weit auseinander« sein. Von diesen absolut notwendigen Charakteristika hängt der so sehr gepriesene typische Ausdruck der Rasse ab. Dennoch wäre das nicht möglich ohne eine entsprechende Entwicklung der darunterliegenden Knochenregion. Vor allem der Abstand der Augen, fundamental für den Typ, wird durch die Breite der Stirn und der Nasenröhre bestimmt. Enge Stirnbeine bringen nahe beieinanderliegende Augen mit sich, die den Ausdruck enorm verfälschen, indem sie dem Hund den Blick eines Wolfes verleihen. Gleichermaßen wichtig ist der Bau der Augenhöhle. Seitlich gebildet vom Jochbein mit seinem Stirnbeinansatz, in der Höhe und der Mitte vom Stirnbein und unten vom Tränenbein, das sich an den Oberkiefer anlehnt, beherbergt sie das Auge. Sie bestimmt seine Position und Tiefe auch mittels der Strukturen, die mit ihr verbunden sind, wie des Orbikolar-Muskels, der Zurückzieher des seitlichen Winkels, der Augenlid-Bänder. Ein breiter und massiger Kopf erlaubt es der Augenhöhle den richtigen Durchmesser und dem Auge die richtige Position zu finden.

Im Verhältnis zur Mittelachse des Kopfes liegen die Augen in einer Stellung unter der Stirn, das heißt, daß die Augenlid-Achse mit letzterem einen Winkel von 10-15 º bildet. Wenn die Neigung viel größer wäre (seitliche, sehr seitliche Position), würde der Ausdruck ähnlich jenem der nordischen Hunde sein; umgekehrt, wenn sie gänzlich fehlte, nähmen die Augen eine markant runde Form an. Im Verhältnis zur Nasenröhre befinden sie sich auf derselben Ebene: daraus folgt eine größere Freundlichkeit und Ausdehnung, die verloren ginge, wenn sie zu hoch positioniert wären.

Ein anderer Faktor, der den Charakter des Typischen bestimmt, ist die Position der Augenlider. Wie wir gesehen haben, ist das Auge des Neufundländers relativ klein und leicht tief eingesetzt, ein Eindruck, der durch die Entwicklung des Oberbrauen-Bogens betont wird. Die Augenlider müssen dem Umriß des Auges sanft folgen, um es vor Wasser, Luft und Fremdkörpern zu schützen. Ihre Form ist charakteristisch: das obere Augenlid ist in die Höhe gebogen, wobei es, wenn der Hund aufmerksam schaut, dazu neigt, eine quasi dreieckige, aber dennoch perfekt am Auge anliegende Form anzunehmen; das untere Lid ist oval und folgt der Augenhöhle, ohne eine Spur von Bindegewebe zu zeigen. Es ist der anliegende Augenlidring, der dem Auge das intelligente, nachdenkliche, aber fröhliche Aussehen der Rasse verleiht.

Wenn die Haut zu locker ist oder ein Mangel der Knochenstrukturen, Gelenke und Bänder, die sie halten, besteht, hören die Augenlider auf, an der Augenhöhle anzuliegen und öffnen sich nach außen mit einer Falte, so daß die Bindehaut sichtbar wird. Die Öffnung kann am Schläfenwinkel des Auges liegen oder in zentraler Position wie bei der typischen Rautenform des Bernhardiners.

Bei den stärker betonten Fällen gibt es auch Hautfalten, die sich bis zur Stirn, zu den Wangen ausdehnen, auch Lähmung (Ptose) des oberen Augenlides. In allen diesen Fällen erscheint ein melancholischer oder direkt trauriger oder verdrossener Ausdruck, der absolut untypisch für den Neufundländer ist, genau wie ein Ausdruck, der bestimmt wird von großen, runden, hervorstehenden Augen oder Glotzaugen.

Der Augenlid-Ring soll vollständig pigmentiert sein, wie auch der Rand des dritten Augenlids oder der Nickhaut. Eine auch nur teilweise Depigmentierung beeinträchtigt den Ausdruck in bemerkenswerter Weise. Hinzugefügt sei, daß das dritte Augenlid nie eine exzessive Entwicklung zeigen soll, die das Auge teilweise verdeckt. Dieser Mangel kann, abgesehen davon, daß er die Ästhetik beeinflußt, pathologische Begleiterscheinungen haben. Er ist verbreiteter beim Landseer ECT und läßt an vergangene crossbreedings mit anderen Rassen denken.

Wenn man Form und Position betrachtet hat, muß man schließlich sagen, daß kein Auge je korrekt genannt werden kann, wenn die Iris keine gute Farbe hat. Beim Neufundländer ist die ideale Farbe ein Dunkelbraun von warmer und tiefer Tönung: ein solches Auge flößt schon von selbst Sicherheit ein und ist fast immer von einem liebenswürdigen und ausgeglichenen Charakter begleitet. Natürlich ist die ganze Skala auch eines weniger intensiven Brauns akzeptabel. Nicht so die gelben oder hellgelben Augen, die zu verwerfen sind. Sie erscheinen sehr häufig bei brauner Bemantelung, wo sie unbeachtet bleiben, bei schwarzer Bemantelung hingegen fallen sie auf den ersten Blick auf. Von daher rührt die Notwendigkeit einer aufmerksamen Einschätzung bei den Kreuzungen zwischen den beiden Farben, um nämlich zu vermeiden, daß man schwarze Exemplare mit hellen Augen bekommt.

Ramsnasenröhre.

Schwere Lefzen mit Spaltung bei engem V.

Mastino-Typ: übermäßige Lefzen
mit Lefzensäcken.

Bracken-Typ: Divergenz, vorstehender Nasenschwamm, zu
tief und zu weit rückwärts eingesetztes Ohr.

Wolf-Typ: fliehender Stop, langer und spitzer Fang.

Eng stehende Augen, Ohren hoch eingesetzt,
Seiten des Fanges konvergierend.

Das Gebiß

Das Gebiß des erwachsenen Hundes umfaßt 42 Zähne, verteilt nach der folgenden Gebißformel:

Schneidezähne: (Incisivi)	obere 3 3 / untere 3 3	= 12
Fangzähne: (Canini)	obere 1 1 / untere 1 1	= 4
Prämolaren:	obere 4 4 / untere 4 4	= 16
Molaren:	obere 2 2 / untere 3 3	= 10

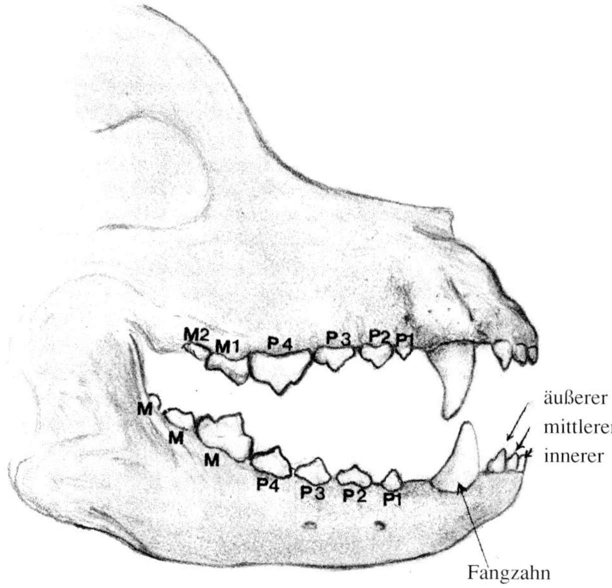

In der Praxis zeigt der Oberkiefer auf jeder Seite, beginnend von der Mitte her, 3 Schneidezähne (innerer, mittlerer, äußerer); 1 Fangzahn; 4 Prämolare: P1, P2, P3 und P4, welcher der größte obere Zahn ist; 2 »echte« Backenzähne: M1, M2. Im Oberkiefer existiert zwischen den Schneidezähnen und dem Fangzahn ein Zwischenraum, *diastema* genannt, wo der entsprechende untere Fangzahn einrastet.

Die gleiche Formel gilt auch für den Unterkiefer, bei dem jedoch der größte Zahn der M1 oder erste echte Backenzahn ist, der darüber hinaus mit einem zusätzlichen Backenzahn an der Seite ausgestattet ist. Der obere P4 und der untere M1 werden manchmal auch fleischfressende Zähne oder Reißzähne genannt.

Das, was beim Gebiß grundsätzlich interessiert, ist der Zahnschluß, die Stellung, die Zahl, und nicht zuletzt die Größe der Zähne, ein Faktor, der bei einem schweren Apportierhund, wie dem Neufundländer, nicht vernachlässigt werden darf.

Hinsichtlich der Gebißform präzisiert der Standard, daß es »Scheren- oder Zangengebiß sein darf«. Bei einer richtig gebauten Rasse ist die Länge des Oberkiefers gleich jener des Un-

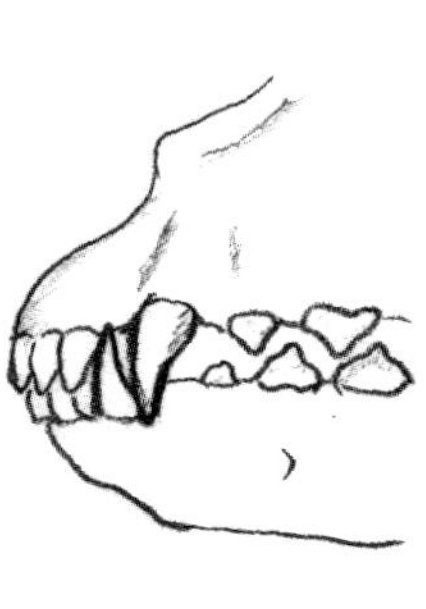
Scherengebiß.

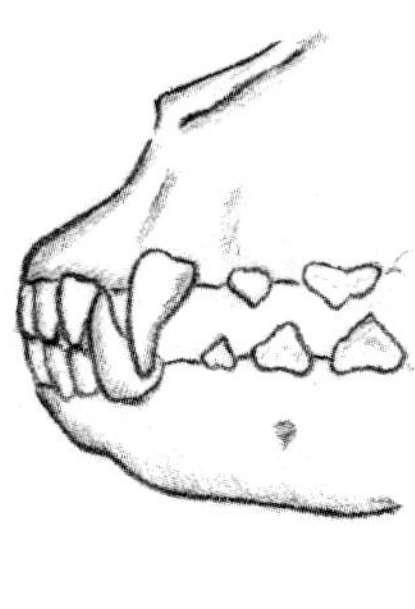
Zangengebiß.

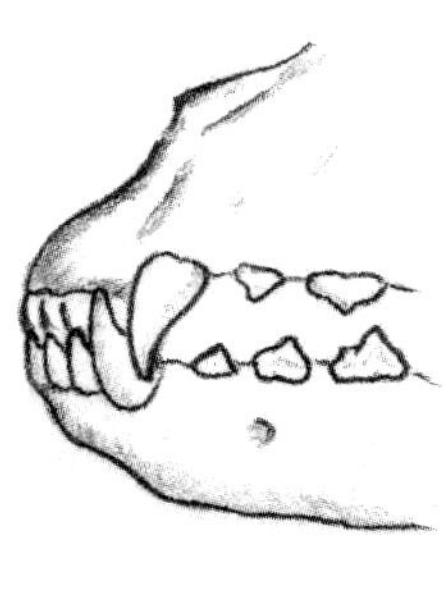
Umgekehrtes Scherengebiß .

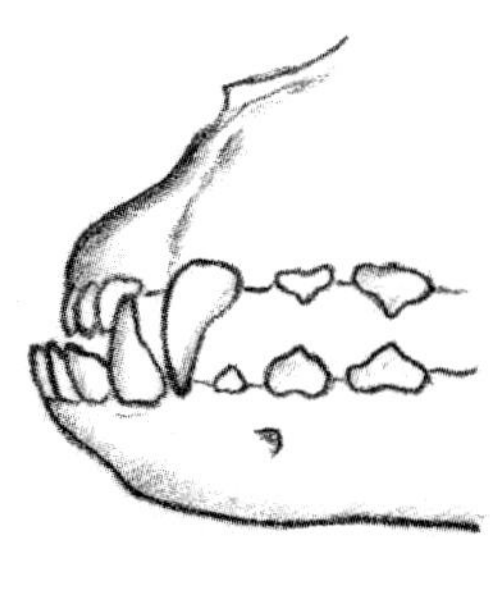
Vorbiß.

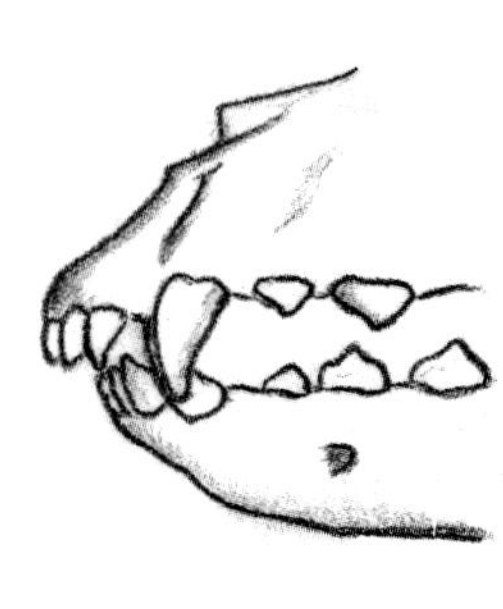
Rückbiß.

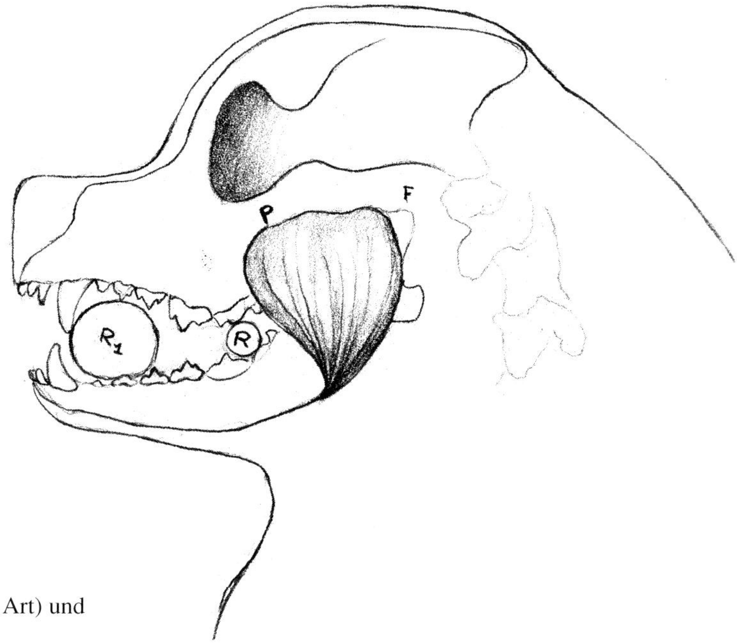

Aktion der Kiefer: Beißen (PF>RF = Hebel der 2. Art) und Apportieren ($PF<R_1F$ = Hebel der 3. Art).

terkiefers. Beim Scherengebiß, das das erwünschtere ist, sind die Schneidezähne des oberen Bogens so angeordnet, daß sie über die unteren greifen, so daß sich die Zahnoberfläche der oberen ohne Zwischenraum über die unteren schiebt.

Das Zangengebiß ist dann verwirklicht, wenn die Anordnung der Zähne so ist, daß die einen genau auf den anderen liegen: in diesem Falle wird ihr Rand oder die Oberfläche, da sie übereinstimmen, dazu neigen, sich schneller abzunutzen und auszugleichen. Es kann auch passieren, daß bei Kiefern gleicher Länge sich das Verhältnis untere-obere Zähne vollkommen umkehrt: die unteren Schneidezähne ragen dann gegenüber den oberen vor und man hat die sogenannte Umkehrung oder das umgekehrte Scherengebiß, was bei einer Rasse mit kurzem und eckigem Fang noch toleriert wird.

Wenn hingegen die Kiefer nicht gleich sind, das Hervorragen des längeren Unterkiefers zum Verlust des Kontaktes zwischen den Zahnbögen führt, dann trägt das den Namen Vorbiß: wenn die Verlängerung den Oberkiefer betrifft, bezeichnet man diesen Zahnschluß als Rückbiß. Während der Vorbiß bei einigen Rassen, wie dem Boxer, als typischer Faktor angesehen, keine Probleme beim Beißen hervorruft, kann der Rückbiß, wenn er ausgeprägt ist, bisweilen die Futteraufnahme und das Beißen erheblich stören.

Rückbiß und Vorbiß führen bei der Ausstellung zur Disqualifikation. Unter anderem deshalb, weil sie erblich sind, auch wenn es so scheint, als ob sie oft aus der Paarung von Exemplaren mit ungleicher Gesichtsform resultierten (langer Fang x kurzer Fang).

Die Anzahl der Zähne kann bisweilen variieren: es können mehr oder weniger vorhanden sein. Oft betreffen diese Anomalien das Fehlen von Prämolaren. Es wird nach der Wichtigkeit der betroffenen Zähne gewertet. So muß man, auch wenn man das Fehlen eines P1 nachsehen kann, das Fehlen eines größeren Reißzahns oder von hinteren Molaren in Rechnung stellen. Deshalb sagt man, daß die Prüfung des Gebisses bis in die Tiefe ausgedehnt werden muß, um nicht zu riskieren, gerade die wichtigsten Zähne zu übersehen.

Ein Aspekt, der aufmerksam bewertet werden sollte, ist die Größe der Zähne. Die Kiefer des Neufundländers müssen stark und robust und das Gebiß muß entsprechend kräftig sein. Sie verhalten sich wie Hebel, deren Ausgangspunkt im Gelenk Schläfe-Unterkiefer liegt. Auf der Ebene der Backenzähne arbeiten sie wie Hebel der 2. Art (PF>RF), also mit außerordentlicher Kraft, fähig Knochen und sehr harte Körper zu zerbrechen. Auf der Ebene der ersten Prämolare, wo die Tätigkeit des Apportierens stattfindet, werden sie stattdessen Hebel der 3. Art ($PF<R_1F$). Das bedeutet eine geringere Kraft, die der Länge des Armes RF entspricht. Beim Neufundländer, einem Hund mit kurzem und kräftigem Fang reicht sie aus, mit Kraft den Arm eines Mannes

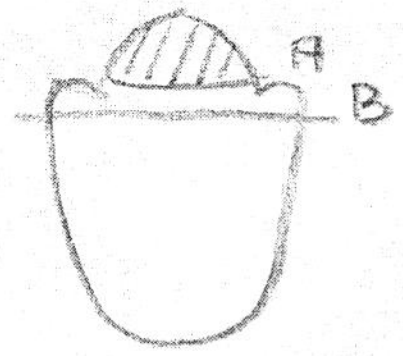

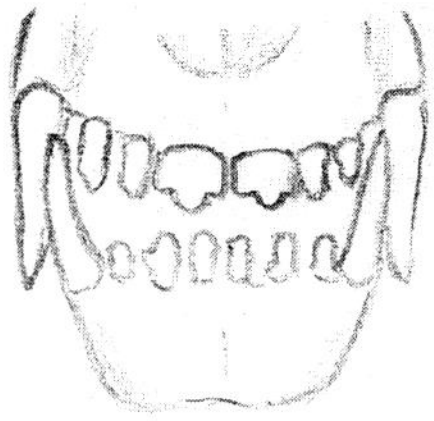

4 Monate

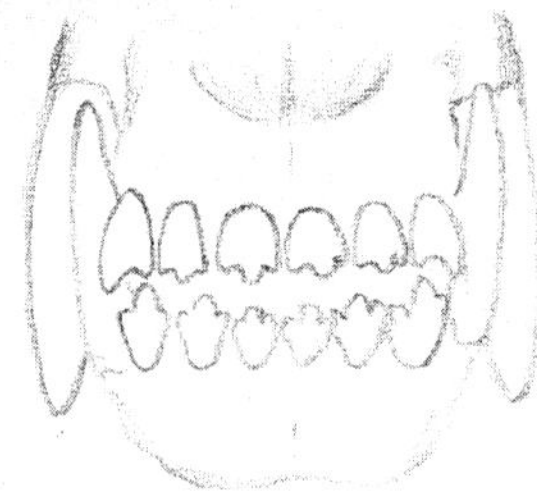

1 Jahr

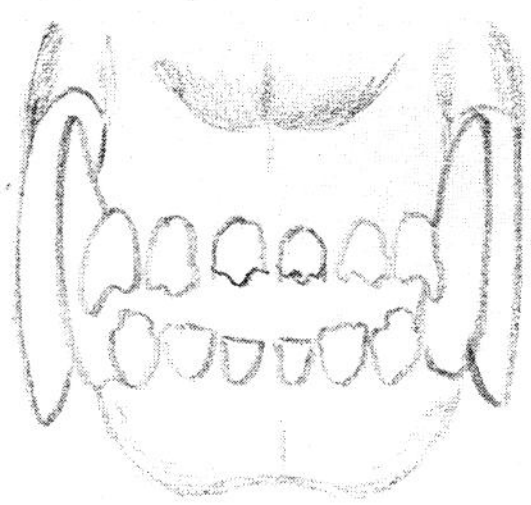

2 Jahre

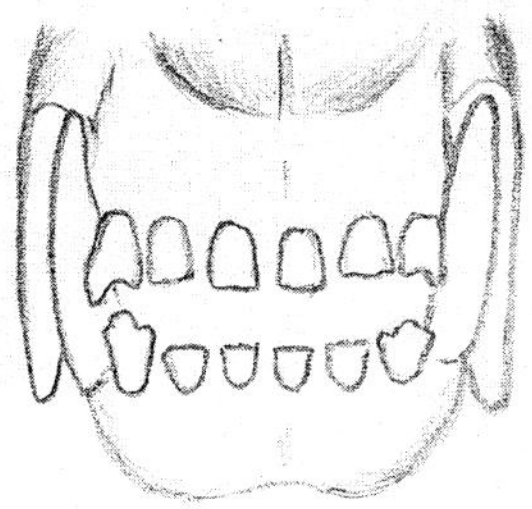

3 Jahre

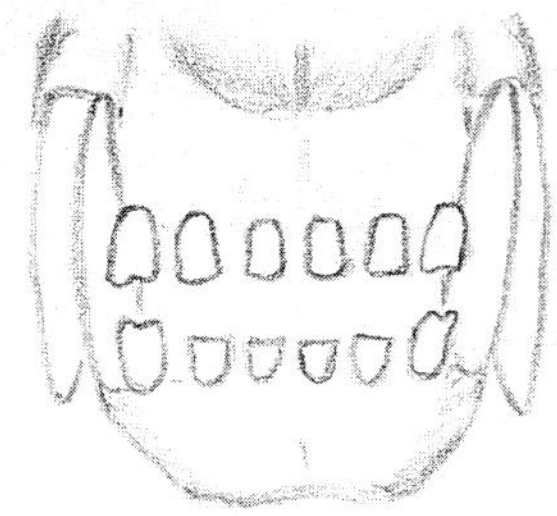

5 Jahre

A = Einebnung
B = Gleichmachung

zu ziehen, ohne ihn jedoch zu beschädigen. Diese Tätigkeit wird auch von den Fangzähnen unterstützt, die bei halb geschlossenem Fang den Gegenstand daran hindern, wegzurutschen.

Der Hund entwickelt zwei Gebisse. Das erste, das sogenannte Milchgebiß, umfaßt 32 Zähne. Es entsteht etwa beim zwanzig Tage alten Welpen mit dem Durchbruch der Fangzähne, sofort gefolgt bis zum Alter von dreißig Tagen von den Schneidezähnen und den Reißzähnen P2, P3, P4. Der P1, der permanent ist, wächst innerhalb des vierten Monats, bisweilen auch erst später. Die permanenten Zähne beginnen gegen Ende des dritten Monats; um den vierten Monat herum werden die Schneidezähne ersetzt und die M1 kommen; sofort danach erscheinen die Fangzähne der erwachsenen Hunde, mit fünf Monaten die M2; als letzter entsteht, gegen den sechsten-siebten Monat, der untere dritte Backenzahn (M3).

Die 1. und 2. Zähne zeigen so sehr Phasen des fortschreitenden Verschleißes der Schneidezahnränder, daß dieses den Namen Einebnung (Abnutzung des Zentrallappens) und der Gleichmachung (Abnutzung der ganzen Zahnoberfläche) trägt. Dieser Verschleiß kann nützlich sein, um das Alter des Hundes einzuschätzen, wenn man ungefähr so rechnet:

- mit 1 Jahr ist das Gebiß fertig und die Zähne sind vollständig und schneeweiß;
- mit 15 Monaten ebnen sich die unteren inneren Schneidezähne ein;
- mit 18 Monaten werden die unteren inneren Schneidezähne gleich;
- mit 21 Monaten ebnen sich die unteren mittleren Schneidezähne ein;
- mit 3 Jahren werden die unteren mittleren Schneidezähne gleich;
- mit 4 Jahren werden die oberen inneren Schneidezähne gleich und ebnen sich die oberen äußeren Schneidezähne ein;
- mit 5 Jahren werden die oberen mittleren Schneidezähne gleich;
- mit 6 Jahren hat man einen fortgeschrittenen Verschleiß der äußeren Schneidezähne, der Fangzähne und eine Gelbfärbung der Zähne.

Es sei gesagt, daß diese Methode der Diagnose nur indikativ ist, weil der Verschleiß individuell und an die verschiedensten Faktoren gebunden ist: von der Art der Ernährung, vom Vorhandensein von Parasiten (Flöhe), die den Hund zwingen, sich häufig zu beißen. Veränderungen des Schmelzes mit Gelbfärbung oder anormaler Verfärbung, können an einer fortgeschrittenen Form von Staupe liegen oder an frühzeitiger Behandlung mit Produkten auf Basis von Tetracyclin.

Zusammenfassend läßt sich feststellen:
Aufgrund der Köpfe, die es heutzutage gibt, können wir hervorheben:

Fundamentale Vorzüge:

1) Breiter und massiger Kopf
2) streng parallele Schädel-Gesichtsachsen
3) korrekte Knochen- und Muskelentwicklung
4) breite Front
5) rechteckiger Fang
6) breiter Nasenschwamm, im rechten Winkel zu der vorderen Plattform der Lefzen
7) kleine Augen, von dunkelbrauner Farbe, gut auseinanderliegend
8) Augenlid am Auge anliegend

Fundamentale Fehler:

1) schmaler Kopf
2) fliehender Stop
3) divergierende Schädel-Gesichtsachsen
4) knochiger Schädel wegen mangelhafter Entwicklung des Schläfenmuskels im Verhältnis zum Knochen
5) flacher Schädel wegen ungenügender Schädelentwicklung im Verhältnis zum Schläfenmuskel
6) langer und spitzer Fang
7) schlaffe Lefzen
8) kleiner, fleischiger und aus der Lefzenebene herausstehender Nasenschwamm
9) engstehende, helle, runde, hervorstehende Augen mit sichtbarer Nickhaut
10) Rückbiß (Enognatismus), Vorbiß (Prognatismus)

Der Hals

Wie wir später sehen werden, wenn wir die Bewegung behandeln, übt der Hals in der tierischen Mechanik eine sehr wichtige Funktion aus, indem er Schwerpunktverlagerungen ausführt. Er hat als Basis die sieben Halswirbel und die so wichtigen Muskeln und Bänder, die, vom Kopf bis zum Rücken, zur Schulter, zum Brustbein, zum Arm als Motoren der Balancierstange Kopf-Hals arbeiten. Seine Proportionen müssen deshalb in enger Harmonie mit der Funktion stehen.

Beim Neufundländer ist die Länge des Halses, gemessen vom Nacken bis zum 1. Rückenwirbel in horizontaler Position und gestreckt, ungefähr gleich 37-38 % der Höhe des Widerristes. Er ist also relativ länger im Verhältnis zu einigen Trabern, aber nicht so sehr, daß er Solidität und Muskelkraft verliert. Wenn der Neufundländer seine Aufgaben des Apportierens im Wasser und am Land und auch das Ziehen ausführt, ist es sehr wichtig, daß der Hals robuste Muskelmassen mit starken Ansätzen und von bemerkenswerter Ausdauer aufweist. Das sind Attribute, die bei einem zu langen Hals nicht gefunden werden können, der stattdessen für schnelle Hunde nützlich ist, bei denen er als Balancierstange arbeitet, die den Antrieb erleichtert. Umgekehrt, wenn er zu kurz wäre, erschiene er weniger beweglich und könnte nicht vollständig beim Eintauchen helfen.

Der Hals soll immer mächtig sein, mit einem Umfang, gemessen zwischen Nacken und Widerrist, der ungefähr 83-84 % der Körperhöhe entspricht. Die Trennung vom Nacken soll gut markiert sein, und das obere Profil muß konvex erscheinen wegen der starken Muskelentwicklung. Er sitzt fest mit breiter Basis auf den Schultern auf. Seine Achse soll mit dem Bughöcker des Schulterblatts einen Winkel von 90 º bilden. Dies scheint die Bedingung für besseres Gleichgewicht zu sein, die mit Bewegungen nach oben oder unten eventuelle Verlagerungen des Schwerpunktes begünstigt.

Bisweilen neigt man dazu, Exemplare mit immer längeren Hälsen zu züchten. Wenn dieses im Ausstellungsring elegant und spektakulär erscheinen mag, so entpuppt es sich doch als nutzlos und direkt negativ für die Funktion.

Um diesen schweren Hebelarm zu balancieren, ist der Hund gezwungen, den Hals aufrechter zu halten, den Rachen zu versteifen und den hinteren Körper zu belasten, ein Zustand, der auf die Dauer auch Defekte das Gangwerkes und Senkung der Rückenlinie verursachen kann.

Der Anblick des Halses erscheint noch massiger durch das dichte Fell, das sich von der Kehle zur Brust ausdehnt. Die Haut, die weich und elastisch ist, darf nie eine Wamme bilden wie bei den Mastini. In diesem Zusammenhang sei gesagt, daß die Wamme oft von einem allgemeinen Zustand der Schlaffheit begleitet ist, nicht nur des Unterhautgewebes, sondern auch der Bänder. So wird, während sich beim Kopf der Überfluß an Haut oft in Falten und Ptose der Augenlider ausdrückt, die Schlaffheit von Bändern leicht von vorgebeugter Haltung, lockeren Ellenbogen und zu weichen nachgebenden Vordermittelfußgelenken begleitet.

Der Rumpf

Wenn die Funktion immer der Führer und Maßstab sein soll, um den Bau eines Arbeitshundes einzuschätzen, so wird das um so wichtiger sein bezüglich der Strukturen, die mehr in die Mechanik einbezogen sind.

Der Rumpf zeigt hier eine doppelte Bedeutung: während sein Brustteil den Herz-Gefäßapparat beherbergt, bilden Widerrist, Rücken, Lende und Kruppe hingegen die Organe der Übertragung dieser Maschine, die der Körper in Bewegung darstellt, während Kopf und Hals die Balancierstange bilden und die Glieder abwechselnd Organe des Antriebs und der Stoßdämpfung sind.

Beim Neufundländer beträgt die Länge des Rumpfes, gemessen von der Schulterspitze (Winkel Schulterblatt-Oberarm) bis zur Hinterbackenspitze (Steißbein) etwas mehr als 110 % der Höhe am Widerrist. Er kann deshalb in ein Rechteck eingefügt werden.

Diese relative Länge kommt sowohl von der Rückwärtsbiegung der Rippen als auch von den Proportionen der Lende, die sehr flexibel sein muß. Das Maß der Intensität der Masse im Verhältnis zur Länge des Rumpfes wird ausgedrückt durch:

$$\text{Körperindex} = \frac{\text{Rumpflänge} \times 100}{\text{Brustumfang}}$$

Der Neufundländer zeigt Werte um 78. Es handelt sich also um eine Mittelform, die wir hier nicht klassifizieren wollen als Traber oder Galoppierer, sondern als Schwimmer. Er scheint absichtlich für diese spezielle Aufgabe konstruiert worden zu sein.

Ch. Zenith degli Angeli Neri
(Eigentümer S. Marcelli)
(Foto F. La Rocca).

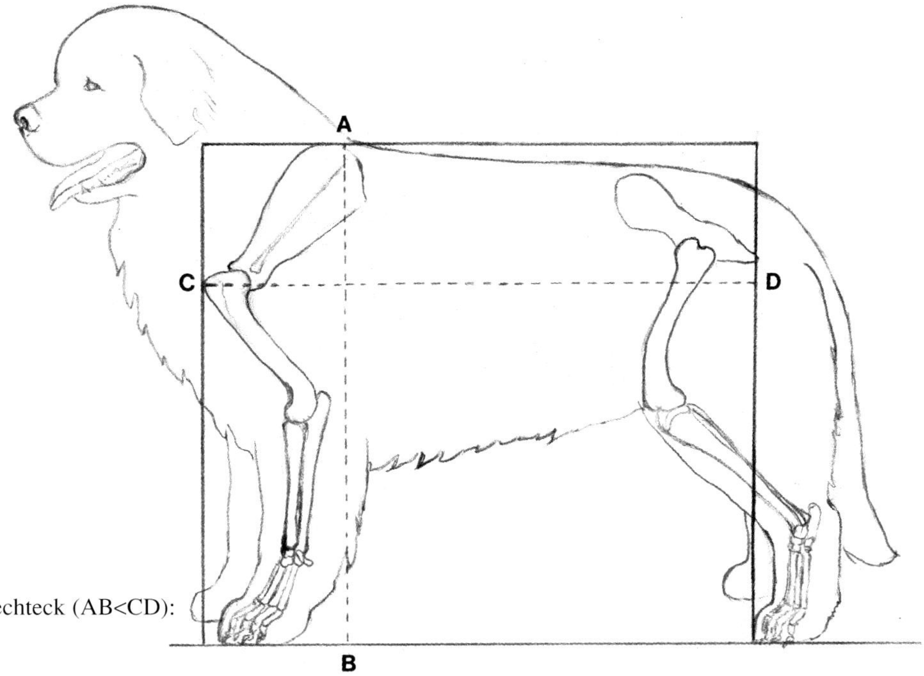

Hund, eingeschrieben in ein Rechteck (AB<CD):
AB = Widerristhöhe;
CD = Rumpflänge.

Langer Hund.

Kurzer Hund.

Der Brustkorb

Die Leistungen die von einem solchen Athleten verlangt werden, sind vor allem Ausdauer und große Herz- und Atemkapazität. Der Brustkorb muß deshalb in allen drei Dimensionen gut entwickelt sein: Tiefe (vom Rücken bis zum Brustbein), Breite (auf der Ebene des größten Rippenreifens) und Länge. Die Länge, die man von der Brustbeinstange bis zur vorletzten falschen Rippe mißt, erscheint als ein sehr wichtiges Kriterium. Sie resultiert aus dem Abstand und der Schrägheit der Rippen. Die Weite der Rippenzwischenräume und die Krümmung der Rippen nach hinten führen zu einer größeren Ausdehnung des Brustkorbes während der Atmung, bei der Muskelarbeit, etwas verzahnt, sehr verzahnt und ungleichseitig.

Ein breiter, langer und gut herabreichender Brustkorb mit dem

$$\text{Brustkorb-Index} = \frac{\text{Brustkorbbreite x 100}}{\text{Brustkorbtiefe}} = \text{ca. } 75$$

ist also ein Vorzug. Seine Tiefe soll den Ellbogen unterlagern; dennoch soll er einen Bau haben, der die freie Bewegung der Glieder nicht stört: breit und nach oben abgerundet neigt er dazu, nach hinten etwas enger zu werden.

Faßartige oder umgekehrt schmale, kurze oder wenig tief herabhängende Brustkörbe sind sehr mangelhaft. Die vorderen und seitlichen Grenzen des Brustkorbes sind durch die oberen Ränder der Gliedmaßen gegeben: Schulterblatt und Oberarm. Diese begrenzen die Brust, die breit und muskulös ist und von einer Schulterspitze zur anderen etwa 35 % der Höhe des Widerristes mißt.

Winkelung und Neigung des Schulterblattes und Oberarms bedingen darüber hinaus das seitliche Profil der Brust. Wenn sie gerade sind, mit einem sehr offenen Winkel Schulterblatt-Oberarm, erscheint sie flach; andererseits, wenn sie sehr geneigt sind, erscheint sie zu sehr vorgewölbt.

Die untere Linie des Brustkorbs wird vom Brustbein, das sich über den Knochenfortsatz hinausfortsetzt, und vom Unterleib gezeichnet, wobei sie quasi eine Horizontale einhält. Ein aufgezogener oder windhundartiger Bauch erscheint als ein Fehler des Typs. Nach oben und hinten geht der Brustkorb in die Flanken über, die nie eingefallen sein sollen, sondern breit, mäßig rund und kurz. Das zeigt auf eine entsprechende Entwicklung des Brustkorbes von vorne nach hinten hin.

Der Widerrist

Die Region des Widerristes, gelegen zwischen der Basis des Halses und dem Rücken, umfaßt die ersten 5 Rückenwirbel. Sie sind oben mit Dornfortsätzen ausgestattet, die als Spannungshebel arbeiten und deshalb hoch und richtig geneigt sein müssen. Auf ihnen treffen zusammen: auf der einen Seiten das Genickband, das, vom Kopf ausgehend, sich mit den Rücken- und Lendenwirbeln und den Kopf- und Rhomboidmuskeln vereinigt, die den Kopf und den Hals halten, auf der anderen Seite der Krummdarm-Rückgratmuskel, der vom Hüftbeinflügel zum Widerrist, zum Hals und zum Rücken geht.

Von der balancierten Wirkung dieser Kräfte leitet sich die korrekte Spannung der Wirbelsäule ab und folglich eine gute Übertragung des Impulses, der vom hinteren Körper ausgelöst wird. Der Rhomboid- und der Trapezmuskel verbinden dann den Widerrist mit dem Schulterblatt und tragen dazu bei, die richtige Beweglichkeit zu garantieren.

Der Widerrist muß also eine gute Höhe und Länge haben, wobei er sich harmonisch aus der Linie des Rückens abhebt, der seinerseits auf derselben Höhe wie die Kruppe bleiben muß.

Ein Hund mit niedrigem Widerrist zeigt gewöhnlich einen geschlossenen Schulterblatt-Oberarmwinkel und erscheint nach vorne fallend. Man hüte sich jedoch davor, die nach vorne ansteigende Oberlinie der Exemplare, die einen zu offenen Winkel mit geradem Schulterblatt und Oberarm zeigen, als hohen Widerrist zu interpretieren. Diese Exemplare scheinen vorne höher als hinten zu sein.

Der Widerrist wird als Bezugspunkt genommen, um die Höhe des Hundes zu messen, gewertet auf der Höhe des 5. Dornansatzes, welcher der höchste ist. Beim Neufundländer ist er wegen der stark bemuskelten Schulterblätter nicht leicht fühlbar. Man muß sich jedoch erinnern, daß, obwohl der Wachstumsprozeß etwa im Alter von einem Jahr endet, die Struktur des Widerristes erst mit etwa 18-20 Monaten vollständig ist, wenn Bänder und Muskeln sich voll ausgebildet haben.

Der Rücken

Der Rücken umfaßt die letzten 8 Rückenwirbel, auf denen die übrigen Rippen und die 4 falschen Rippen ansetzen. Seine Länge ist ein Vorzug, weil er die Breite der Abstände zwischen den Rippen, Schrägheit der Rippen und eine größere Flexibilität der Region anzeigt.

Die oberen Dornfortsätze behalten ihre Neigung nach hinten bis zum 10. Wirbel, um dann eine entgegengesetzte Neigung anzunehmen, die sich auch in den Lendenwirbeln wiederfindet. Es handelt sich um eine Struktur, die besonders an die Funktion der Übertragung und des Haltens angepaßt ist, zu der sie dient. Das beste Resultat sichert ein vollkommen geradliniger Rücken. Er wird so kraft der Muskeln und Bänder, die seine Spannung ausgleichen, gehalten. Wenn dieses Gleichgewicht verlorenzugehen beginnt, muß der Rücken unter einem entsprechenden Gewicht nachgeben, wobei er ein konkaves eingesacktes Profil annimmt, das man Senkrücken nennt, oder, im Gegenteil, sich nach oben krümmt, mit einer konvexen Form, die man auch als Karpfenrücken bezeichnet.

Während der Senkrücken durch eine allgemeine Lockerheit der Bänder begünstigt wird, manchmal durch einen zu kurzen Hals, der die Funktion der Genickbänder reduziert oder durch eine zu hohe Kruppe, soll der aufgezogene Rükken nach Meinung einiger durch rachitische Anlage mit Verknöcherung der Rückenwirbelknochen verursacht sein. Nach Meinung anderer rührt er von einer Disproportion zwischen dem Schub des hinteren und des vorderen Körperteils

Zu plumpes Exemplar mit Senkrücken, zu geneigter vorder Mittelfuß, steile Hinterhand.

Langes Exemplar, leichter Knochenbau, aufgezogener Bauch, leicht aufgezogener Rücken, Kyphose.

her. Beide reduzieren jedoch den Impuls und stehen deshalb im Widerspruch zur Funktionsfähigkeit des Hundes.

Die Lende

Aufgebaut aus 7 Lendenwirbeln, ist sie definiert worden als »die Brücke, welche die Vereinigung zwischen dem hinteren und dem vorderen Teil darstellt«. Die Lende verbindet in der Tat den Rücken mit dem Kreuzbein und konsequenterweise mit der Kruppe.

Wie eine Brücke muß sie also mäßig gewölbt sein, um Belastungen besser auszuhalten. Beim Neufundländer zeigt sich die Lende leicht verlängert, was ihm eine größere Beweglichkeit während des Schwimmens erlaubt und eine leichte Wellenbewegung während des Gehens begünstigt. Natürlich darf sie nie allzu lang sein,

Ch. Dilys degli Angeli Neri.

so daß sie an Solidität verliert. Im Gegenteil soll sie sich stark, breit und mit einer mächtigen Muskulatur ausgestattet zeigen, die ihre konvexe Form akzentuiert. Eine nachgebende Lende, wie wir das schon beim Rücken gesehen haben, reduziert die Kraft des Hinterteils und beeinträchtigt die Funktion.

Die Kruppe

Die Kruppe stellt eine sehr wichtige Struktur in der Mechanik der Tiere dar, weil sie das Zentrum der Funktion ist, durch das sich die Aktion des hinteren Körperteils auf den Rumpf projiziert und auf das Vorderteil übertragen wird. Sie hat als Basis die beiden Coxale, die von Krummdarm, Sitzbein und Schamhügel gebildet werden, und das Kreuzbein, das aus der Verbindung der 3 Kreuzbeinwirbel entsteht. Dieser Komplex trägt den Namen Beckengürtel oder Becken. Aus der Verbindung von Krummdarm-, Sitzbein und Schamhügel entsteht die Gelenkpfanne, in der sich der Oberschenkelkopf bewegt. Die Coxale sind mit dem Kreuzbein durch eine Reihe von Bändern verbunden, die ihre Verbindung festigen.

Auf diesem Komplex arbeiten eine Reihe von Muskeln, die, wie wir später sehen werden, an der Bewegung der vorderen Gliedmaßen teilnehmen: hauptsächlich die Psoas, die Gluteen und die Sitzbeinmuskeln. Durch ihre Tätigkeit bekommt das Becken die Funktion eines Hebels mit dem Drehpunkt im Oberschenkelgelenk. Seine Länge und Neigung haben deshalb eine ganz präzise Bedeutung. Die Länge, die man von der Hüftspitze zur Hinterbackenspitze mißt, beträgt beim Neufundländer ungefähr 33 % der Widerrist-Höhe und bildet einen breiten Hebelarm für die Kraft, die durch die Muskeln erzeugt wird.

Die Neigung des Beckens unter die Horizontale, gemessen an der Linie, die den Hüftbein-Flügel mit dem Sitzbeinhöcker verbindet, beträgt etwa 28-30 %. Diese Neigung, die zwischen der horizontalen und der abschüssigen Kruppe ist, bringt dem Hinterlauf weite Bewegung, verbunden mit Kraft und muskulärer Ausdauer, die für das Schwimmen absolut notwendig sind.

Die Kruppe muß darüber hinaus breit und zum Durchmesser der Brust proportioniert sein, wie es sich für eine Rasse gehört, die Kraft und Ausdauer entwickeln muß und eine feste Stützbasis braucht. Diese verhältnismäßige Breite begünstigt auch die Stabilität der Wasserlage beim Schwimmen.

Insgesamt soll die Kruppe eine rundliche Form mit großer Entwicklung der Muskelmassen haben.

Bei den Hündinnen stellt ein breites und gut konstruiertes Becken einen weiteren Vorzug im Ruhm der Zucht dar.

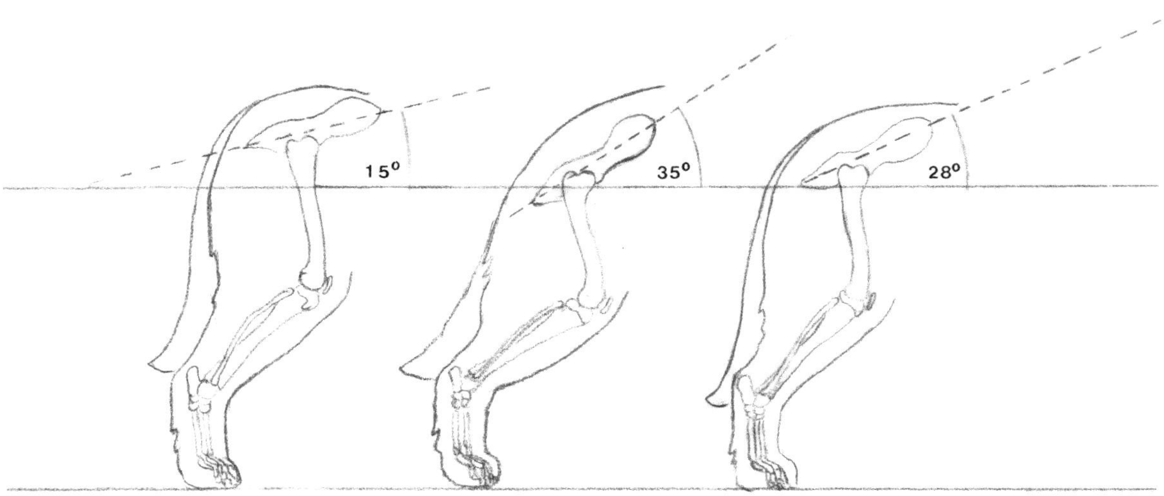

Gerade Kruppe. Abschüssige Kruppe. Korrekte Kruppe.

Die Rute

Die Rute umfaßt die Steißbeinwirbel und die Muskeln zum Heben, Senken und Seitwärtsbewegen. Sie folgt dem Profil des Kreuzbeins; ihr Ansatz ist deshalb an die obere Neigung der Kruppe gebunden, genau entsprechend der gezogenen Linie vom Hüftbeinknochen zum Ansatz der Rute, das ist etwa 22 º unter der Horizontalen.

Gewöhnlich entspricht einer wenig geneigten Kruppe eine zu hoch angesetzte Rute, einer abschüssigen Kruppe eine tief angesetzte Rute. Wenn die Kruppe gut geformt ist, zeigt auch die Rute einen harmonischen Ansatz und kann in bester Weise ihre Funktion als Steuerruder ausüben.

Während des Schwimmens wird sie horizontal und steif gehalten, und ihre seitliche Verschiebung unterstützt die Richtungsänderungen. Um diese spezielle Aufgabe zu erfüllen, ist auch eine starke Muskulatur nötig. Deshalb muß die Rute eine breite und robuste Wurzel haben, danach wird sie dann allmählich schmaler.

Im Ruhezustand soll ihre Länge die Sprunggelenke erreichen oder etwas darüber hinaus. Ihr Profil ist gerade oder an der Spitze leicht angehoben. Normalerweise wird sie hängend getragen. Wenn der Hund sich schnell bewegt, befindet sie sich hingegen ausgestreckt in der Höhe des Rückens. Man muß sich jedoch immer vergegenwärtigen, daß die Rute, wie das Ohr, beim Hund eine präzise Körpersprache zeigt: so kann es geschehen, daß sie etwas hoch getragen wird, wenn der Hund, speziell der Rüde, sehr erregt ist, während ein ängstliches, mißtrauisches Exemplar die Rute zwischen den Hinterbeinen eingeklemmt halten wird.

Ein schwerer Typfehler ist hingegen eine über den Rücken gerollt getragene Rute, wie sie bei den nordischen Hunden vorkommt. Ebenfalls fehlerhaft sind Ruten, die in tiefer Position geringelt gehalten oder von Wirbellahmheit betroffen sind.

Das Haar an der Rute ist gleichmäßig lang, ohne Fransen zu bilden. Nur der Ansatz zeigt einen kürzeren, glänzenden Sattel, der die mächtigen, gut angesetzten Ruten noch besser hervorhebt.

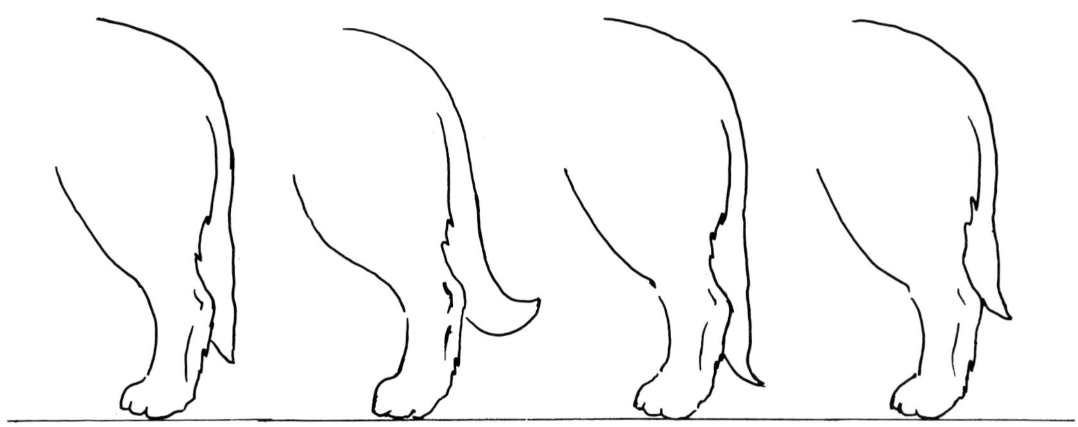

Gerade Rute (korrekt). Am Ende leicht gebogene Rute (korrekt). Lange Rute. Kurze Rute.

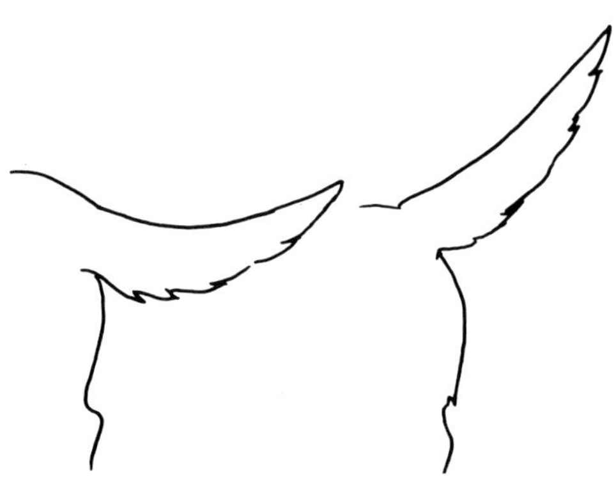

Tragen der Rute beim Laufen und beim erregten Hund.

Fehlerhafte Ruten: auf dem Rücken gerollt oder geringelt.

Die Vorhand

Schauen wir uns die Bewegung an, ist es leicht zu verstehen, daß die Vorhand in besonderer Weise zum Stützen dient. Während der aufeinanderfolgenden Phasen des Stützens wird sie mit einem großen Teil des Körpergewichtes belastet, und zwar mit einer desto größeren Intensität, je schneller der Schritt ist; ihre Struktur muß deshalb geeignet sein, diesen Druck aufzunehmen und zu dämpfen.

Die Schulter

Die Schulter, der wichtigste Teil der Vorhand, ist dafür das Musterbeispiel. Sie hat das Schulterblatt als Basis, einen flachen, breiten Knochen, der mit dem Körper nicht durch ein echtes Gelenk verbunden ist, sondern durch einen elastischen Bänder-Komplex, der ihn fest am Brustkorb verankert, in dem er den Schulterblatt-Gürtel bildet. Das Schulterblatt hat ungefähr die Form eines umgekehrten Dreiecks, an dessen Scheitel sich das Schultergelenk befindet; der Dornfortsatz teilt es in seiner ganzen Länge und bestimmt seine Achsen. Es kann trotz einiger Schwierigkeiten wegen der starken Muskelmassen durch Betasten lokalisiert werden. Wenn man den Hund in eine aufgerichtete, gerade Position bringt, erlaubt seine Neigung, die korrekte Winkelung der Schulter zu beurteilen. Beim Neufundländer mit gut geneigten Schulterblättern beträgt sie etwa 50 °. Andere Bezugspunkte als die Schulterspitze für die Bewertung können bisweilen zu verschiedenen Ergebnissen führen, die wenig realistisch erscheinen. Auch die Schulterblattlänge muß auf derselben Achse gemessen werden. Sie beträgt etwa 30 % der Widerrist-Höhe.

Ein langes, richtig geneigtes Schulterblatt erlaubt einen weitausgreifenden Schritt und eine gute Streckung der Vorhand beim Schwimmen. Umgekehrt entspricht einem geraden Schulterblatt gewöhnlich ein zu sehr geneigter Oberarm; die Ellbogen sind zurückgezogen, der Schwerpunkt nach vorne verlagert, und der Hals erscheint zu kurz. Daraus resultiert ein »nach vorne fallendes« Exemplar mit schwerem, wenig elastischem Gangwerk.

Ein Vorzug des Schulterblattes besteht in sei-

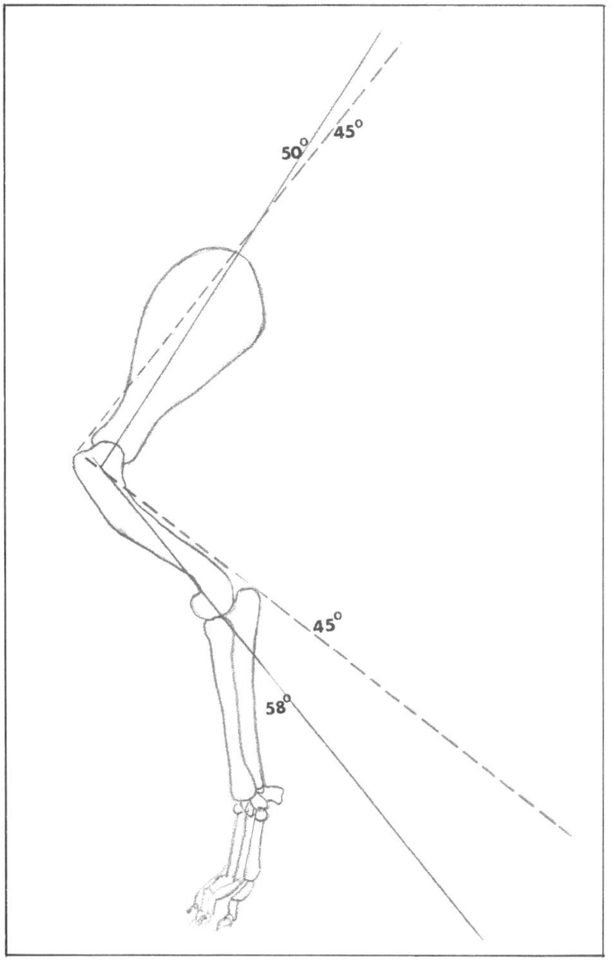

Winkelung der Schulter nach verschiedenen Bezugspunkten.

ner Beweglichkeit, die nicht zu verwechseln ist mit Lockerheit des Schulterblatt-Gürtels, die zu abnormen Bewegungen führt, mit losen Schultern und schwankenden Ellbogen. Es kann ausführen: Beugung, Streckung, Zusammenführung, Auseinander- und Herumführung. Diese Bewegungen finden hauptsächlich mit der Tätigkeit der Trapez-Romboid- und Winkelmuskeln des Schulterblattes statt.

Die ersten beiden, die als Adduktoren arbeiten, nähern die Schulterblattspitzen der mittleren Ebene des Körpers soweit es der Körperbau erlaubt.

Beim Neufundländer liegen sie ziemlich weit auseinander, was sowohl durch die Breite des Brustkorbes als auch durch die Stärke der Muskeln, die unter dem Schulterblatt liegen, bedingt ist.

Die ganze Muskulatur der Region soll stark entwickelt sein; mit dem Schulterblatt sind unter anderem Muskeln verbunden, die die Bewegungen des Unter- und Oberarmes koordinieren und die mit ihnen beschrieben werden.

Der Oberarm

Im Gegensatz zur menschlichen Spezies, liegt der Arm der Vierbeiner am Rumpf an, mit dem er etwa im oberen Teil zu zwei Drittel verbunden ist.

Die Basisstruktur ist durch den Oberarmknochen gegeben, einen langen Knochen, der sich mittels der Gelenkpfanne (Buggelenk) am Schulterblatt bewegt.

Beide kommen zusammen, um den Winkel Oberarm-Schulterblatt zu bilden und sind untereinander eng verbunden, so daß sich die veränderten Dimensionen oder Winkelungen des einen unvermeidlich auf den anderen auswirken und umgekehrt. Beim Neufundländer zeigt der Oberarmknochen eine Länge, die annähernd gleich der des Schulterblattes ist, mindestens 30 % der Höhe, und seine Neigung unter der Horizontalen beträgt ungefähr 58-60 º. Der Winkel Schulterblatt-Oberarmknochen wird also ungefähr 108-110 º sein. Dazu sei gesagt, daß sich diese Werte nur auf die Maße des Knochens beziehen, wobei man die Ellbogenspitze ausschließt, die auch den Ellbogenhöcker umfaßt.

Hinsichtlich der Winkelung des Oberarmknochens haben wir gerade den Fall untersucht, in dem sie exzessiv war; wenn hingegen der Oberarmknochen wenig geneigt ist, haben wir einen Hund, der zu hoch auf den Vorderbeinen steht, mit geradem Hals, einem effektvollen, aber wenig produktiven Gangwerk, einem nach hinten verschobenen Schwerpunkt, der die Hinterbeine belastet, bisweilen Senkung des Rückens durch verminderte Spannung der Wirbelsäule. Es kann dann eine ganze Anzahl von kompensierenden Kombinationen zwischen Länge und Winkelung vorkommen, die jedoch nicht die beste Funktion ausdrücken können.

Nach Solaro: »Einen guten Bezugspunkt, um die richtige Neigung des Schulterblattes zu messen, findet man an der Spitze des Ellbogens, die sich, in allgemeiner Linie, auf der Senkrechten finden muß, die vom oberen-hinteren Ende des Schulterblattes gefällt wurde«.

Länge und korrekte Winkelung sind die Voraussetzungen für eine wirkungsvolle Bewegung. Mit ihnen müssen sich robuste Knochen und eine starke Muskulatur verbinden, die absolut notwendig sind, um die von der Rasse verlangten Aufgaben auszuführen.

Wie bereits gesagt, ist ein großer Teil der Muskeln, die den Arm bewegen, mit dem Schulterblatt verbunden; der Einfachheit halber können wir sie unterteilen in Strecker (Oberstachel und Rückstachel) und Beuger (großer runder Muskel, Karyatidenmuskel, Deltamuskel). Aus den Namen ist leicht ersichtlich, daß sie die Funktion haben, den Oberarm zu spannen und zu beugen, eine Bewegung, die normalerweise fast parallel zur mittleren Höhe des Körpers erfolgt.

Wenn der Ellbogen nach außen gedreht ist (offener Ellbogen), dann liegt das meistens an einer fehlerhaften Stellung des Unterarms oder der Mittelhand (eindrehende Läufe); dasselbe, wenn der Ellbogen nach innen gedreht ist (geschlossener Ellbogen) verbunden mit französischem Vorhandstand bzw. ausdrehenden Läufen, das heißt, zehenweitem Stand. Der lose Ellbogen, den man bei der Bewegung beobachtet, hängt hingegen von einer Lockerheit der Muskeln und Bänder ab.

In der Region des Oberarms sind auch die Muskeln lokalisiert, welche die Bewegung des Unterarms leiten: vorne die Beuger (Bizeps und vorderer Armmuskel), hinten die Strecker, die die Funktion haben, den Unterarm über den Oberarm auszustrecken und daher sehr wichtig für das Schwimmen sind. Sie müssen gut entwickelt sein und fühlen sich wie eine runde Masse an, wenn man mit der Hand von der Schulter zum Ellbogen gleitet.

Der Unterarm

Beim Neufundländer kommt dem Unterarm, vielleicht mehr als bei anderen Rassen, eine besondere Bedeutung im Verhältnis zu anderen Regionen zu. Bei der spezifischen Funktion des Schwimmens wird er zusammen mit Handwurzel, Mittelhand und Pfote zum Paddel, dessen sich der Hund bedient, um vorwärtszukommen, wenn er schwimmt.

Gebildet durch Speiche und Elle, die im Ell-

bogen enden, bewegt er sich mit dem Oberarmknochen mittels eines Gelenkes, das hauptsächlich Bewegungen der Beugung und der Streckung erlaubt, und, beim Hund, der Pronation und Supination.

Um eine wirksame und kraftvolle Aktion durchzuführen, muß der Unterarm entsprechend gebaut sein.

Seine Länge ist relativ kurz: ungefähr 30 % der Widerrist-Höhe, aber perfekt angepaßt an die Kraftaktion, die er ausführen soll. Der Unterarm darf nie dünn und zierlich erscheinen, sondern breit aufgrund eines sehr soliden Knochenbaus, niemals schwächlich, und mit starken Muskel- und Bänderbündeln.

Es könnte überflüssig erscheinen, daran zu erinnern, daß im Lauf die motorischen Muskeln eines Segments mit ihrem Hauptteil bei dem nächsten anstoßenden Segment liegen; so sind die Muskeln, die den Unterarm betätigen, in der Nähe des Oberarmknochens lokalisiert, jene, die Speiche und Elle umgeben, für die Mittelhand und die Zehen bestimmt. Auf der Vorderseite der Speiche finden wir dann die Strecker der Mittelhand und der Zehen, hinten die verschiedenen Beuger, unter denen der schräge Beuger der Mittelhand besondere Bedeutung hat. Beginnend mit zwei verschiedenen Bündeln am Oberarm und am Ellbogen, führt dieser robuste Muskel zum Pisiformus und zur Mittelhand. Er bestimmt die Rille Handwurzel-Elle, die gut markiert sein muß, um eine wirksamere Hebelaktion des Pisiformus anzuzeigen und dem zufolge eine größere Kraft des Unterarms. Die korrekte Stellung des Unterarms muß senkrecht zum Boden sein. Abgesehen von Krümmungen pathologischen Art, verweisen Abweichungen von der Vertikalen meistens auf Defekte benachbarter Regionen. So wird eine gerade Schulter mit geneigtem Oberarmknochen den Unterarm nach rückwärts führen (unter sich); im Gegensatz dazu wird ein gerader Oberarmknochen ihn nach vorne bringen (außerhalb).

Die Vorderfußwurzel (Handwurzel)

Die Vorderfußwurzel setzt die vertikale Linie des Unterarms fort. Sie entspricht der Handwurzel des Menschen und wird von 7 kleinen Knochen gebildet, die in zwei Reihen übereinanderliegend angeordnet sind. Sie sind miteinander und mit den angrenzenden Regionen durch eine Reihe sehr komplexer Gelenke und Bänder verbunden. Das macht verständlich, daß lockere Bänder leicht die Laufstellung verändern können.

Die häufigste Abweichung geschieht nach innen mit einer Außendrehung von Mittelhand und Pfote und wird als »französischer Stand« der Vorhand bezeichnet. Ist die Verlagerung nach außen gewendet, drehen sich Mittelhand und Fuß nach innen, was ausgedrehte Ellbogen hervorruft. Weniger häufig ist die Verlagerung nach vorne oder Lahmheit. Man muß sich vergegenwärtigen, daß bei jungen Hunden eine gewisse vordere Konvexität der Handwurzel physiologisch und durch die Wachstumsknorpel der Knochen bedingt ist. Beim Neufundländer muß die Handwurzel breit, kurz und sehr fest sein.

Der Mittelfuß (Vordermittelfuß)

Er wird von den 5 Mittelfußknochen von zylindrisch länglicher Form gebildet, außer dem medialen Mittelfußknochen, der viel kürzer ist. Der Vordermittelfuß kann Bewegungen der Beugung, der Streckung und Seitenbewegungen ausführen. Das erlaubt eine sehr wichtige Funktion für die Mechanik des Tieres, die des Dämpfers. Ihre Neigung im Verhältnis zur Fußwurzel und zum Unterarm ist so, daß sie ihr erlaubt, Druck aufzufangen und zu verteilen, der auf- und absteigt und von der Aktion und den Reaktionen der Stütze herrührt. Auf diese Weise vermeidet man, daß der Druck sich auf andere Regionen wie die Schulter und den Ellbogen auswirkt.

Beim Neufundländer ist der Vordermittelfuß relativ kurz, hat aber eine gute Neigung von 72-75 º. Sie muß breit und sehr solide sein, einerseits um die gewaltige Körpermasse auszuhalten, andererseits um eine größere Wirkung beim Schwimmen zu haben.

Ein langer, ein zu sehr gebeugter, zu steiler oder von der Stützlinie abweichender Vordermittelfuß gilt als Fehler.

Die Pfote

Wie der Vordermittelfuß erfüllt auch die Pfote eine Funktion als Dämpfer. Sie ist aus 5 Zehen gebildet, von denen jede aus drei Zehenknochen und einer Kralle, aus zahlreichen Sehnen und fleischigen und harten Fußsohlenballen, die sie schützen, zusammengesetzt ist. Von diesen nehmen eigentlich nur vier an der Stütze teil. Davon ausgeschlossen ist die erste, dem kürzesten Mittelfußknochen angegliederte Zehe, die dem Daumen des Menschen entspricht. Die Pfote ist groß und breit, um die Körpermasse auszuhalten.

Die Zehen müssen stark und gebogen sein, um eine kräftige Stütze und einen festen Griff zu erlauben, besonders, wenn der Hund sich auf steilen und glatten Oberflächen wie Felsen bewegt. Diese Struktur gibt der Pfote eine charakteristische runde Form oder die »Katzenpfote« die typisch für die Rasse ist. Defekte sind dagegen: die Bildung der »Hasenpfote« mit zu langen zentralen Zehenknochen, offenen oder geradezu

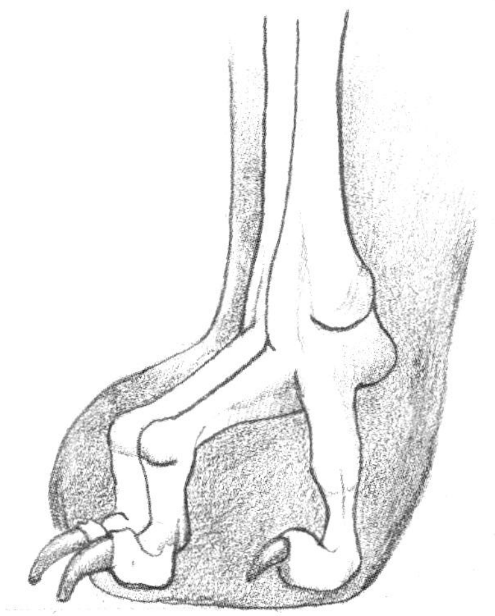

Katzenpfote (korrekt).

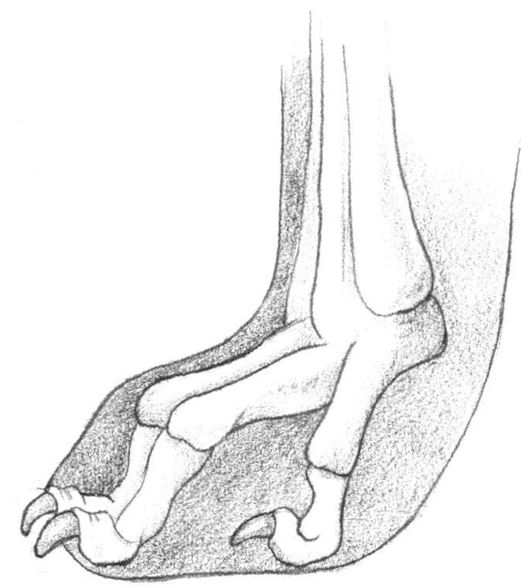

Hasenpfote (fehlerhaft).

flachen Zehen wegen Sehnen- oder Bänderschwäche.

Bei der Pfote des Neufundländers muß noch etwas hinsichtlich der Schwimmhaut klargestellt werden. Es ist oft gesagt und geschrieben worden, daß diese Rasse einen »Fuß mit Schwimmhaut« als Anpassung an die Funktion des Schwimmens besitzt. Auch wenn die Zwischenzehen-Membrane gut entwickelt ist und der Hund sie während des Schwimmens, wenn er die Zehen ausbreitet, für einen größeren Wassergriff benutzt, muß gesagt werden, daß die anderen Spezies, wie Biber und Wasservögel eine eigentliche Schwimmembrane besitzen. Bei der Hunde-Spezies gibt es hingegen die Zwischenzehen-Membrane, die die Zehen untereinander durch feine Fiber-Bündel verbindet.

Bei den verschiedenen Rassen kann sie mehr oder weniger ausgeprägt sein. Beim Neufundländer, besonders bei einigen Exemplaren mit starken, gebogenen Zehen, erreicht ihre Entwicklung den zweiten Zehenknöchel und kann dadurch eine nützliche Ergänzung der Funktion werden.

Die Hinterhand

Der Oberschenkel

Wenn die Vorhand vor allem der Funktion des Stützens dient, hat die Hinterhand viel aktiveren Anteil an der Vorwärtsbewegung. Der Oberschenkel, der das erste Segment bildet, hat als Knochenbasis den Oberschenkelknochen, der sich mit seinem Kopf in der Gelenkpfanne des Beckens bewegt. Das Hüftgelenk ist der Hauptdrehpunkt, durch den der Antrieb auf den Rumpf übertragen wird; seine morpho-funktionelle Integrität ist deshalb von größter Wichtigkeit.

Im Verhältnis zum Knochen des Vorderlaufs ist der Oberschenkel länger; ungefähr 34 % der Höhe des Widerristes. Der Oberschenkelknochen bildet mit den Achsen des Hüftgelenks annähernd einen Winkel von 95 º und ist zur Horizontalen um etwa 70 º geneigt. Der Oberschenkel muß besonders stark und solide sein, wie auch die Hinterbacke, die den hinteren Rand bildet, dick und gerundet sein muß. Das zeigt eine starke Entwicklung der Muskulatur und somit deren korrekte Funktion an.

Ein Hund, der eine Fehlbildung der Hüfte wie Dysplasie zeigt, wird versuchen, die Hinterhand zu entlasten und diese Muskeln so wenig wie möglich zu benutzen. Die verminderte Nutzung hat eine schwache Entwicklung der Muskeln mit dünnen und schlanken Oberschenkeln zur Folge.

Das Hüftgelenk erlaubt dem Oberschenkel Bewegungen der Beugung und Streckung, Adduktion und Abduktion. Beim Neufundländer sind diese kombinierten Bewegungen besonders während des Schwimmens gut sichtbar und dienen dazu, die Stabilität beizuhalten.

Der Oberschenkel ist mit einer Reihe von Muskeln ausgestattet: wenige, wie der Parameral, arbeiten nur auf dem Oberschenkel (Beugung); der größere Teil jedoch treibt gleichzeitig Ober- und Unterschenkel, so daß während Semitendinosus und Semimembranosus, hinten angeordnet, um die Hinterbacke zu bilden, sich als Strecker des Oberschenkels und Beuger des Unterschenkels betätigen. Der Oberschenkel-Bizeps, Spanner des seitlichen Bündels, vierköpfiger Oberschenkelmuskel sind vorne dagegen Strecker des Unterarms und Beuger des Schenkels. Durch die Tätigkeit der Antagonisten-Muskeln können sich dann Ober- und Unterschenkel separat bewegen.

Der Unterschenkel

Der untere Hinterlauf wird gebildet vom Schienbein, das mit dem Oberschenkel durch das Kniegelenk verbunden ist, und dem Wadenbein, einem langen und dünnen Knochen, der in einer hinteren-seitlichen Position angeordnet ist. Unten mündet das Schienbein in das Fersen- bzw. Sprunggelenk. Seine Länge ist wenig größer oder gleich der des Oberschenkels und seine Neigung zur Horizontalen beträgt etwa 40 º. Das erlaubt eine richtige Winkelung und Proportionen, die eine gute Streckung des Laufes möglich machen, wobei die Muskeln Wirksamkeit und Kraft, sei es bei der Arbeit an Land oder während des Schwimmens, beibehalten. Der wichtigste dieser Muskeln ist der Trizeps surale, gebildet vom Gastrocnemius und dem Soleo, der sich mit dem Calcaneus durch die Achillessehne verbindet und einer der hauptsächlichen Antriebsmotoren der Hinterhand ist.

Zusammen mit dem langen Wadenbein arbeitet er, indem er den Mittelfuß dehnt. Auf der Hinterseite verlaufen auch die oberflächlichen und tiefliegenden Beuger der Knöchel. Davor sind das Schienbein, der Beuger des Mittelfußes und der Strecker der Knöchel angeordnet.

Das Fersengelenk (Sprunggelenk)

Es ist aus 6 kurzen Knochen geformt, die in zwei Reihen angeordnet und fest miteinander verbunden sind. Zur am nächsten stehenden Reihe gehören die beiden wichtigsten Knochen: Astragalus und Calcaneus.

Der Astragalus hat eine besondere Oberfläche in Form einer als Spirale angeordneten Rolle, auf der sich, wie ein negatives Bild, die Schienbeinschnecke bewegt.

Die besondere Struktur des Gelenks und die exzentrische Disposition von kurzen, starken Bändern erlauben bei der größten Spannung ein Einschnappen, das den Antrieb begünstigt. Gleichermaßen wichtig ist der Calcaneus, der, über die Bildung eines festen Haltes für die Achillessehne hinaus, auch zum Gleiten der oberflächlichen Beugersehne der Knöchel dient.

Das ganze Fersengelenk muß sehr solide sein, weil auf ihm Kräfte und Antriebsreaktionen zusammenlaufen, und obendrein sammelt der Hund auf den Hintergliedmaßen das gewaltige Körpergewicht, sei es zu Beginn der verschiedenen Gangarten, sei es im Augenblick des Sprunges oder des Eintauchens.

Defekte der Beinstellung im Verhältnis zur mittleren Köperebene sind: die Kuhhessigkeit (Drehung der Fersengelenke nach innen) und ausgedrehte Fersengelenke (Drehung der Pfoten nach innen), das heißt Faßbeinigkeit.

Der Hintermittelfuß

Was über das Fersengelenk gesagt worden ist, gilt ebenso für den Mittelfuß. Gebildet von den Mittelfußknochen, von denen einer rudimentär ist, zeigt er im Verhältnis zu dem entsprechenden vorderen, der breit und oval ist, eine rundere Form. Der Mittelfuß bildet zusammen mit der Ferse (Sprunggelenk) und den Knöcheln, den Hebel der 2. Art, von dem der Antriebsimpuls des Hinterkörpers ausgeht. Er hat seinen Drehpunkt an der Spitze der Stütze, den Widerstand am Sprunggelenk, wo sich das Gewicht des Körpers konzentriert, und Kraft an der Spitze des Calcaneus, wo der Trizeps Surale arbeitet.

Der Hintermittelfuß muß deshalb kurz und sehr solide sein, mit robusten Sehnen und in vollkommenem Gleichgewicht. Es heißt, daß der Mittelfuß bei senkrechtem Stand zum Boden mit dem Unterschenkel einen Winkel von etwa 130 º bilden soll. In Ruhestellung wird er leicht nach vorne stehend gehalten, und der Winkel Schienbein-Mittelfuß erscheint kleiner, geschlossener. Wenn aber der Mittelfuß zu sehr gebeugt ist und die Stütze unter ihm ist, sagt man, daß der Hund »abgeschnittene Fersen« hat. Im Gegenteil dazu bestimmt bisweilen ein zu großer, offener Winkel gerade Fersen, so daß sie sich nach vorne neigen, mit gravierenden Auswirkungen auf die Funktion.

Die Pfote

Die Hinterpfote ist weniger breit als die vordere, aber immer solide aufgestützt und rund. Eine 5. Zehe, die bisweilen auf der Höhe des rudimentären Fußwurzelknochens erscheinen kann, wird in den ersten Lebenstagen entfernt, weil sie keinen Nutzen hat, sondern eher durch Hängenbleiben Verletzungen hervorrufen kann.

Die Stellung der Läufe

Als wir über die Gliedmaßen gesprochen haben, sind wiederholt Defekte der Stellung der Läufe erwähnt worden. Deshalb wird es nützlich sein, diesen Terminus zu definieren und die hauptsächlichen Konzepte schematisch wieder aufzunehmen. Im wesentlichen versteht man unter Laufstellung »das Verhältnis zwischen der Richtung der Gliedmaßen und dem Senklot«, der Linie, die senkrecht zur Erde fällt. Sie wird vorne und hinten untersucht, im Profil und frontal, während der Hund in aufgerichteter Stellung auf einer horizontalen Fläche steht.

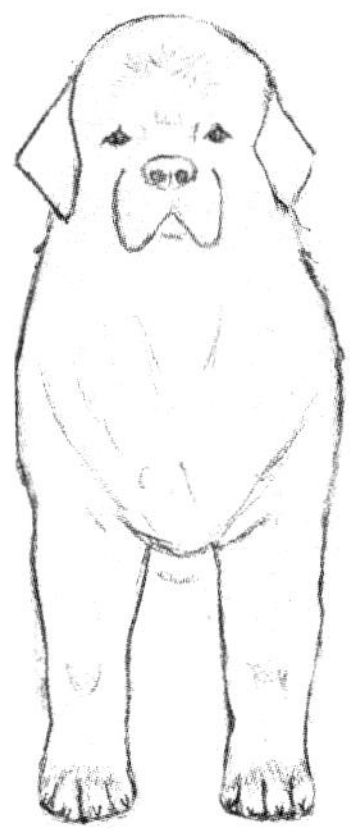

Korrekte Vorhand-Stellung (Front).

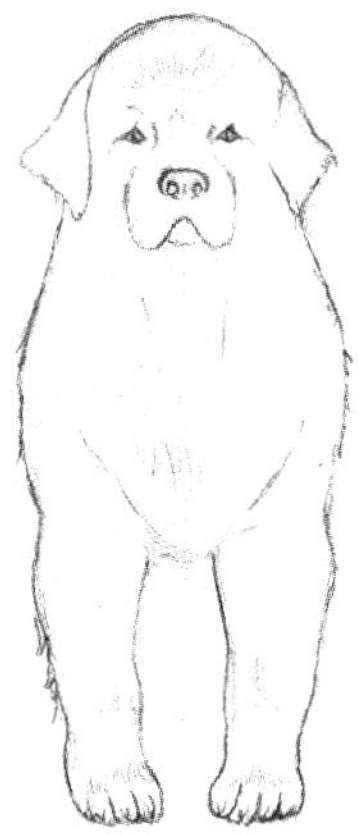

Ausdrehende Ellbogen eindrehende Pfoten.

Eindrehende Ellbogen ausdrehende Pfoten (französischer Stand) oder zehenweiter Stand.

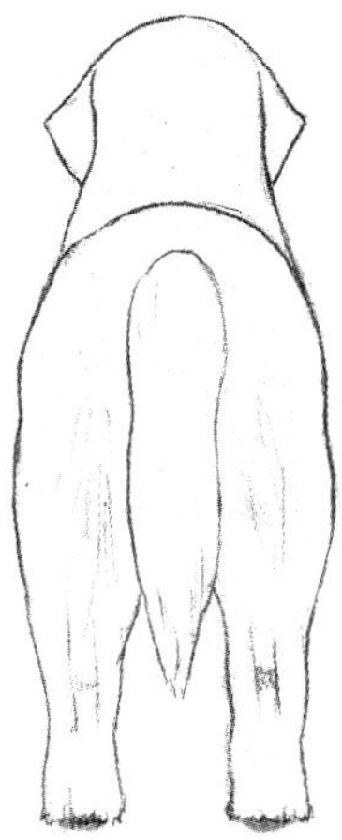

Korrekte Hinterhand-Stellung.

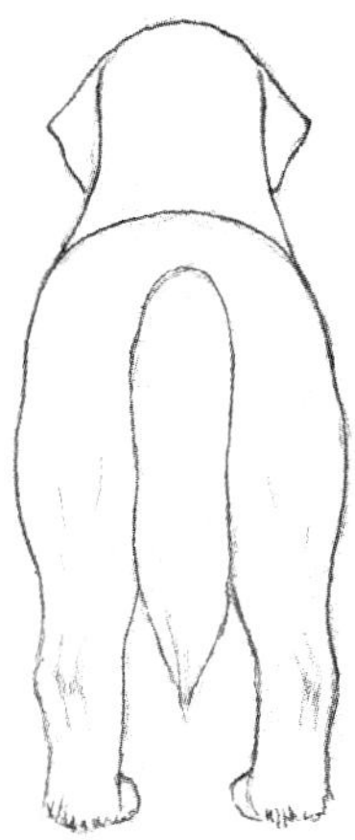

Ausdrehende Fersengelenke eindrehende Pfoten, faßbeinig.

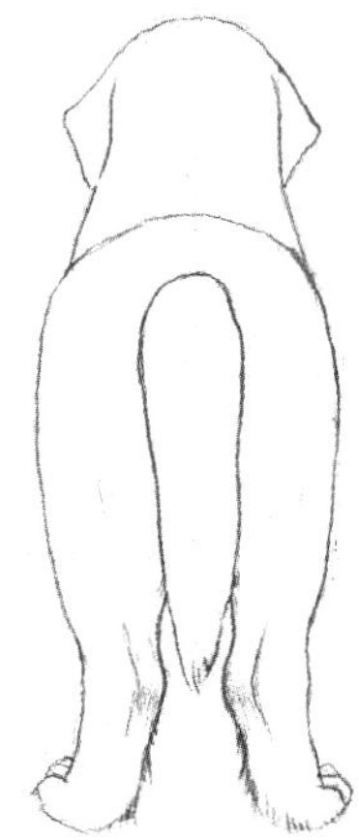

Kuhhessigkeit (eindrehende Fersengelenke) ausdrehende Pfoten.

Vordere Läufe im Profil:

Die Vertikale vom höchsten Punkt der Schulter soll den Boden berühren, indem sie die Pfote streift. Wenn die Linie vorne fällt, wird das vorne als »unter sich gestellt«, wenn hinter der Hinterpfote, »außer sich« bezeichnet.

Die Senkrechte vom Zentrum des Ellbogengelenks, muß den Unterarm und die Vorderfußwurzel an zwei quasi gleichen Punkten teilen, wobei sie den Boden direkt hinter dem Fuß berührt. Wenn die Vorderfußwurzel im Verhältnis zu dieser Linie nach vorne gebogen ist, wird sie »schlaff«, wenn nach hinten, wird sie »hohl« genannt.

Vordere Läufe von vorne:

Die Vertikale vom äußeren höchsten Schulterpunkt muß nun zwei gleiche Hälften teilen: Unterarm, Vorderfußwurzel, Mittelfuß und Pfote. Wenn die Linie gegen das Innere des Fußes fällt, wird man das »vorne offen« nennen, wenn sie nach außen fällt, sagt man »vorne geschlossen«.

Diese Termini dürfen nicht verwechselt werden mit dem »eng und breit«, was sich bei einem Hund auf die Breite des Brustkorbs bezieht.

Wenn die Läufe korrekt sind, aber die Mittelfüße und Pfoten nach außen abweichen, haben wir den französischen Stand, wenn sie nach innen abweichen die »ausgedrehten Ellbogen«, den zehenengen Stand oder zehenweite Stellung.

Hintere Läufe im Profil:

Die Senkrechte vom Sitzbeinhöcker soll die Zehenspitze streifen, wenn der Mittelfuß in der Vertikalen ist. Wenn die Linie den Fuß trifft, nennt man den Hund »hinten unterstellt«, wenn sie weit vorne fällt, sagt man »hinten zurückgestellt, (rückständig).«

Hintere Läufe von hinten gesehen:
Die Vertikale, gefällt von den äußeren Kanten der Kruppe, muß das Sprunggelenk, den Hintermittelfuß und die Pfote in zwei gleiche Teile unterteilen. Wenn das ganze Bein nach außen steht, wird man das als »hinten weit« bezeichnen, wenn nach innen als »hinten eng«. Wenn hingegen die Sprunggelenke nach innen gedreht sind und die Pfoten nach außen, wird das Exemplar »kuhhessig« genannt; wenn die Sprunggelenke nach außen gedreht sind und die Pfoten nach innen, wird es hingegen »hinten ausgedreht« heißen.

Zusatz der Redaktion: In der Bundesrepublik im letzten Fall abweichende Terminologie üblich, z.B. »Pfoten hinten eindrehend«.

Die Bemantelung

Der Mantel stellt für den Neufundländer eine sehr wichtige Voraussetzung zur Ausübung seiner Funktion dar: Im kalten Klima und vor allem während des Aufenthalts im Wasser spielt er eine unentbehrliche, schützende Rolle.

Er ist aus zwei Schichten zusammengesetzt: das Deckhaar, von halbglasiger Struktur, und das wollige Unterhaar, dicht, undurchlässig, das das Wasser daran hindert, die Haut zu erreichen. Länge und Verteilung variieren gemäß den verschiedenen Körperregionen. Kopf, Ohrenränder und Vorderseite der Läufe sind von kurzem, dichtem Fell bedeckt, das den Umriß hervorhebt. Das Haar wird am Hals und am Rumpf länger, wo es ungefähr 8-9 cm mißt. Am hinteren Mittelteil des Ohres, an Kehle, Brust, den unteren Rumpfseiten und an der Rute erreicht es die größte Länge (circa 12 cm), bis es dichte Fransen am hinteren Teil der Läufe bildet. Das Haar ist glatt und anliegend und neigt dazu, spontan in die natürliche Position zurückzukehren, wenn es in die Gegenrichtung gestrichen wird. Ein offenes Haarkleid, das aufgerichtet bleibt, wie bei den nordischen Hunden, oder ohne Unterfell ist, wie beim Labrador, gilt als Defekt; ebenso ein offensichtlich lockiges Fell, das die weiche, fließende Außenlinie stört.

Farben des Mantels
Der Standard der F.C.I. erlaubt drei Farben:

1) Schwarz: es ist die vorherrschende Farbe; sie erscheint leuchtender, wo das Fell kurz ist, in den anderen Regionen weicht die Unterwolle den Farbton auf und macht es matter; die Fransen können, vor allem, wenn der Hund oft ins Wasser geht, einen rötlichen Schimmer annehmen. Auf dem schwarzen Mantel sind erlaubt: ein weißer Fleck an der Brust, an den Zehenspitzen und an der Rutenspitze.
2) Braun: die Farbe Braun kann dem dunkleren Farbton Schokolade oder dem helleren Farbton Bronze entsprechen. Wie bei Schwarz sind erlaubt: weiße Flecken an der Brust, den Zehen- und der Rutenspitze. Beim Braun ist die Haut rosa, ebenso auch die Schleimhaut; der Nasenschwamm ist braun pigmentiert.

Jana Prinzessin v. Wasserburg (Eigentümer Zwinger v.d. Wasserburg).

3) Schwarz und Weiß oder Landseer: die Grundfarbe ist weiß mit schwarzen, scharf begrenzten Platten, vorzugsweise in folgenden Bereichen: schwarzer Kopf mit einem weißen Streifen, der vom Fang an der Stirn hochsteigt (Blesse), Sattel korrekt gezeichnet, Kruppe von schwarzer Farbe, die sich zur Rute ausdehnt. Bei der Beurteilung der Schönheit wird der Symmetrie der Platten großes Gewicht beigemessen: Die schwarzen Scheckungen müssen aus den übrigen weißen Bereichen hervortreten. Kleine Flecken (»Ruß« genannt), die diesen Kontrast zerstören, werden als Fehler angesehen.

Ein Exemplar, das große, asymmetrische Flecken oder ein Vorwiegen des Schwarz über das Weiß zeigt, wird als schlecht gezeichnet (mismarked) angesehen. Bei den gefleckten Exemplaren müssen Nasenschwamm und Augenlider schwarz pigmentiert sein.

Das Problem der Farbe

Die Farbe ist immer, auch in den vergangenen Zeiten, eines der strittigsten und meist diskutierten Themen unter den Liebhabern der Rasse gewesen. Während das Schwarz von allen als die dominante Bemantelung des Neufundländers anerkannt worden ist, waren die anderen Farben, je nach Land und Epoche, wechselnden Moden unterworfen. Auch heute noch akzeptiert zum Beispiel Kanada die Variante Braun nicht, während die Vereinigten Staaten über die drei europäischen Farben hinaus auch das Grau anerkennen.

Was das Schwarz und Weiß betrifft, so ist es Gegenstand zahlreicher Verwirrungen gewesen, daß eine Chronik notwendig ist, um dies besser zu verstehen.

Wie wir schon gesehen haben, waren zum Ende des 18. Jahrhunderts viele Rassen mit dem Neufundländer der Insel gekreuzt worden, um immer größere Exemplare zu erhalten. In jener Zeit waren die Farben mannigfaltiger: Schwarz, Braun, Schwarz und Weiß, Braun und Weiß, Schwarz mit rötlichen Flecken (black and tan), ebenso brown and tan, wildfarben, gestromt, grau etc. Im Jahre 1810 meinte Teel, daß die Rasse degeneriert sei, und 1840 bestätigte Smith, daß der Originalhund der Schwarze oder Bronzene sei. Im Jahre 1837 hatte inzwischen Sir Edwin Landseer das berühmte Bild »Ein besonderes Mitglied der menschlichen Gesellschaft« gemalt, das den berühmten Bob zeigte, der von der Royal Humane Society mit der Goldmedaille ausgezeichnet worden war, weil er mehr als 23 Personen aus den Gefahren der Themse gerettet hatte. Das Modell war Paul Pry, ein schwarzweißes Exemplar. Auf seinen Bildern bevorzugte Landseer immer diese Farbe, so daß sie sich unlösbar mit seinem Namen verband.

Im Jahre 1886 verfügte der erste Standard der Rasse, daß die typische Farbe Schwarz oder Schwarz mit weißem Brustfleck sei; um Landseer zu ehren, wurde darüber hinaus eine nicht rein schwarze Klasse beim Neufundländer zugelassen. Einige Jahre danach waren die Streiterei-

Anordnung der Flecken:
1) Schwarz mit Weiß an der Brust, Rutenspitze und Pfoten (akzeptabel); 2) ideal gezeichnet; 3) Schwarz mit exessivem Weiß (fehlerhaft); 4) Weiß mit exzessivem Schwarz und Ruß (fehlerhaft).

en jedoch noch im Gange. Im Jahre 1932 brachte der Bericht der SIT eine interessante Diskussion, die in »Our Dogs« erschienen war, und zwar zwischen denen, die sich für die Kreuzung der beiden Rassen aussprachen und jenen, die dagegen waren. Colnaghi schloß: »Der Ursprung des Weiß beim Neufundländer ist nicht ganz geklärt. Der Schwarzweiße hatte einen flachen Kopf, war aber von der Statur her größer als der Schwarze. Die Kreuzung zwischen den beiden Varianten wollte erreichen und hat erreicht, die Statur des Schwarzen zu vergrößern und beim Schwarzweißen den Kopf mit dem typischen gewölbten Schädel des Neufundländers zu erhalten. Der typische Neufundländer bleibt der schwarze, die Variante Schwarzweiß, genannt Landseer, wird anerkannt. Behalten wir im Gedächtnis: Wir dürfen beim Landseer die rötlichen Flecken nicht erlauben, und man darf die beiden Varianten nicht mehr paaren«.

Derselben Meinung waren auch Heim, Träger und Burkhard. In den folgenden Jahren brachten die verschiedenen Ansichten die Züchter der einzelnen Länder zu unterschiedlichem Verhalten. So paarten sie in England, Amerika, Kanada, Skandinavien und Holland weiterhin die beiden Varianten untereinander. Im Rest Europas und vor allem in Deutschland und der Schweiz, wo die Züchtung der Landseer verbreitet war, züchtete man die zwei Farben getrennt. Die einzige Ausnahme war Otto Walterspiel, der den schwarzen Storm of Sparry aus England importierte und ihn bei Landseern einsetzte, wobei er einen Typ erreichte, der mehr dem Schwarzen ähnelte.

Die Reinzüchtung des Schwarzweiß hatte den Vorteil besserer Scheckung und schöneren Glanzes des Mantels, führte aber unausweichlich zu einer Fixierung althergebrachter, unerwünschter Gene, die den Typ modifizierten.

Die so erhaltenen Exemplare hatten Köpfe, die weniger markant waren, länger und schmaler, fein ausgeprägt, mit einer Tendenz zur Divergenz, den Fang ziemlich konisch mit überentwickeltem Nasenschwamm auf der unteren Plattform, mit reduzierter Lefzenentwicklung, größeren, bisweilen hellen und hervorstehenden Augen. Sie waren höher als die Schwarzen, aber mit dünneren Knochen und weniger gewinkelt, der Mantel war kürzer und mit weniger Unterwolle, das Temperament lebhafter. Diese Varianten des Typs waren nichts anderes als ein genetischer Beweis für den Ursprung der Landseer, eine Rückkehr zu den ursprünglichen Vorfahren und schuf eine offensichtliche Differenzierung, nicht nur zwischen den Schwarzen und den Schwarzweißen, sondern auch, im Bereich der letzteren, zwischen den reingezüchteten Landseern und jenen, die mit den Schwarzen gekreuzt worden waren.

Im Jahre 1960 beschloß die F.C.I., die beiden Varianten zu trennen: den schwarzen oder braunen Neufundländer von den schwarzweißen Landseern. Diese Entscheidung, die die Zustimmung der Schweiz und Deutschlands fand, traf hingegen auf die Ablehnung der nordischen Länder und Hollands. Schließlich kam man zu einer Lösung: der Landseer vom europäischen Typ sollte eine Rasse für sich werden, genannt Landseer ECT (European Continental Type), mit einer abweichenden Nummer bei der Klassifizierung der Hunderassen und einem eigenen Standard unter dem Patronat von Deutschland. Die Rasse Neufundländer sollte die Farbe Schwarz und Weiß oder einfach Landseer wieder zulassen, aber ihre Repräsentanten mußten in jeder Charakteristik des Typs identisch mit den Schwarzen sein.

Die Trennung wurde in der Wirklichkeit nur teilweise respektiert. England, USA und Kanada, die nicht Mitglieder der F.C.I. waren, fuhren fort, Landseer ECT aus Europa für die Zucht des Mantels zu importieren, wobei sie dann Neufundländer-Landseer zurückexportierten. Daraus entstand eine weitere Verwirrung: einige dieser Exemplare zeigten einen richtigen Neufundländer-Typ, andere den Typ Landseer ECT. Dieser letzte Typ erschien dann auch bei einigen schwarzen Nachkommen.

Im Jahre 1978 schloß die Versammlung der F.C.I., abgehalten in Mexiko, auf Vorschlag Deutschlands die Farbe Schwarz und Weiß aus der Rasse der Neufundländer aus, aber 1981 wurde in Dortmund diese Farbe auf Intervention von Holland und Finnland wieder zugelassen. Die Vorschläge der Schweiz, die Farbe schwarzweiß von neuem auszuschließen, wurden nicht akzeptiert. Die aktuelle Klassifizierung umfaßt unter der Bezeichnung »Typ Berghund« folgende Nummern:

75) Neufundländer (CDN-GB): schwarz-bronze-weiß mit schwarzen Flecken (Typ Anglo-Amerikanischer Landseer);
78) Landseer ECT (D-CH).

Hier fragt man sich natürlich nach dem Grund so vieler langjähriger Streitereien. Wenn man versucht, die Situation einzuordnen, werden wir auf der einen Seite die Züchter schwarzer Hunde finden, welche die Blutlinien rein halten wollen, die sie in der Vergangenheit mühsam herausgezüchtet haben, wodurch sie die Überraschung fehlerhafter Farben und Typen vermeiden. Prinzipiell gewinnt das Schwarz keinen Vorteil durch die Paarung mit dem schwarzweiß;

der größere Wuchs, der als Vorwand vorgebracht wurde, kann durch Selektion erreicht werden, und auf jeden Fall sollte er nicht zum Nachteil des Typs und der Harmonie gereichen. Auf der anderen Seite haben wir die Züchter Schwarz-weißer, die nicht darauf verzichten können, periodische Kreuzungen mit sehr typischen und mächtigen schwarzen Exemplaren durchzuführen, um für den Landseer den Typ und den Knochenbau zu erhalten.

Mit etwas gutem Willen könnte man eine gerechte Lösung für alle erreichen. Vor allem müßte man die Exemplare aus der Zucht ausschließen und bei allen Beurteilungen bestrafen, die, um schwarzweiße oder schwarze Neufundländer zu erreichen, den Landseer Typ ECT darstellen. Das, was naheliegend zu sein scheint, ist jedoch nicht so leicht zu erreichen. Wer einen Hund mit Ahnentafel besitzt, besteht auf seinem vollen Recht, über die Paarung zu entscheiden und die Produkte dann in das Zuchtbuch einzuschreiben.

Allzu oft geschieht die Wahl zufällig, mit größerem Schaden bei den Paarungen unter den Farben. Die Züchtung des schwarzweißen Neufundländers verlangt viel Vorsicht und Kenntnis, um nicht das empfindliche Gleichgewicht zwischen Typ und Mantel zu zerstören. Die Kreuzung der beiden Varianten vollständig freizugeben führt zu einer wahllosen Produktion. Heute stehen wir auch in Italien immer häufiger vor Exemplaren, die als »mismarked« definiert und als fehlerhaft beurteilt werden: ganz schwarze Hunde mit Flecken, die in anderen Körperregionen auftreten als die, die vom Standard vorgesehen, mit ganz weißer Mittelhand und Vorderhand und Weiß, das sich über die ganze Brust ausdehnt, an der Kehle und am Bauch, ein weisser Fang, etc.

Diese Art der Vermehrung ist die Ursache für einen Rückschritt, ohne übrigens sonst auf ganz präzise Auswahlzwecke abzuzielen. Hier ist also die Notwendigkeit eines Eingreifens darauf gerichtet, die gemischten Paarungen nur auf Antrag und mit kontrollierten Zuchttieren zu erlauben. Darüber hinaus sollten die schwarzen Welpen, geboren von schwarzweißen Eltern, die, wie wir in dem der Genetik gewidmeten Kapitel genauer erklären werden, immer Träger des Scheckungs-Gens und möglicherweise anderer damit verbundener Charakteristika sind, nur in der Zucht dieser Farbe benutzt werden. Das Schwarz könnte so seine Reinheit des Typs behalten, von der das Schwarz-weiß ab und zu entnehmen könnte, was für nützlich gehalten wird. Der erste Schritt wäre vorerst der, in den Stammbäumen die Farben der Eltern zusammen mit ihrer Rezessivität anzugeben, wie es schon in anderen Ländern geschieht, um eine verantwortungsvollere Auswahl der Zuchttiere zu erreichen.

Ch. Larissima's Baccardi (braun), Ch. Crawl (schwarz) und Ch. West Side Igor (Landseer).

Größe und Gewicht

Auch Größe und Gewicht sind aller Zeiten Gegenstand der Diskussion von seiten der Neufundländer-Liebhaber gewesen. Schon im Neunzehnten Jahrhundert haben sich Neufundländer-Fachleute von Ruf wie Mr. Mansfield gegen den Wettbewerb, immer größere Exemplare züchten zu wollen, ausgesprochen.

Es ist wahr, daß man in den vergangenen Zeiten, um auffallendere Tiere zu erhalten, die Hunde der Insel mit anderen Rassen gekreuzt hatte, wodurch man gleichzeitig andere körperliche und farbliche Merkmale einführte.

Später unterstützten Persönlichkeiten wie Heim, Buchner und Burkhard analoge Thesen. Prof. Heim schrieb: »Sich bei der Zucht von der Größe dominieren zu lassen, ist gefährlich, weil man das Risiko eingeht, den Typ zu zerstören und lymphatische Hunde zu züchten«. Anderer Meinung waren Prof. Goerttler, Züchter von Landseern, und Mr. Brown, der versicherte: »Ein imponierender Neufundländer erfüllt seine Aufgabe im Wasser besser, so sehr, daß es keinen Grund gibt, zu bestreiten, daß die Masse nicht der hauptsächliche Schmuck unseres Hundes sein könnte«. Alle waren sich jedoch einig in Bezug auf die Tatsache, daß es wichtig sei, die Symmetrie und die Proportionen beizubehalten. Kürzlich schrieb M. Booth Chern: »Die Größe soll der Durchschnitt sein, der vom Standard angegeben ist, oder größer, jedoch nie zum Schaden der Proportionen. Größe ohne Ausgewogenheit und Solidität ist ohne Wert«. Die vorgeschlagenen Werte des Standards mit einer mittleren Höhe von 71 cm und einem Gewicht von 64 bis 69 kg beim Rüden und 66 cm mit einem Gewicht von 50 bis 54 kg bei der Hündin erscheinen einem korrekten Verhältnis zwischen Masse und Statur wirklich zu entsprechen. Natürlich ist ein gewisses Abweichen vom Mittelwert vorgesehen, aber Hunde, die 78-80 cm Höhe erreichen, werden schwerlich in der Lage sein, die Proportionen zu bewahren. Sie sind tendentiell langlinig und zeigen entsprechende Charakteristika: lange Glieder, proportional reduzierte Querschnitte, verlängerte Gesichtsprofile. In derselben Weise besitzen Exemplare, die zu sehr unter dem Durchschnitt sind, nicht die Merkmale, die den Neufundländer als Molosser von großer Statur kennzeichnen. Noch einmal: das Überschreiten der Mittelmaße ins zu Große oder zu Kleine paßt nicht zusammen mit jener Ausgewogenheit, die beim Neufundländer immer gesucht wird.

Es ist noch nötig zu unterstreichen, daß die Maße echt und nicht gefälscht sein müssen. Einen Hund zu wiegen kann ziemlich einfach sein, und es genügt, die Nadel der Waage zu beobachten. Die Vermessung der Statur gibt hingegen Anlaß zu einer Reihe von Irrtümern, die größte Aufmerksamkeit verlangen. Das zu vermessende Exemplar wird ohne Zwang in gerader Position auf eine ebene Fläche gestellt. Das Meßgerät muß senkrecht zum Boden stehen und die Querstange wird auf den höchsten Punkt des Widerristes gesenkt, wobei man sanft auf das Fell drückt. Viele Werte verringern sich dann zu Gunsten von Objektivität und gesundem Menschenverstand.

Klarer Unterschied zwischen den Geschlechtern

Es ist sehr wichtig, die Bedeutung dieses Begriffes gut zu verstehen, weil es bisweilen geschieht, daß Merkmale, die damit nichts zu tun haben, mit feminin oder maskulin verwechselt werden. Die grundlegenden, den Typ bestimmenden Faktoren müssen beim Rüden und bei der Hündin identisch bleiben, auch wenn jedes gute Exemplar in offensichtlicher Weise die sekundären geschlechtlichen Charakteristika manifestiert.

Beim Rüden erscheint der Kopf verhältnismäßig größer als bei der Hündin, mit noch akzentuierterer Stirn und Augenbrauenbögen, mächtigem Fang, größerem Nasenschwamm, sehr entwickeltem Hals, Muskulatur und Knochenbau. Bei der Hündin erscheint alles runder und fließender, ohne jedoch je der Substanz zu ermangeln. Ein schmaler Fang, ein fliehender Stop, ein schmaler Kopf oder dürftiger Knochenbau und Muskulatur dürfen nie mit feminin verwechselt werden. Der weibliche Neufundländer bewahrt alle Charakteristika der Rasse ganz klar, nur sind alle durch den natürlichen Dimorphismus weicher gestaltet.

Charakteristisches Geschlechtsgepräge, links Hündin, rechts Rüde. Ch. Zelda und Ch. Zeus degli Angeli Neri.

Zusammenfassung

Wir schließen diesen letzten Teil des Kommentars zum Standard ab, indem wir einige der Fehler hervorheben, die, mit besonderem Bezug auf die Rasse Neufundländer bezüglich der Konstruktion und des Typs auftreten können:

Mängel des Körperbaus:
1) Kuhhessigkeit
2) Zehenenger Stand
3) Ausgedrehte Ellbogen
4) Karpfenrücken oder aufgezogene Lende
5) Senkrücken
6) geringe oder übertriebene Winkelungen
7) zu lange oder zu kurze Rute

Mängel des Typs:
1) Leichter Knochenbau
2) zu lange Läufe
3) enger oder keilförmiger Rumpf
4) aufgezogener, windhundartiger Bauch
5) über dem Rücken geringelte Rute, wie bei den nordischen Hunden
6) kurzes Haarkleid, ohne Unterwolle, wie beim Labrador
7) Farben, die nicht dem Typ entsprechen

Hinzu kommt, daß, wie bei jeder Rasse, das männliche Exemplar zwei Hoden von normalen Dimensionen, die sich vollständig im Skrotum befinden, aufweisen soll. Monorchismus und bilateraler Kryptorchismus (Abwesenheit eines oder beider Hoden) führen zur Disqualifikation.

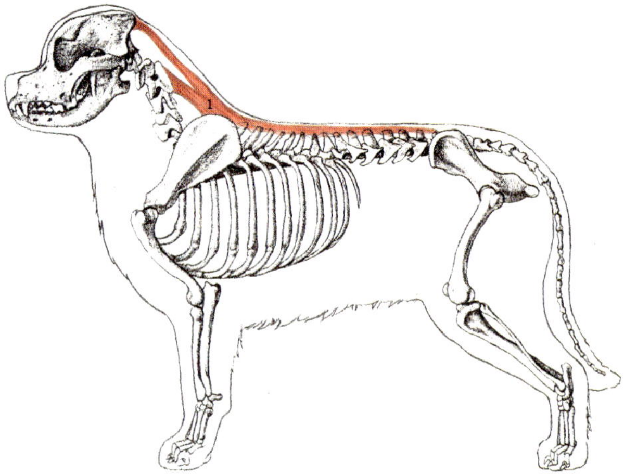

1 - Wirbelsäulen-Band.

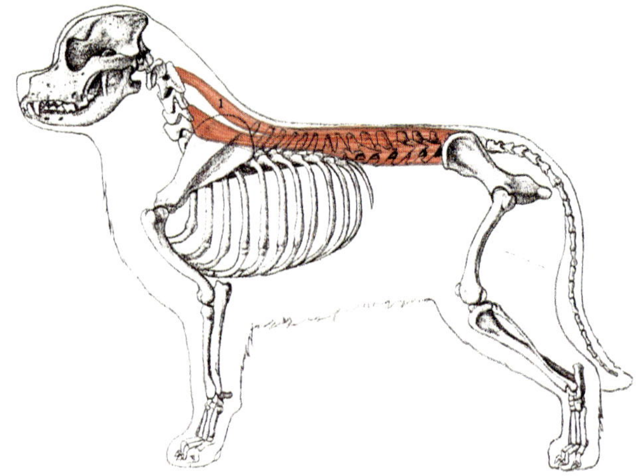

1 - Hüftbein-Stachel-Muskel.

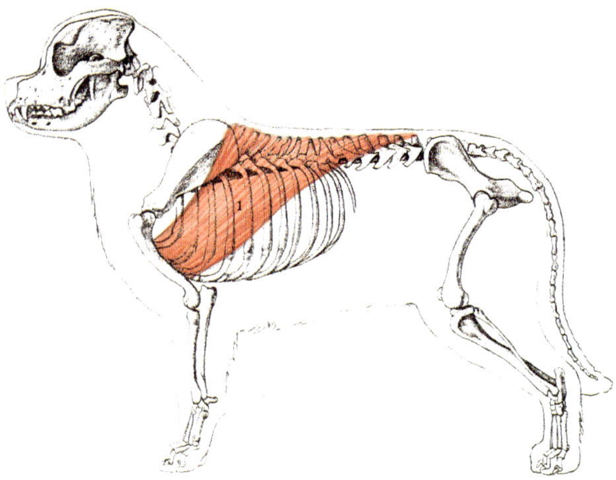

1 - Großer Rückenmuskel.

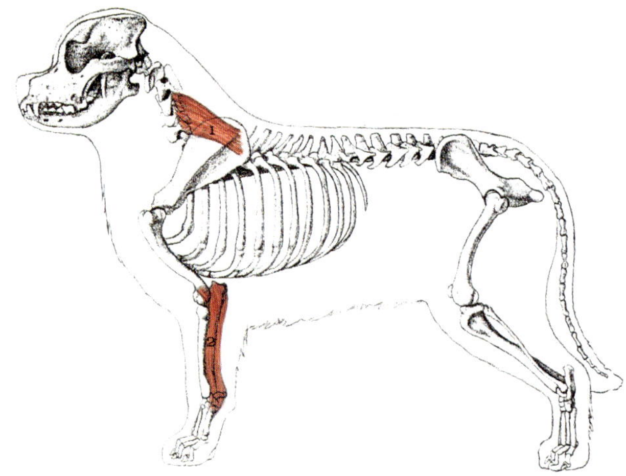

1 - Winkelmuskel des Schulterblatts.
2 - Schräger Beugemuskel der Mittelhand.0

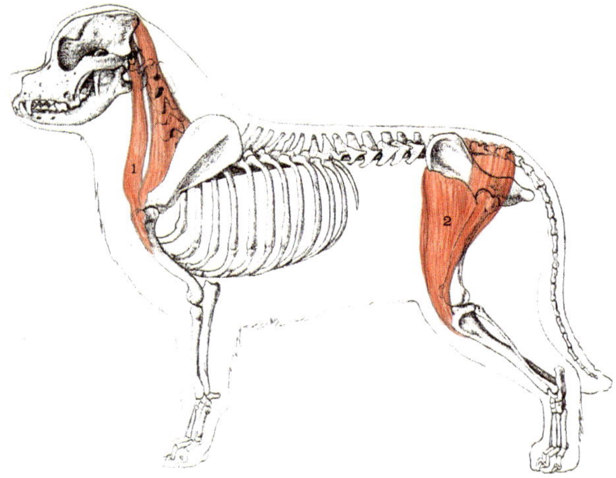

1 - Oberarm- und Kopfmuskel
2 - seitlicher Fascienspanner

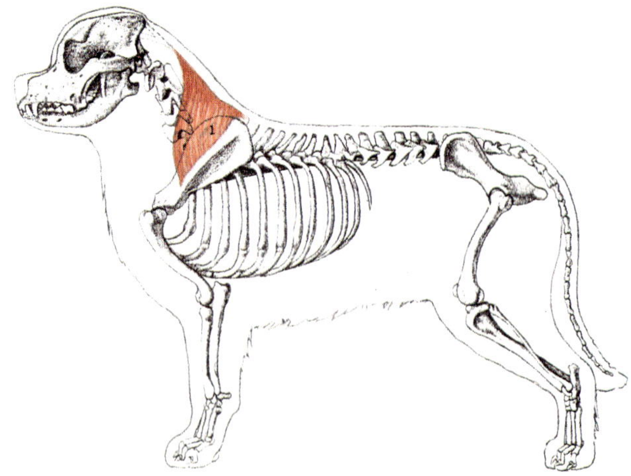

1 - Trapezmuskel.

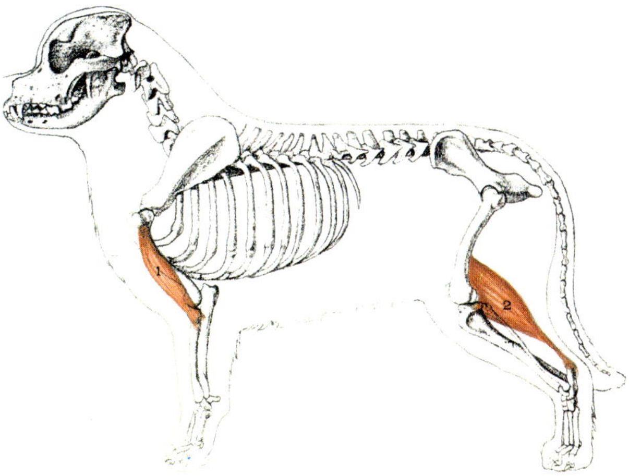

1 - vorderer Armmuskel.
2 - Dreiköpfiger Sural-Muskel.

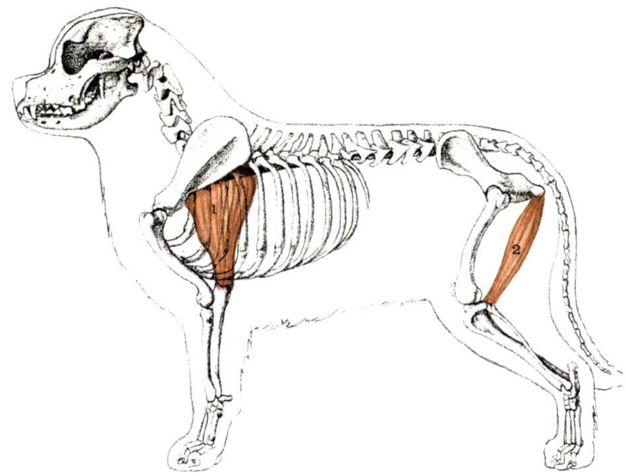

1 - Langer Anconeus-Muskel oder langer Ellenbogenmuskel.
2 - Semitendinosus-Muskel.

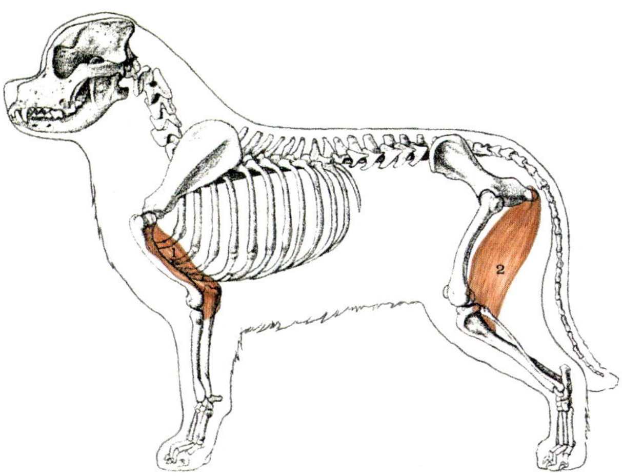

1 - Seitlicher Anconeus-Muskel
oder seitlicher Ellenbogenmuskel.
2 - Semimembranoso-Muskel.

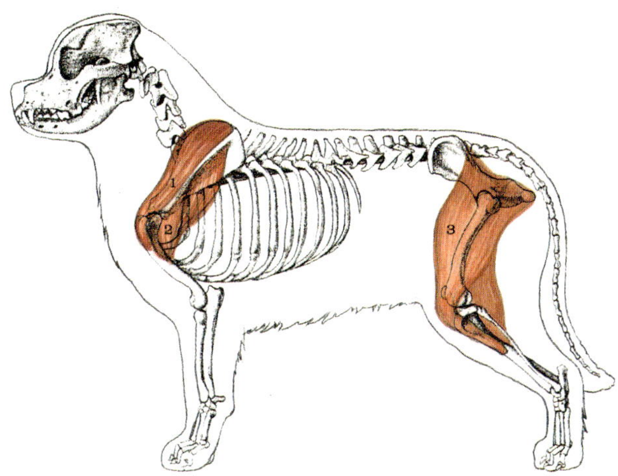

1 - Sopraspinatus-Muskel
oder Schulterblattgrätenmuskel.
2 - Delta-Muskel.
3 - Oberschenkel-Bizeps

IV. DIE BEWEGUNG

Grundbegriffe der Mechanik und Kinematik

Die Bewegung repräsentiert den lebendigen Ablauf der körperlichen Charakteristika einer Rasse. Das Studium der Dynamik macht noch besser verständlich, warum Morphologie und Funktion so eng verbunden sind. Jede Bewegung, die wir beobachten und die mit solcher Natürlichkeit und Schnelligkeit geschieht, daß die Analyse schwierig ist, spiegelt das Zusammenspiel eines perfekten Gleichgewichts, an dem die Muskeln, die Knochen und die Schwerkraft beteiligt sind.

Grundlage von allem ist das Prinzip des »Schwerpunkts«. Jeder Körper, welcher der Schwerkraft unterliegt, zeigt einen Schwerpunkt. Es ist theoretisch der Punkt, an dem die Schwerkraftlinien zusammenlaufen, die aus allen Teilchen resultieren, aus denen der Körper besteht. Wenn man einen Körper in seinem Schwerpunkt auspendeln könnte, würde er in vollkommenem Gleichgewicht bleiben. Beim Hund liegt der Schwerpunkt ungefähr auf dem Treffpunkt zweier Linien: der vertikalen Tangente an der Schwertfortsatz-Apophyse des Brustbeins und der Horizontale gelegen auf der Sagittal-Ebene des Körpers in der Mitte der Rumpfhöhe. Wenn wir ein Viereck schlagen, das die Stützpunkte der Pfoten verbindet, werden wir eine Stützbasis erhalten. Nur wenn die Vertikale, die den Schwerpunkt schneidet, in diese Basis fällt, kann der Hund eine Position mit statischem Gleichgewicht einnehmen. Während das Tier den Vorderlauf hebt und unter dem Antrieb des Hinter-

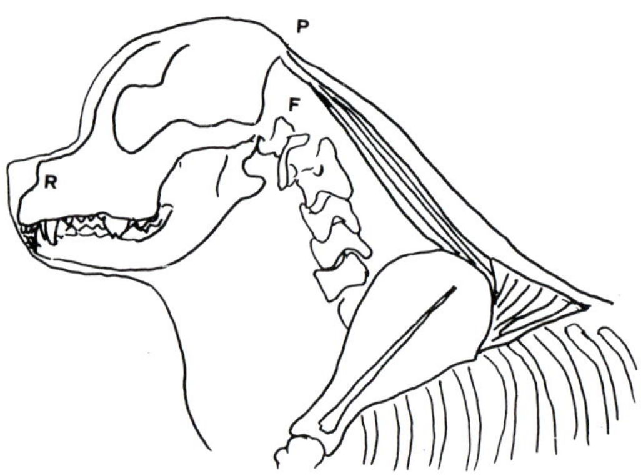

1) Hebel der 1. Art (PF$\lesseqgtr$RF);

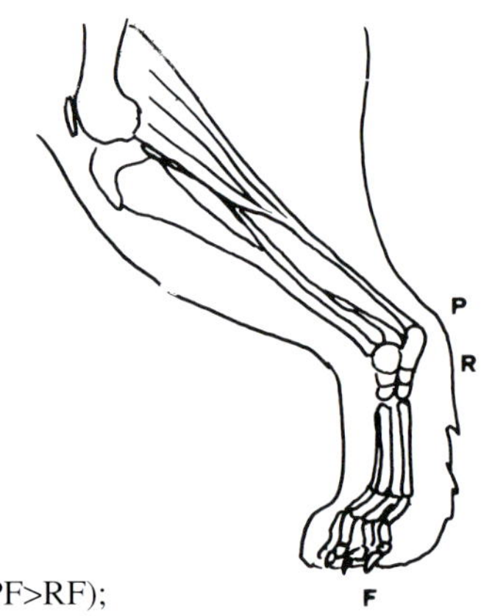

2) Hebel der 2. Art (PF>RF);

3) Hebel der 3. Art (PF<RF).

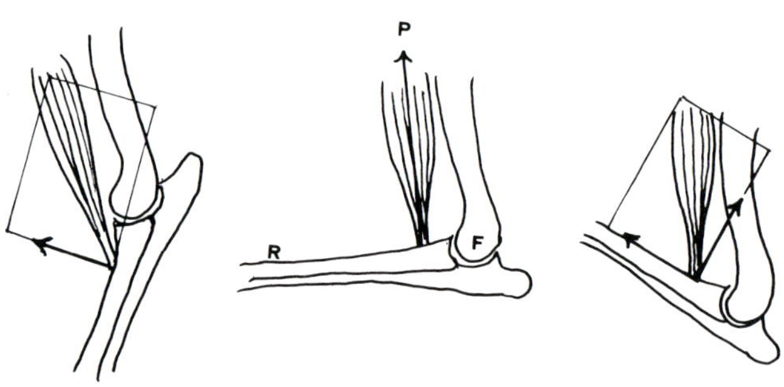

Hebelprinzip und seine Anpassung an die tierische Mechanik.

Eine Bewegungsstudie im Ring.

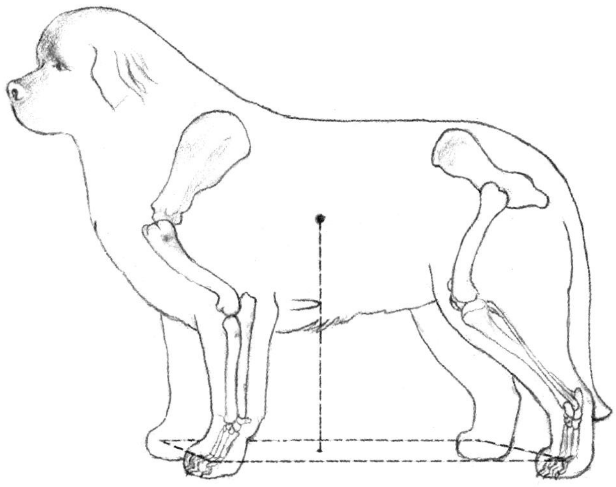

Schwerpunkt.

laufs sein eigenes Gewicht nach vorne schiebt, endet der Zustand des Gleichgewichts. Der Schwerpunkt verlagert sich nach vorne und es muß einen Schritt tun, um auf den Pfoten bleiben zu können.

Daraus schließt man, daß die Vorwärtsbewegung unter der Einwirkung von zwei Kräften ausgeführt wird: dem Antrieb des Hinterlaufs, der die Verlagerung beginnt und der Schwerkraft, die - unter dem Schwerpunkt arbeitend - die Aktion fortführt, wobei sie die Muskelanstrengung vermindert und um so schneller handelt, je höher der Schwerpunkt liegt. Die Verlagerung wird um so größer sein, je länger der Lauf ist, auf den sie sich stützt.

Eine kurze, schmale Stützbasis und die für die Dolicomorphen typischen langen Glieder sind daher die Eigenschaften eines Schnelläufers. Aber diese Bedingung, die dazu führt, eine hohe Zahl von Schritten und Sprüngen ausführen zu können, ermüdet das Tier in kurzer Zeit, so daß es also das Maximum nicht für lange Zeit erreichen kann. Darüber hinaus setzen lange Glieder lange, aber relativ dünne Knochen und Muskeln voraus, die zu weiten Verlagerungen fähig, aber nicht an eine große und dauernde Anstrengung angepaßt sind. So würde also eine zu enge Brust mit einem nur in der Höhe entwickelten Brustkorb eine solide Stütze auf dem Boden während des Ziehens oder Fangens unmöglich und außerdem die Wasserlage während des Schwimmens unstabiler machen.

Dagegen sind zu sehr entwickelte Querdurchmesser wie auch ein faßförmiger Brustkorb und extrem kurze Glieder Synonyme für besondere Unbeweglichkeit. Der Bulldog ist so gebaut, daß er Solidität der Basis hat, aber können Sie sich vorstellen, wie er zwischen zwei Felsen herumspringt? Der Windhund ist beweglich und schnell, aber wie lange, denken Sie, könnte er beim Kampf gegen die Wellen widerstehen? Die Natur, die, anders als bei anderen Rassen, den Neufundländer mehr für den Menschen geschaffen hat, hat alle Ingredienzien weise zu mischen gewußt, um einen fügsamen Hund zu erhalten, der perfekt an die Anforderungen der Heimatinsel angepaßt war. Deshalb muß er mehr ein »stayer« als ein »sprinter« sein, jedoch angepaßt an eine Arbeit, die Kraft und Widerstandsfähigkeit, aber auch Beweglichkeit verlangt. Auf diese Funktion antwortet die Struktur des Mesomorphen mit starkem Knochenbau und mächtiger Muskulatur perfekt.

Wir haben gesehen, wie die Schwerkraft eingreift. Wir wollen jetzt prüfen, wie Knochen und Muskeln arbeiten. Sie sind grundsätzlich Hebel, die gemäß der Anordnung der Punkte von Kraft und Widerstand im Verhältnis zum Drehpunkt größere Kraft und Präzision ausüben können. Beim Tierkörper wird die Kraft (P) durch Muskeltätigkeit erzeugt, der Widerstand (R) durch Gewicht. Und der Drehpunkt (F) liegt zuweilen auf der Höhe des Gelenks, bisweilen auf dem Boden.

Wir haben also:

1. Hebel der 1. Art oder Gleichgewichtshebel, bei dem der Drehpunkt zwischen Widerstand und Kraft liegt; er ist um so vorteilhafter, je größer der Arm der Kraft im Verhältnis zu dem des Widerstands ist.

2. Hebel der 2. Art oder Hebel der Kraft, bei dem der Widerstand zwischen Drehpunkt und Kraft liegt, und konsequenterweise der Arm der

Kraft größer ist als der des Widerstands.

3. Hebel der 3. Art oder Hebel der Geschwindigkeit, bei dem die Kraft zwischen Drehpunkt und Widerstand liegt. In diesem Fall, da der Arm der Kraft immer kleiner ist als der des Widerstands, wird die Verdrängung des Widerstands immer größer sein als die Fülle der Muskelkontraktion. Aber es wird eine Muskelkraft nötig sein, die größer ist als das Gewicht des Widerstands.

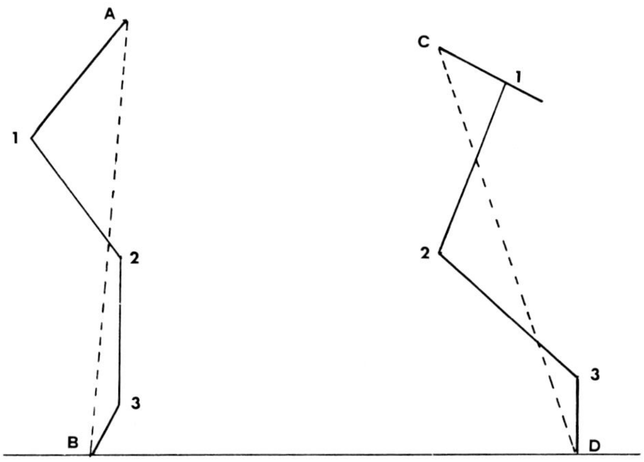

Mechanische Achsen der Vorhand und der Hinterhand.

Je nach der Position, in der sich die Knochen in dem Moment befinden, in dem ein Muskel in Tätigkeit tritt, kann derselbe Muskel als Kraft von verschiedenen Hebeln arbeiten. Zum Beispiel treiben die hinteren Muskeln des Laufes einen Hebel der 2. Art an, wenn sich bei aufgestützter Pfote der Drehpunkt auf dem Boden befindet; einen Hebel der 1. Art, wenn sich bei angehobenem Lauf der Drehpunkt auf die Ebene des Gelenks verschiebt.

Die Muskeln zeigen nicht nur dynamische Wirkungen, sondern auch statische, ordnende, verhindernde. Ein im Stand unbeweglicher Hund stellt das Ergebnis verschiedener Muskelaktionen dar, die gespannt sind, um der Schwerkraft zu widerstehen, das sich Schließen von gewissen Winkeln zu verhindern, die Wirkung des einen und des anderen auszugleichen. Die verschiedenen Bewegungen laufen dann ab, sei es durch Eingreifen von agonistischen Muskelgruppen, die fähig sind, selbst Bewegungen zu produzieren, sei es durch antagonistische Muskelgruppen, die imstande sind, den entgegengesetzten Effekt zu bewirken und mit ihrem Tonus die Geschwindigkeit und die Intensität der Bewegung zu regulieren.

Wenn eine Aktion vorherrscht, ereignet sich eine Verlagerung der Knochen, die so ausgedehnt und schnell wie die Muskelkraft intensiv ist. Wenn wir die Winkelungen der Glieder beobachten und die äußersten Prossimali und Distali ihrer mechanischen Achsen verbinden, bemerken wir sofort, daß die Vorderläufe besser für eine Aktion des Stützens geeignet sind, die Hinterläufe dagegen, einen Antrieb nach vorne zu erzeugen. Dieser Impuls, übertragen durch die Wirbelsäule und unterstützt durch den Schwinghebel Kopfrückgrat, ist die Grundlage für die Bewegung.

Im Unterschied zum Menschen, der aufrecht geht und bei dem die Phasen des Stützens und des Abhebens nur einen Zweifüßer betreffen, verlangt die vierfüßige Stütze beim Hund eine Synchronisierung nicht nur der Vorder- und Hinterhand, sondern auch der diagonalen zwei Läufe. Das heißt: hinterer rechts-vorderer links, hinterer links-vorderer rechts. Diese Sequenz läuft bei den verschiedenen Gangarten ab, wenn auch mit unterschiedlicher Geschwindigkeit und Zeitabschnitten; sie variiert nur beim Paßgang, einer Gangart, die beim Neufundländer als fehlerhaft angesehen wird, und bei der die beiden Pfoten derselben Seite abwechselnd vorwärts bewegt werden: hinterer rechts-vorderer rechts, hinterer links-vorderer links.

Der Schritt

Er ist eine langsame Gangart in vier Takten. Die Stütze auf dem Boden betrifft immer drei Läufe, und die Verlagerungen des Schwerpunktes sind mäßig, sei es in vertikaler oder transversaler Richtung. Das Vorwärtstragen des Kopfes und das Heben eines Vorderlaufs sind die Anfangsphasen des Schrittes, verbunden mit dem Antrieb des diagonal entgegengesetzten Hinterlaufs. An diesem Punkt wird der in Ruhe befindliche Vorderlauf vorwärts geschoben und auf den Boden gestellt, um das Gewicht des Körpers aufzunehmen, während der Hinterlauf, der den Antrieb erzeugt hat, sich hebt und sich gegen den vorderen derselben Seite bewegt. Wenn dieser den Boden berührt, hebt sich der zweite vordere und die Sequenz beginnt auf der anderen Seite. Die Zeitfolgen des Hebens werden zum Beispiel sein: vorne rechts-hinten links; vorne links-hinten rechts. Beim Neufundländer darf der Schritt nicht verkürzt sein, sondern normal oder mäßig verlängert; der Abdruck des Hinterlaufs überschreitet dennoch nicht den des vorderen.

Beim langsamen Schritt bewegen sich die Glieder parallel zum Körper und die Säule zeigt eine leicht schwingende Bewegung, die typisch für die Rasse ist. Der Hals wird in einer quasi horizontalen Position gehalten.

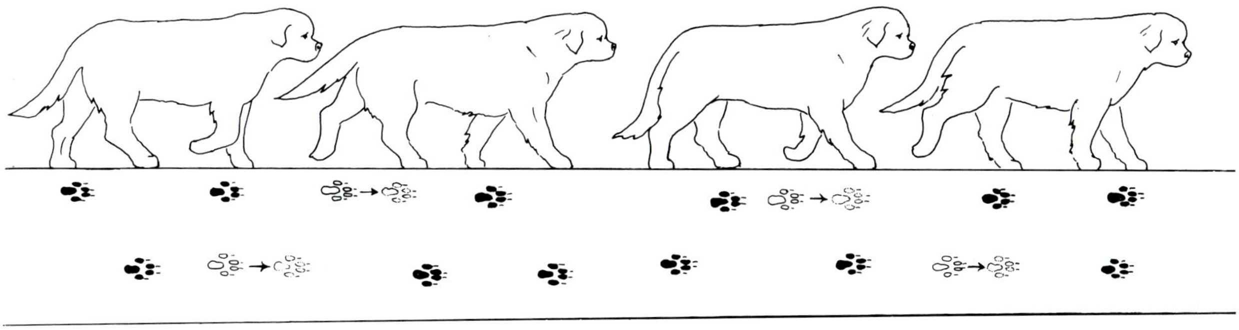

Wenn sich die Bewegung beschleunigt, tendieren die Glieder beim Trab auf eine einzige Spur.

Der Trab

Der Trab wird vom Hund oft für kürzere Distanzen benutzt. Wie der Schritt verlangt er nämlich keinen besonders großen Energieaufwand. Es handelt sich um eine diagonale Gangart in zwei Takten, bei der die Stütze abwechselnd von einem diagonalen Zweifuß (vorne und hinten gegenseitig) zum anderen wechselt.

Beim langsamen Traben (gelaufene Gangart) alternieren die beiden Takte ohne Phasen der Unterbrechung; beim normalen und beschleunigten Trab (gesprungene Gangarten) werden sie von einer mehr oder weniger kurzen Zeit, in der sich alle vier Glieder vom Boden lösen, unterbrochen. Am Anfang wirft der diagonale Zweifuß, der sich in der Stützposition befindet, den Körper nach oben und vorwärts; es folgt ein Moment der Suspension beim Wechsel der Diagonalen, nach dem der andere diagonale Zweifuß nachfolgt, das Gewicht aufnimmt und die Sequenz wiederholt.

Der Schwerpunkt ist Gegenstand größerer vertikaler und transversaler Verlagerungen, die im Verhältnis zum Galopp dennoch bescheiden sind.

Der Trab soll harmonisch und ausgeglichen

sein; deshalb ist ein korrektes Verhältnis der Längen und Winkelungen zwischen den entsprechenden Sektoren der Vorder- und Hinterhand nötig. Beim langsamen Trab zeigt der Neufundländer ein charakteristisches Rollen des Rükkens, das an den Bären erinnert und aufhört, wenn die Gangart schneller wird. Wenn sich die Geschwindigkeit vergrößert, verändern die Läufe ihre Richtung von oben nach unten und tendieren dazu, sich auf eine Linie oder einzige Spur zu konzentrieren. Das darf nicht verwechselt werden mit einer veränderten Linie der Vorderhand, verursacht durch eine Drehung der Ellbogen nach außen, oder der Hinterhand, was sich in engen Schritten bei angenäherten Fersen manifestiert.

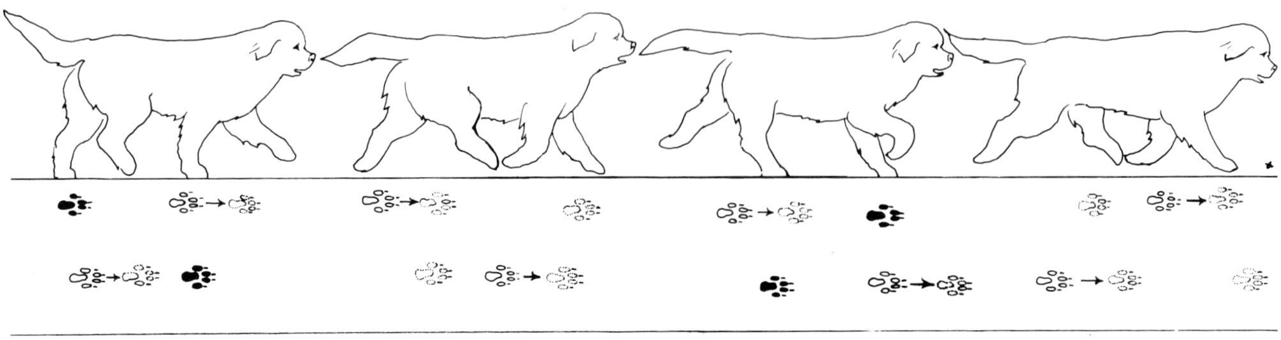

Der Galopp

Der Galopp ist die schnellste der Gangarten, aber auch die am meisten ermüdende. Sie ist mit einer Sequenz von Sprüngen zu vergleichen. Die Balancierstange Kopf-Hals und die Wirbelsäule greifen aktiv ein, und der Schwerpunkt erfährt vor allem in vertikaler Richtung bemerkenswerte Verschiebungen.

Auch wenn die fotografische Untersuchung komplexere Komponenten enthüllt, die dem Auge entgehen, werden wir versuchen, die Sequenzen zu erläutern, indem wir den Galopp als eine gesprungene Gangart in drei Takten beschreiben: Hinterlauf, diagonaler Zweifuß der selben Seite, gegenseitiger Vorderlauf, dem eine Suspension folgt. In der Praxis wirft der Hund, nachdem er sich auf der Hinterhand versammelt hat, die Körpermasse nach oben und vorwärts, indem er sich zuerst auf einen Hinterlauf, dann auf den anderen stützt.

Zum Beispiel: er beginnt den Antrieb mit dem linken Hinterlauf; er wird sofort den rechten Hinterlauf folgen lassen und, mit einer kurzen Verschiebung der Zeiten, den linken Vorderlauf, während der Körper sich nach vorne streckt. Wenn man die Flugbahn verfolgt, wird er sich auf dem rechten Vorderlauf versammeln, vorbei an der Stütze, die ihn in die Höhe hebt, indem sie ihn vom Boden abstößt. Danach folgt eine Suspension, nach welcher der Hund erneut auf dem linken Hinterlauf aufkommt und die Sequenz wieder von vorne beginnt.

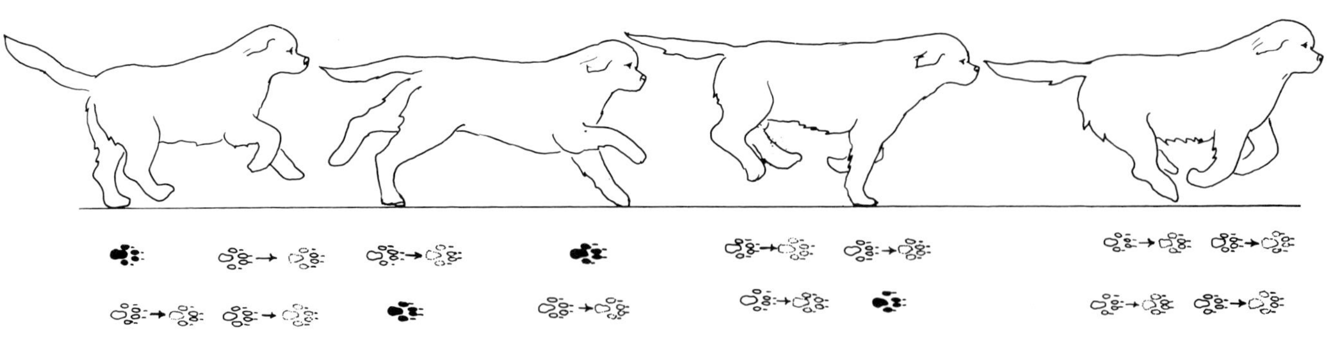

Während des Galopps wird wegen der starken Belastungen, denen Knochen, Muskeln und Bänder besonders bei einer schweren Rasse wie dem Neufundländer unterworfen sind, eine perfekte Funktion aller der Apparate verlangt, ohne welche die Bewegung nicht flüssig und kräftig sein könnte.

Zum Beispiel könnte es geschehen, wenn Hüftprobleme wie die Dysplasie existieren, daß der Antrieb mit beiden Hinterläufen gleichzeitig ausgeführt wird, um zu versuchen, das funktionelle Defizit auszugleichen.

Das Eintauchen

Wie das Schwimmen, so ist auch das Eintauchen ein sehr natürlicher Bewegungsvorgang für den Neufundländer, auch wenn er es gewöhnlich vorzieht, ruhig ins Wasser zu geleiten, sofern er die Wahl hat.

Das Eintauchen ist grundsätzlich ein Längssprung, für den eine bemerkenswerte Kraft der ganzen Hinterhand gebraucht wird.

Zuerst versammelt sich der Hund auf den ersten Beckengliedern, wobei er Ober- und Unterschenkel beugt.

Dann lassen die Sitzbeinmuskeln (Semimembranosus und Semitendinosus), die als Hebel der 1. Art an dem hinteren Teil des Hüftbeins arbeiten, die Achsen auf dem Drehpunkt des Hüft-Oberschenkelgelenks drehen, wodurch sie das Vorderteil und die Wirbelsäule anheben. Sodann greifen die Trizepsmuskeln ein, die durch die Achillessehne mit einer starken Spannung im Calcaneus die Öffnung des Sprunggelenk-Winkels und die Projektion des Körpers in die Höhe und nach vorne verursachen. Von den Knochen wird der Impuls auf das Becken und die Wirbelsäule übertragen, während sich die Balancierstange Kopf-Hals zusammen mit den Vorderläufen nach vorne und unten ausstreckt.

Ch. Mabel degli Angeli Neri bei der Ausbildung (Eigentümer A. Pisaneschi).

Im allgemeinen wird der Kopf in die Höhe gehalten, ohne daß er eintaucht, sobald der Hund das Wasser berührt. Er ist dann bereits in Schwimmposition, die gleich danach beginnt.

Das Schwimmen

Beim Schwimmen wird das Gesetz der Schwerkraft durch das des Schwimmens ersetzt. Der Körper bekommt im Wasser einen Auftrieb, der ihn stützt und ihn halb eingetaucht läßt, so daß der nach vorne gestreckte Kopf, der obere Teil des Halses, der Widerrist, und teilweise das obere Profil des Rückens, der Kruppe und der Rute herausragen.

Im Gegensatz zu anderen Rassen behält der Neufundländer im Wasser immer eine horizontale Position bei. In dieser Lage werden die Läufe abwechselnd bewegt, wie beim Schritt, ohne das Körpergewicht noch halten zu müssen, aber mit der präzisen Aufgabe der Fortbewegung, indem sie unter Wasser greifen.

Die Bewegungsfolge ist die gleiche: vorne rechts-hinten links, vorne links-hinten rechts; aber die Bewegungen differieren ziemlich in ihrer Ausführung.

Die Vorderläufe übernehmen eine wichtige vorwärtstreibende Rolle. Die Unterarme werden bis zum Äußersten unter der Schulter gebeugt und in die Höhe gezogen, danach strecken sie sich vorwärts, abwärts und schließlich nach rückwärts. An dieser Bewegung nehmen die breiten, dicken Mittelhände und die Pfoten starken Anteil, weil es die breiten, gespannt gehaltenen Zehen erlauben, die Zwischenzehen-Membranen aufs Beste auszunützen. Von daher leitet sich eine starke Aktion unter Wasser ab, die den Körper vorwärtsstößt. Anschließend kehrt das Glied in die gebeugte Position zurück.

Über die anderen Muskeln der Schulter und des Armes hinaus greifen bei der Phase des Wasserfassens insbesondere die Ankonei, die Beuger der Mittelhand und der Knochenglieder ein, die deshalb robust und gut entwickelt sein müssen. Gleichzeitig arbeiten die Hinterläufe in einer analogen Aktion: sie werden abwechselnd vorwärts und nach unten getragen, wodurch sie einen starken Antrieb unter Wasser ausüben, der sich durch ein Losschnellen am Ende der maximalen Ausdehnung vervollständigt. Wie bei der Vorderhand müssen auch die Muskeln des Ober- und Unterschenkels, sowie die Beugesehnen von Hintermittelfuß und Zehengliedern solide und gut entwickelt sein.

Gleichzeitig mit der vorwärtstreibenden Bewegung führen die Glieder auch seitliche Bewegungen aus, um eventuelle Abweichungen von der Schwimmrichtung zu korrigieren.

Eine wichtige Rolle spielt die Rute, die horizontal und gespannt gehalten wird und den Richtungswechseln wie ein Steuerruder bewirkt. Die leicht ausgestreckte Lende begünstigt die Beweglichkeit der Wirbelsäule und erleichtert das Vorwärtskommen.

Jede Bewegung im Wasser wird vom Neufundländer mit Ausgewogenheit und Wirksamkeit ausgeführt. Im Verhältnis zur Bewegung an Land handelt es sich beim Schwimmen nicht so sehr darum, eine Distanz zu überwinden, sondern den richtigen Schub in der flüssigen Masse auszuüben, um ein zwar wirkungsvolles, aber dennoch möglichst wenig ermüdendes Vorwärtskommen zu erreichen. Bei diesen Hunden ist das Schwimmen niemals frenetisch, sondern ruhig und gleichmäßig, damit es lange andauern kann. Es ist, als ob die Natur sie die Kunst des Energiesparens gelehrt hätte. So können sie lange schwimmen und dabei auch eine Zug- oder Apportierarbeit ausführen, ohne viel Kraft einzu-

Das Schwimmen.

büßen.

Das doppelte, wasserabweisende Haarkleid, das den Körper wie ein Taucheranzug isoliert, erlaubt darüber hinaus ein Eintauchen auch bei rauhem Klima und für längere Zeit, ohne ein Absinken der Körpertemperatur befürchten zu lassen.

Alle diese Elemente kommen zusammen, um dem Neufundländer das funktionelle Bild des typischen Wasser-Rettungshundes zu geben.

Verlassen wir nun das Feld theoretischer Erörterungen und versuchen wir, uns eine Szene vorzustellen, die vor vielen Jahren geschehen ist. Es ist die Geschichte eines Sturmes, eines unter vielen, und vom ewigen Kampf des Menschen gegen das Meer. Aber diesmal ist beim Menschen ein großer Hund; nicht gerade einer, wie die, die wir kennen, glänzend und wohlgenährt, aber sehr ähnlich, stark, mutig, begabt mit demselben wundervollen Instinkt.

Wir sehen ihn, wie er von einem Felsen zum anderen springt, auf der Suche nach einer Stelle, an der er eintauchen könnte. Die soliden, kompakten Pfoten, die muskulösen Schultern, die breite Brust hindern ihn daran, auszugleiten. Die geweiteten Nasenflügel atmen ein und analy-

Ch. Christian degli Angeli Neri.

sieren eilig, was in einiger Entfernung auf dem Wasser passiert. Jenseits des Getöses der Wellen, des Nebels und der salzigen Luft nimmt er die Anwesenheit von Menschen in Gefahr wahr.

Das Segelschiff hat Anker geworfen, aber die Vertauung droht zu zerreißen, so daß das Schiff schiffbrüchig abgetrieben würde. Auf der Brükke eine Handvoll Männer voller Angst, am Land eine andere Handvoll Menschen, die hilflos zuschauen. Der Hund bellt beharrlich wieder und wieder. Er zeigt, daß er ins Wasser springen will. Und da blitzt eine Idee auf.

Es genügt ein Wort, dem ein Leuchten der intelligenten Augen antwortet. Die Kiefer umschließen fest einen Strick. Er ist bereit, ins Wasser zu springen, nicht mit einem Sprung in die Höhe, wofür man Leichtigkeit und Größe braucht, sondern mit einem Sprung in die Länge, für den man die größte Kraft braucht. Wenn er zu nahe am Ufer eintauchen würde, hätte er keine Zeit, sich in Sicherheit zu bringen; die Wellen würden ihn sofort gegen die Felsen werfen. Also bäumt sich der Hund auf, streckt seinen Hals so weit wie möglich. Der vorgestreckte massige Kopf unterstützt den Antrieb des Hinterkörpers, der sich von den mächtigen Sprunggelenken auf die Kruppe, die Hüften, den Rücken überträgt, während der seine sechzig Kilogramm nach vorne schleudert.

Dort taucht er nach kurzer Zeit aus den Fluten wieder auf, mit seinem Strick noch fest zwischen den Zähnen. Nur die breiten Kaumuskeln und die gut entwickelten Schläfen erlauben ihm einen ausdauernden Zugriff, zusammen mit einer endlosen Zähigkeit, die der Rasse eigen ist. Rhythmisch, ohne sich abzusetzen, wie ein erfahrener Bergsteiger im Anstieg beginnt er, sich den Wellen entgegenzustellen.

Die gespannte Rute unterstützt in der Art eines Steuerruders die Korrekturen des Kurses, den Vorder- und Hinterläufe eingeschlagen haben. Aber der Kampf ist hart und lang. Nur ganz offene Atemwege, geräumige Lungen und ein hervorragendes Herz erlauben es, die großen angestrengten Muskeln mit Sauerstoff zu versorgen.

Am Ende wird das Seil abgeliefert. Es ist die Rettung. Eine sonst nicht herstellbare Brücke zwischen Land und Meer. Für den Hund sind die Schwierigkeiten jedoch noch nicht zu Ende. Nun muß er ans Land zurückkehren und geduldig längs der Küste einen niedrigen Felsen suchen, eine kleine Einbuchtung, eine geeignete Stelle, an der er das Ufer wieder erreichen kann. Mut, Timing und Beweglichkeit sind nötig, um der Brandung zu entkommen, ohne weggerissen zu werden.

Die Seeleute werden dankbar wegen der Rettung auf der nächsten Reise einen Neufundländer mitnehmen und, falls nötig, den treuen Helfer selbst mit dem Strick ans Land schicken. Aber nur die Hunde, die mit den entsprechenden Fähigkeiten begabt sind, werden die Probe bestehen, und auf sie wartet die Aufgabe, sie bei Gelegenheit wieder auszuführen.

Dies ist eine Geschichte aus vergangenen Zeiten. Den Liebhabern von heute ist jedoch eine andere, sehr wichtige Aufgabe anvertraut: immer die Funktion zu berücksichtigen. Dann wird es den Menschen weniger leicht sein, aus vermeintlich ästhetischen Gründen, die immer subjektiv sind, jene Werte zu verändern, die in der Natur nur von der Funktion bestimmt werden.

Wasser, seine Leidenschaft! (Eigentümer G. Sontacchi).

V. DER CHARAKTER

Eine der Eigenschaften, die diejenigen besonders interessiert, die sich mit der Rasse Neufundländer anfreunden, ist der Charakter. Er vereinigt Merkmale, die so wichtig und eigentümlich sind, daß sie als ein essentieller Faktor des Typs erscheinen.

Wenn wir die Entwicklungsgeschichte anderer Rassen betrachten, erkennen wir, daß es oft der Grund für schweren Schaden war, wenn man diesen Aspekt in der Zucht unterschätzt hatte. Meistens liegt dies an dem Wunsch, vor allem die körperlichen, »siegenden« Merkmale zu bewahren und zu verstärken: so wird eine makellose Bemantelung der Intelligenz vorgezogen, die Harmonie der Linien der Widerstandskraft, die Haltung der Ausgeglichenheit. Bisweilen ist es jedoch gerade die Verschärfung gewisser fehlinterpretierter Merkmale, die neurotische, korrekter Reaktionen unfähige Tiere hervorbringt. Eine Sache muß klar sein: der Charakter wird ebenso wie die äußeren Züge vererbt, und von daher ist es von größter Wichtigkeit, daß Züchter und Richter dies richtig zu berücksichtigen wissen. Jeder Standard sollte neben der Beschreibung der körperlichen Merkamle immer ausführlich Bezug nehmen auf die Wesensart und die Tauglichkeit der Rasse im Verhältnis zu ihrer Funktion. In dieser Beziehung drückt sich der offizielle Standard des Neufundländers folgendermaßen aus: »Großer Zug- und Wasserhund, der den Instinkt zur Rettung besitzt und ein ergebener Begleiter ist. Außerordentlich liebenswürdig und von gelehriger Natur«. Und der amerikanische fügt hinzu: »Die Sanftheit des Charakters ist das Erkennungsmerkmal des Neufundländers; diese ist jedenfalls die wichtigste Charakteristik der Rasse«. Es ist offensichtlich, wie beide die Notwendigkeit erkennen, noch vor der Leidenschaft für das Schwimmen und für das Apportieren, die auch fundamental sind, die Klugheit und die Gutmütigkeit hervorzuheben.

In der Tat ist in unseren Freuden etwas, was die sowieso schon wunderbare Beziehung zwischen dem Hund im allgemeinen und dem Menschen übersteigt. Seit der Dunkelheit der Vorgeschichte ist der Hund unser Begleiter gewesen, solidarisch bei der Jagd und beim Hirtenleben, im Frieden und im Krieg. Seine Rolle als Helfer mit Demut und Hingabe akzeptierend, wandelte er die natürlichen, egozentrischen Überlebensimpulse seiner Spezies zu unserem Nutzen um: die Freude an der Jagd, dem Apportieren, der Verfolgung, dem Kampf. Das Ziel war von Mal zu Mal: das Wild, die Herde, der Feind.

Beim Neufundländer, der zur Rettung da ist, ist alle Energie, alle Aufmerksamkeit, jede Anstrengung auf den Menschen gerichtet. In dieser totalen Selbstlosigkeit, die in der Natur einen Vergleich nur in den Aktionen der Hündin findet, die ihre Welpen in Sicherheit bringt, überwindet der Neufundländer seine Identität als Hund, um der Held zu werden, den wir kennen. Es wäre leicht, sich an diesem Punkt von den Anekdoten mitreißen zu lassen, von den abertausenden von Geschichten, die über seine Taten geschrieben worden sind. Aber es ist gerade das, was ich vermeiden will, weil ich fürchte, daß diese mythische Aura für unseren Hund oft schwere Probleme verursacht hat. Wer, der über seine Taten liest, fühlt sich nicht angetrieben, sich einen solchen Begleiter zu eigen zu machen? Und hier beginnt das Unglück, weil der Neufundländer »kein Hund für alle« ist. Er ist fähig, viel zu geben, aber in gleicher Weise muß er vieles als Gegenleistung erhalten. Welche Enttäuschung ist es, dann für die wenig Vorsichtigen zu entdecken, daß der treue Wächter, der Langeweile und Einsamkeit überlassen, Zerstreuung im Herumstreifen sucht! Welche Blamage, seine Kraft bei den seltenen Gelegenheiten, bei denen man mit ihm spazierengeht, nicht beherrschen zu können! Ganz zu schweigen davon, daß der Held, wenn er einmal, eher aus Eitelkeit ans Meer gebracht, seinen Herrn mit wütenden Pfotenhieben zu ertränken droht.

Verärgert, in ihren Erwartungen enttäuscht, werden diese Menschen plötzlich wahrnehmen, daß der Hund zu platzraubend ist, daß er sich beschmutzt, daß er die Pflanzen des Gartens beschädigt, daß er gebürstet, gefüttert, gepflegt werden muß, und daß sie, alles in allem, dafür keine Zeit haben. Es endet also damit, daß sie sich seiner entledigen oder ihn in einen Zwinger sperren, ihn fremden Händen anvertrauen, die nur selten über das Füttern hinaus Zuneigung zu geben verstehen. Dies ist also die Geschichte von Alpha, Beta und... so vielen anderen, die Opfer des Leichtsinn und der Unbeständigkeit der Menschen sind. Vielleicht idealisierte, aber wenig geliebte Hunde!

Ohne diese Liebe, ohne diesen Einklang mit dem Herrn kann der Neufundländer nicht leben. Nicht die geräumige Villa, nicht das reichliche und appetitliche Futter sind für ihn absolut notwendig, sondern das Leben in der Familie, die tiefe Beziehung zum Menschen. Es ist gerade

Die Beziehung Hund-Herr ist von fundamentaler Wichtigkeit: Ch. Zingarella degli Angeli Neri (Eigentümer P. Piasentà).

Ein guter Spielgefährte.

das, was nicht alle zu geben wissen. Wenn ein Kind im Bereich der Gefühle angeregt werden muß, um seine Intelligenz zu entwickeln, so muß der Neufundländer die richtige Person finden, die ihn versteht und ihm erlaubt, die psychischen Eigenschaften der Rasse voll zu entwickeln. So wie es nicht genügt, ein Kind in die Welt zu setzen, um Eltern zu sein, so genügt es nicht, einen Welpen zu erwerben, um »Herr« zu sein. Ich möchte bei diesem Wort nicht mißverstanden werden; es beinhaltet vor allem Pflichten und Verantwortlichkeit und dann erst Rechte. Der wirkliche Herr ist für den Hund: Rudelführer, Freund, Idol. Es ist ein Vergehen, diese Erwartungen zu enttäuschen. Das ist um so wichtiger beim Neufundländer, der die Liebe zum Menschen zu seinem Lebenszweck macht.

Wenn der Jagdhund zufrieden sein kann, mit jemandem zu arbeiten, der ein Gewehr in der Hand hat, wenn der Windhund es liebt, den Hasen zu verfolgen, wenn der Hirtenhund seine Herde im Sinn hat und der Wachhund das Grundstück, dann ist der Neufundländer wesentlich der Begleiter, der über die Unversehrtheit der Familie wacht. Wie könnte er ohne sie leben? Dennoch kann er diskret sein. Während es scheint, als ob er schliefe, folgt sein Gehirn den kleinen bekannten Geräuschen, analysiert die Gerüche, verarbeitet die Botschaften und informiert ihn, was zu tun ist. Und siehe da, er ist bereit, nach Bedarf aufzuspringen, wenn sein sechster Sinn, Erbschaft jener einfachen Kreaturen, die auch aus der Aufmerksamkeit für das Fließen von tausend kleinen Details entsteht, ihn vor Gefahr warnt.

Mir kommt das Spiel in den Sinn, von dem mir meine Mutter erzählt hat, als sie, als unwissendes Kind, sich in voller Absicht damit vergnügte, am Rand eines Felsenpfades zu gehen, bis ihr Neufundländer Urano sie in die Mitte des Weges zurückstieß, sich zwischen sie und die Gefahr stellte.

Wachsam also, Amme für die Kinder, eher dazu neigend, zu beobachten anstatt zu handeln, begabt mit einer geduldigen Ruhe, findet er dadurch den richtigen Moment einzugreifen. Heiter, ausgeglichen, verliert er sich nicht in überflüssigem Gebell oder Kampf. Nur wenn er angegriffen wird, reagiert er mit Mut, aber er wütet nicht maßlos, sondern gewinnt sofort wieder sein ruhiges Verhalten zurück. All diese Eigenschaften, vereint mit der Leidenschaft für das Schwimmen und Apportieren, schaffen das angemessene Bild des Wasser-Rettungshundes.

Piero Scanziani analysiert in seinem Buch »Der nützliche Hund« die Bestandteile dieses Charakters, wobei er als die hauptsächlichen Attribute aufzählt:

Sichere Wächter.

Härte	*Ausdauer*	*Kampftrieb*
Fügsamkeit	*Temperament*	*Bissigkeit*
Mut	*Verteidigungstrieb*	*Wachsamkeit*

Indem wir die Bedeutungen dieser Bezeichnungen vertiefen, werden wir so weit wie möglich in die psychischen Mäander des Neufundländers eindringen.

Härte

Sie wird definiert als der Widerstand, den der Hund äußeren unangenehmen Umständen bzw. Situationen entgegensetzt. Das harte Tier reagiert hartnäckig auf alle Reize, die es behindern; die weichen Hunde ziehen sich hingegen bei der ersten Schwierigkeit zurück.

Ich glaube, daß viele den Beweis für diese positiv entwickelte Härte erlebt haben. Beobachtet die Welpen, während sie spielen: sie haschen sich wild, voller Lebensfreude. Bisweilen stoßen sie gegeneinander oder in beängstigender Weise an Gegenstände, so daß man Konsequenzen befürchten muß. Aber auch wenn es geschehen mag, daß sie hinkend aufstehen, verlassen sie schwerlich den Kampfplatz, sondern sind bereit, mit Selbstvertrauen neuen Erfahrungen gegenüberzutreten.

Es ist diese Selbstsicherheit, die den Neufundländer zu einem nachsichtigen und toleranten Verhalten Situationen, Menschen und Tieren gegenüber veranlaßt. Bei der Begegnung mit Seinesgleichen verhält er sich heiter, ohne zu viel Aufwand mit Hundeverhaltensmustern zu treiben. Selten werden Sie einen erwachsenen Hund das Fell aufstellen sehen und auch nicht die Rute zwischen die Läufe klemmen. Und es ist immer seine Selbstsicherheit, die in ihm die gutmütige Neugier antreibt, sein Interesse an der ganzen Welt. Leider geschieht es bisweilen, daß jemand dieses Verhalten mit »Tölpelhaftigkeit« verwechselt. Welch in Irrtum! Jeder gute Neufundländer ist in der Lage zu demonstrieren, und demonstriert es auch mehrere Male in seinem Leben, wie wenig das wahr ist. Einen ebensolchen Fehler begehen diejenigen, die seine Härte mit Eigensinn verwechseln, weil sie ihm die negative Bedeutung der menschlichen Starrköpfigkeit zuerkennen, während es in den meisten Situationen edle und positive Zähigkeit ist.

Das Tier, das damit gut ausgestattet ist, ist nicht »den Instinkten und der Erziehung hörig, sondern genießt eine starke Fähigkeit, selbständig zu denken; es ist alles in allem mit einer ausgeprägten Persönlichkeit begabt«. Das ist überaus bedeutungsvoll für einen Wasser-Rettungshund. Er darf nicht zurückweichen oder sich ängstigen angesichts von Schwierigkeiten oder vor dem unbesonnenen Umsichschlagen des Ertrinkenden, sondern er muß mit Entschiedenheit seinen Willen deutlich machen, das Ufer zu erreichen. Darüber hinaus muß er imstande sein, selbständig zu entscheiden, von Mal zu Mal die Situation neu zu beurteilen.

Er handelt deshalb nie mechanisch und muß daher den Zweck und die Nützlichkeit dessen, was wir von ihm verlangen, gut verstehen. Aber wenn er es verstanden hat, wird er das Notwendige im richtigen Moment tun. Es ist angebracht, ihn nützliche Übungen für seine Aufgaben zu lehren. Der Neufundländer wird erzogen, nie dressiert.

Fügsamkeit

Hierunter versteht man die »spontane Unterwerfung unter den Willen des Menschen«. Sie darf absolut nicht mit weichem Wesen verwechselt werden, vielmehr bietet der fügsame Hund dem Menschen seine Gaben freiwillig an, zusammen mit der Fähigkeit, ihm zu helfen. Er wird nie durch Zwang oder aus Furcht gehorchen, sondern um demjenigen Freude zu machen, den er liebt. Es versteht sich von selbst, daß er nur von seinem Herrn erzogen werden darf. Es wäre nicht gerecht, ihn zu zwingen, sich den Wünschen eines Fremden zu beugen, und darüber hinaus wäre es ohnehin nur möglich, wenn er diesen gerne hätte.

Unser Hund gibt seinen schönsten Beweis für seine Fügsamkeit, wenn er dem Ruf gehorcht. Und hier vermeine ich, die Proteste und Klagen so vieler zu hören, denen es nicht gelingt, ihn zum Gehorsam zu bringen: »Mein Hund geht weg und tut was er will...; wenn ich ihn rufe, kommt er nicht zu mir; wenn ich ihn unterrichte, läuft er weg und vergnügt sich damit, mich zum Rennen zu bringen«. Meine Herrschaften, jeder erntet, was er sät! Auch der fügsamste Hund bleibt angesichts der menschlichen Widersprüchlichkeit orientierungslos. Versucht Euch zu erinnern, wie Ihr Euch verhalten habt, als er klein war. Ihr seid spazierengegangen und habt dann, als Ihr Euch entschlossen habt, ihn frei zu lassen, begonnen, mit einem Freund zu schwatzen oder die Zeitung zu lesen. Nach kurzer Zeit kehrte der Welpe fröhlich zurück, beschnupperte Euch, schaute Euch ins Gesicht und galoppierte wieder weg auf der Suche nach einem Freund, mit dem er spielen konnte. Er verstand, daß Ihr zu versunken wart und daß es keine Befehle auszuführen gab. Ihr kamt jedoch, kaum daß der Welpe einen Freund zum Spielen gefunden hatte, zum Ende der Unterhaltung, der Seite oder der Zigarette, und Ihr nahmt wahr, das es Zeit war, nach Hause zurückzukehren. Ihr wolltet, daß der Welpe sofort zu Euch zurückkehren sollte, aber in dem Moment war auch er anderswo interessiert. Und so erfolgten, kaum daß es Euch gelungen war, ihn zurückzuholen, Schreie und Bestrafungen, während es nützlicher gewesen wäre, Sanftheit und Verständnis zu zeigen.

Zumindest anfangs sollte der Hund jedes Mal, wenn er zurückkommt, gelobt werden, um ihn verstehen zu lassen, daß wir froh sind, ihn bei uns zu haben. Darüber hinaus muß man seinen Wunsch zu leben, seine Neugier respektieren.

Nike van Het Heidemeer (Eigentümer Enrico De Cenzo).

Der Neufundländer ist ein Hund von großem Mut. Er kennt keine Furcht; deshalb ist es normal, daß er sich, von der Leine gelassen, auch weiter entfernt und mit Natürlichkeit auf seinesgleichen oder auf Passanten zugeht. Wenn man ihm jede Freiheit nimmt, kann er nicht anders, als sich bei der ersten Gelegenheit am Freisein zu berauschen. Was würden Sie tun, wenn Sie sich nicht ab und zu einen Urlaub, ein Festessen oder Ihr Lieblingsvergnügen gönnen könnten?

Mut

Ich glaube, daß alle gleicher Meinungn in Bezug auf diese Seite seines Charakters sein werden. Der Mutige ist derjenige, der zum Wohl anderer freiwillig einer Gefahr gegenübertritt. Nun, der Neufundländer ist dafür das klassischste Beispiel. Aber auch wenn er sich nicht mit dem Wappen des Helden schmückt, bezeugt er im täglichen Leben diese Tugend.

Mut ist seine ruhige Güte, seine Geduld. Wer Angst hat, steht unter dem Einfluß der Nebennieren-Drüsen und nimmt oft ein Verteidigungsverhalten an, das er vermeiden könnte. Der Blick des Neufundländers ist stattdessen freundlich: der Blick eines ehrlichen Mannes, der Loyalität erwartet. Wenn man ihn bedroht, greift er nicht an, aber er flieht auch nicht. Er wartet und meditiert inzwischen über die Feindseligkeit, die er nicht versteht. Aber wenn er angegriffen wird, weicht er weder vor Tieren noch vor Menschen zurück. Dennoch ist dieser Mut nie Verwegenheit, sondern er ist durchdrungen von seiner Mäßigung, so daß er die Situation auf die bestmögliche Art meistern wird.

Ausdauer

Von den physischen Kräften abgesehen ist Ausdauer die Fähigkeit, in sich selbst immer neue Kraft zu finden. Es erscheint klar, daß sie groß sein muß, besonders bei einem Rettungshund, der noch dazu ein guter Schwimmer ist. Die physische Ausdauer findet im Köperbau des Neufundländers einen wertvollen Verbündeten. Der solide Knochenbau, die starke Muskulatur, der breite Brustkasten sind die anatomischen Requisiten dieses kraftvollen Athleten, aber auch die Ruhe und die Überlegenheit sind für ihn nützlich. Wie jeder kluge Schwimmer verbrennt er nicht am Anfang alle seine Energien, sondern er dosiert sie umsichtig und findet so ein unerschöpfliches Potential in sich.

Temperament

Man identifiziert es mit der Reaktionsschnelligkeit auf einen äußeren Reiz, mit der Vitalität. Es scheint mir richtig, hier gewisse Redereien zu widerlegen, die behaupten, der Neufundländer sei ein »Kartoffelsack« und eine »Schlafmütze«. Sicher hat derjenige, der sich solche Rückschlüsse erlaubt, nie gesehen, wie die Hunde zwischen den Bäumen Versteck spielen, wie sie mit- und umeinander springen, tollen und jagen. Sicher haben sie gewisse »Störenfriede« gegenwärtig, die ihr Leben zwischen zwei Gittertüren verbringen und auch Schatten verbellen oder andere, die um nichts in der Welt die Wade eines Radfahrers verfehlen wollen? Nun gut, der Neufundländer ist kein solcher Hund.

Er ist ein nachdenklicher Philosoph; die Bewegung um ihrer selbst willen sagt ihm nichts; wenn er ein Mensch wäre, würdet ihr ihn nie auf einem Fahrrad fahren sehen. Aber versuchen Sie, ihn zu einem Spaziergang oder zu einem erfrischenden Bad einzuladen; er wird erfreut aufspringen und ausgelassen vor Ihnen herlaufen.

Reif schon als Welpe, jung als Ausgewachsener, altert die Seele des Neufundländers nie und erneuert sich in tausend kleinen Details zur Freude dessen, der ihn liebt.

Verteidigungstrieb

Er zeigt sich durch die Schnelligkeit, mit der das Tier zur Verteidigung des Gefährten eingreift. Dazu ist selbstverständlich ein ausgeprägter Sinn für das Eigentum und ein gewisses Mißtrauen vonnöten. Dieser Trieb, der den Hund veranlaßt, drohend voranzugehen, wenn jemand den Arm gegen seinen Herrn hebt, hätte negative Konsequenzen, wenn er bei einem Rettungshund stark ausgeprägt wäre. Es könnte bei der Konfrontation mit einem Ertrinkenden in der Tat zu einer Selbstverteidigung führen. Er ist deshalb etwas abgeschwächt; ein wichtiger Anlaß ist nötig, ihn zu wecken.

Das beweist Hegel. Eines abends, als er seinen gewöhnlichen Spaziergang mit dem Hund machte, traf er auf einen Betrunkenen. Der Hund machte nichts, als er ihn taumelnd vorwärtsgehen sah, und auch nichts, als er begann, abgerissene Sätze zu sprechen. Aber als eine Hand den Arm seiner Herrin drohend drückte, so daß sie einen Angstschrei ausstieß, erhob sich der Hund in seiner ganzen Höhe auf die Hinterbeine, und der Kerl fand sich von zwei dicken Pfoten an eine Mauer gedrückt wieder. Und ein schwarzer Fang atmete ihm in einer nicht gerade freundlichen Art ins Gesicht.

Kampftrieb

Die Freude am Kampf ist der Natur des Neufundländers vollkommen entgegengesetzt. Er soll sich nicht maßlos erregen, weil er dann die Ruhe und Klarheit nicht bewahren könnte, die für seine Aufgaben notwendig sind. Darüber hinaus wäre es für ihn schwierig, in der Gruppe mit seinesgleichen zu arbeiten, wenn das verlangt wird, weil der Wetteifer die Hunde dazu treiben würde, gegeneinander zu kämpfen.

Bissigkeit

Noch mehr als die vorige steht diese Seite des Charakters in Widerspruch zur Freundlichkeit und Ausgeglichenheit der Rasse. Ein gewalttätiger Impuls entsteht oft nicht aus dem Mut, sondern aus der Angst. Ein Beispiel dafür sind gewisse Hunde, die sich den friedlichen Neufundländern knurrend nähern, das Fell aufstellen, die Zähne entblößen oder möglichst laut bellen. Aber sie würden sich ganz anders verhalten, wenn sie nicht am anderen Ende der Leine ihren Herrn hätten. Wahrscheinlich würden sie die Rute zwischen die Beine klemmen und versuchen, unbemerkt zu verschwinden. Bissigkeit wäre beim Neufundländer immer ein schwerer Defekt.

Ich möchte hier die Richter und Züchter darauf aufmerksam machen: während des Richtens muß sich der Hund heiter zeigen, mit freundlichem und neugierigem Blick; er muß zulassen, daß man ihn berührt. Wenn ein Hund bissig ist, sollte man eine Untersuchung anstellen; im Zweifelsfall verlangt man, ihn noch einmal zu sehen, wobei man das Urteil offen läßt. Wenn er trotz allem eine hartnäckige Erregung zeigt, muß man den Mut haben, ihn trotz aller äußeren Vorzüge, die er haben mag, zu disqualifizieren. Wenn er mit anderen Hunden bissig ist, kann dies geduldet werden, aber Achtung, daß dies nicht das Vorspiel zu gravierenderen Aspekten ist. Der Neufundländer muß in der Gruppe arbeiten können. Der Züchter sollte seinerseits größte Aufmerksamkeit darauf richten, daß solche Exemplare nicht für die Zucht verwendet werden. Mit welchem Mut könnte man sonst für einen Welpen garantieren, wenn man ihn an die Seite eines Kindes lassen will? Ein solches Tier ist unberechenbar und könnte bei jeder Gelegenheit in einer unerfreulichen Art reagieren. Der wirkliche Neufundländer hingegen bewahrt immer eine geduldige Ausgeglichenheit. Wenn zum Beispiel ein Kind auf ihn fällt, während er schläft, wird das Schlimmste, was ihm passieren kann, ein Lecken des Gesichtes sein; wenn das Kind ihm versehentlich auf eine Pfote träte, würde er lediglich deren Stellung ändern. Es wäre absurd, solche Vorzüge zu verderben.

Der Züchter hat obendrein eine sehr wichtige Aufgabe, die nicht zu unterschätzen ist. Die ersten Erfahrungen des Welpen finden in der Umgebung des Zwingers statt und sind entscheidend für den Rest seines Lebens. Der Kontakt mit dem Menschen, ihn zu riechen, das Futter aus seinen Händen zu empfangen, gestreichelt zu werden, sind Aspekte, die sich positiv auf sein künftiges Gleichgewicht auswirken werden, während es sehr negativ wäre, in Einsamkeit aufzuwachsen, schlechte Behandlung zu erhalten, immer erregte Stimmen zu hören.

Dieses Konzept, wertvoll für die ganze Hunde-Spezies, ist wesentlich für einen Rettungshund. Er soll den Menschen lieben; schade, wenn er Angst, Verweigerung oder Aggressivität zeigen würde. Wie könnte er diese bis zu dem Punkt überwinden, daß er für den Menschen sein Leben wagen würde?

Erste Annäherungen.

Wachsamkeit

Sie ist als aggressive Reaktion auf einen Unbefugten zu verstehen, der in das Grundstück eindringt. Tatsächlich lieben es unsere Hunde nicht, den Menschen anzugreifen. Wenn jemand an der Tür klingelt, empfangen sie ihn freundlich, nachdem sie die Meldung abgegeben haben.

Dennoch wird ihr Benehmen anders sein, wenn jemand unerwartet eintritt. Sie werden um ihn herum sein, meist verhalten bellend und ihn mit ihrer Masse an jeder Fortbewegung hindern.

Bisweilen zweifelt der eine oder andere an dieser Fähigkeit und behauptet, daß sein Hund in einigen Fällen fröhlich Personen empfangen habe, die absichtlich eingetreten waren, um ihn auf die Probe zu stellen. Ich bin überzeugt, daß der Hund in diesem Fall den Scherz bemerkt hat oder direkt dank seiner außerordentlichen Sensibilität das Fehlen einer Gefahr wahrgenommen hat. Es ist erwiesen, daß Tiere den Zustand der Furcht des Menschen an seinen Ausdünstungen erkennen, und wahrscheinlich gibt es noch andere uns unbekannte Dimensionen. Ich jedenfalls glaube nicht, daß es je geschehen ist, daß ein echter Neufundländer es zugelassen hat, das Haus unter seinen Augen auszurauben. Vielmehr gibt es nicht wenige Geschichten von Handwerkern und Postboten, die von einem kräftigen Wächter für lange Zeit blockiert wurden.

Beim Aufzählen und Definieren all dieser psychischen Fähigkeiten habe ich natürlich keinen qualitativen Vergleich mit anderen Rassen anstellen wollen. Je nach der Funktion, die von einem Tier verlangt wird, können gleiche Eigenschaften als erwünscht oder als Fehler angesehen werden. Es ist jedoch wichtig, daß jeder, der einen Hund haben möchte, eine aufmerksame Prüfung seiner Erwartungen und Bedürfnisse anstellt, um sich dem passendsten Hundecharakter zuzuwenden.

So muß man auch, wenn man schon einen Hund hat, den Charakter akzeptieren, der ihm zu eigen ist. Das ist der Grund, warum ein Tier nie verschenkt werden sollte. Gleichermaßen sollte der Hund nie, auch wenn er das schönste Geschenk für ein Kind sein könnte, ein Spielzeug darstellen. Er ist ein Gefährte mit ganz präzisen Bedürfnissen, die zu respektieren sind, etwa um dem Kind zu helfen, seinen Egoismus abzulegen, um durch die ersten Verantwortlichkeiten erwachsen zu werden. Sehr oft lassen sich Kinder zu tausend Versprechungen von Zusammenarbeit und Hilfe verleiten, die sich dann, wenn der Enthusiasmus verflogen ist, als leer erweisen. Achtung, daß es nicht das Tier ist, das die Konsequenzen für diese Oberflächlichkeit tragen muß, die bei einem Knaben vielleicht doch bei einem Erwachsenen nie entschuldbar ist.

Die Entscheidung, einen Welpen zu erwerben, darf nie leicht genommen werden. Auch wenn es übertrieben klingt: es ist wie eine Entscheidung, ein Kind zu bekommen. Man übernimmt angesichts dieser Kreatur ganz präzise Verantwortlichkeiten, die uns in der einen oder anderen Weise abhängig machen. Das Tier hat nicht verlangt, zu uns zu kommen. Wir sind es, die es unter seinen Geschwistern ausgesucht und in unser Haus gebracht haben. Wir haben Pflichten ihm gegenüber, und die wichtigste ist, ihm

Ein Lager für zwei:
ein Freund ist immer ein Freund.

ein unbeschwertes Alter in der Familie zu gewährleisten, in der es aufgewachsen ist.

Vielleicht ist diese Forderung in einer Konsumgesellschaft utopisch, die dazu neigt, die Familie aufzulösen, wo allzu oft keine Zeit für die Jungen und kein Raum für die Alten ist. Aber niemand ist gezwungen, einen Hund aufzunehmen, noch weniger einen Neufundländer mit seinen Bedürfnissen und seinem Charakter. Es kann sein, daß Sie von sich sagen können, daß Sie ihre Kinder die Liebe zu einem Welpen und den Respekt vor einem alten Hund gelehrt haben, und daß Sie das nicht einen einzigen Tag bereut haben.

Auf jeden Fall sorgen Sie bitte dafür, daß sich ein Neufundländer, der so intelligent und gut ist, sich nie in Einsamkeit und Vergessenheit verzehrt.

Zuchtgruppe des Zwingers degli Angeli Neri: Ch. Dilys, Ch. Zelda und Ch. Zenith.

VI. DIE ZUCHT

Die Geburt eines Wurfes ist immer ein wichtiges Ereignis in der Geschichte einer Rasse. Sei es, daß er geboren wird als Resultat intensiver züchterischer Tätigkeit unter einem eingeführten Zwingernamen, sei es als einzelne Erfahrung eines Gelegenheitszüchters. Diese Hunde werden die Reihen des zootechnischen Bestands vermehren, sich möglicherweise mit ihnen verbinden und verschmelzen. Jedes Individuum hat deshalb die Fähigkeit in sich, in positiver oder negativer Weise die Entwicklung der Rasse zu beeinflussen. Die Entscheidung, ein bestimmtes Tier sich vermehren zu lassen, muß deshalb mit größter Ernsthaftigkeit und nach gründlichen Überlegungen gefällt werden. Einen Hund zu produzieren ist leicht, zu züchten nicht.

Wer sich wirklich der Zucht widmen will, muß sich mehr denn je seiner Rolle und seiner Verantwortlichkeit bewußt sein. Bei der Zucht tritt der Mensch an die Stelle der Natur; der alten Weisheit der letzteren stellt er seine Wünsche, seine Bestrebungen entgegen: es ist ein empfindlicher Eingriff, nicht frei von Risiken, der viel gesunden Menschenverstand und ein wenig Demut verlangt.

Der größte Teil derer, die zu dieser Erfahrung kommen, hat ein gemeinsames erstes Erlebnis: die Begegnung mit einem Hund, das immer lebhaftere Interesse für seine Rasse, das Studium, die Vergleiche und so weiter bis dahin, ein Bild in sich zu formen, nach dem man strebt, ein Ideal, das nach seinem Begriff selbst unerreichbar, aber immer gegenwärtig ist. Mauro De Cillis schrieb: »Um eine Idee zu verwirklichen, sei es von einem Bild oder einem Hund, muß man zuerst die Fähigkeit haben, sie zu entwikkeln«. Nichts ist wahrer als das! Der Züchter muß die Idee dessen, was er erreichen will, ganz klar im Sinn haben. Und um diese Idee herum muß er mit Zähigkeit und Kenntnis arbeiten, und auch mit einer großen Ausgeglichenheit, um nicht das Risiko einzugehen, in Mängel oder Übertreibungen abzugleiten, die den Standard verfälschen und Typ und Funktion verändern. Das letzte Ziel eines Züchters darf nicht jenes sein, Höchstmaße zu erreichen, sondern gute Mittelwege einzuhalten, zu wissen, wie man einen harmonischen und gut definierten Typ bei möglichst homogenen Exemplaren fixiert. Das bedeutet, einen Stempel der Herkunft der Zuchtstätte zu schaffen und dann den Abdruck des Typs, den jedes Produkt mit sich tragen wird, wie die Signatur des Malers unter seinem Werk, und daß der Name eines Zwingers wirklich eine Bedeutung haben wird.

Aber wie kommt man dahin? Mit der Zeit, mit Geduld und einigem technischen Wissen. In der Zucht improvisiert man nicht!

Die Ahnentafel

Eine der wichtigsten Voraussetzungen ist die Kenntnis der Ahnenreihen, mit denen man arbeitet. Aber wenn wir sagen würden, daß das Studium der Vorfahren im Stammbaum eine grundlegende Forschung darstellt, hätten wir nur die halbe Wahrheit gesagt. Die Ahnentafel, Zertifikat der Eintragung in das Zuchtbuch, hat für jeden eine verschiedene Sprache. Für den Neuling repräsentiert sie eine Folge von hochtönenden, aber leeren Namen, für einige ist sie Forschungsgebiet nach vergangenen Champions, die ein immer blaueres Blut garantieren sollen, für andere erzählt sie von einem berühmten Zwinger, der einen bestimmten Typ eher durch einen Urgroßvater überliefert. In der Tat sind es nicht die Namen, die zählen und auch nicht die Champion-Titel, sondern die Möglichkeit, für jeden Namen ein lebendiges Bild mit ganz genauen Merkmalen einzusetzen, die Charakteristika, die der Züchter sucht oder zurückweist, und die er nur mit den Jahren in den einzelnen Repräsentanten der Rasse und ihren Abkömmlingen kennenlernen kann.

Je reicher das Material der Informationen und Eindrücke angesichts einzelner Tiere ist, desto profunder und fruchtbarer wird das Studium der Ahnenreihen sein. Der Züchter wird dann eine ideale Landkarte der genetischen Situation der Rasse im Kopf haben, und der Stammbaum wird ein interessantes Kapitel der Geschichte sein, reich an Inhalten und in der Lage, am Ende Feststellungen und Interpretationen über den möglichen Genotyp eines Tieres zuzulassen.

Theoretisch empfängt das Individuum 50 % der Merkmale vom Vater und von der Mutter; 25 % von den vier Großeltern, 12,5 % von den acht Urgroßeltern; 6,25 % von den sechzehn Ur-Urgroßeltern und so weiter.

In der Praxis sind diese Prozentzahlen, wie man leicht aus der Genetik ersehen kann, zum großen Teil an die zufällige Umsetzung der Erbanlagen im Augenblick der Bildung des Zygoten und an das komplexe Phänomen der Dominanz und Rezessivität gebunden.

Der Phänotyp als äußeres Erscheinungsbild der Merkmale ist das Resultat dieser komplexen

Tommy und Clare lernen sich kennen.

Familienfoto: Ch. Zeus, Astrid und Raissa (Eigentümer und Foto F. La Rocca).

Zusammenhänge, aber er kann niemals, auch wenn er in guter Annäherung die Inhalte des Genotyps ausdrückt, im voraus Gewißheit geben. Das Werk des Züchters wird also das sein, die gewünschten Merkmale zu bestimmen und allmählich hervortreten zu lassen, bis sie fest in seinen Linien fixiert sind. Auf der anderen Seite muß er versuchen, alle eventuellen Mängel zu eliminieren.

Die Zuchtmethoden, die benutzt werden, sind grundsätzlich drei:

- die Paarung von Tieren, die untereinander keinerlei Verwandtschaft aufweisen. (*Outcross; Fremdpaarung*);
- die Paarung von Tieren, die, wenn sie auch nicht eng verwandt sind, doch zu verwandten Linien gehören. (*Linebreeding; Linienzucht*);
- die Paarung in enger Verwandtschaft (*Inbreeding; Inzucht/Inzest-Zucht*).

Jede dieser Techniken zeigt positive und negative Seiten, aber in der richtigen Proportion können alle mit Nutzen eingesetzt werden.

Wenn es das Risiko des Outcross ist, gewisse schon gut fixierte Charakteristika zu verwässern, und das der engen Verwandtschaft, mit der Steigerung der Vorzüge auch die Fehler zu vergrößern, so wird es die Kunst des Züchters sein, das Maß dieser Risiken zu dosieren, indem er sie den relativen Vorteilen unter dem Blickwinkel einer ganz präzisen Untersuchung gegenüberstellt. Man darf sich nie vom eigenen Typ entfernen, in der Absicht, ein willkommenes Merkmal einzuführen. Man ginge das Risiko ein, das eine oder andere zu verlieren und eine große Verwirrung hervorzurufen. Man muß, wenn überhaupt, das gewünschte Merkmal mit Geduld suchen, bis man es bei einem Exemplar von ähnlichem Typ findet.

Grundsätzlich ist das Konzept, dem man folgen soll, immer dasselbe, ob man die eine oder die andere Methode benutzt: die größte Ähnlichkeit zwischen den beiden Partnern unter den Merkmalen zu suchen, die das Ideal der Rasse verkörpern. Ein Rüde und eine Hündin, die keine gemeinsamen Vorfahren haben, sich aber sehr ähneln und von Eltern und Großeltern von identischem Typ abstammen, werden eher in ihrem Erbgut eine Ausstattung von ähnlichen Genen anhäufen, als zwei Geschwister, die sich gar nicht ähneln und aus wenig homogenen Linien stammen. Aber natürlich ist die Fähigkeit, den Grad der Ähnlichkeit zweier Exemplare einzuschätzen, an die Erfahrung gebunden, an die Vorbereitung und vor allem an die Sensibilität und Eignung des Züchters, die sich in der Auswahl der Zuchthunde konkretisiert.

Die Zuchttiere

Der Begriff des Zuchttiers ist gewöhnlich mit dem Zuchtrüden verbunden, weil er, mehr als die Hündin, mit der prozentualen Zahl der produzierten Welpen in der Lage ist, die Entwicklung der Rasse zu beeinflussen.

Man darf jedoch nicht vergessen, daß das Besondere eines Zwingers ganz wesentlich von der Qualität seiner Zuchthündinnen abhängt. Wenn es mit einer gewissen Leichtigkeit möglich ist, für Deckakte vorzügliche Zuchtrüden zu finden, so ist das Zuchtpotential einer ausgezeichneten Hündin ein kostbarer Schatz, mit dem sehr vorsichtig umgegangen werden muß.

Welche Faktoren erlauben uns, unter den vielen die besten Zuchttiere zu erkennen? Ganz sicher ist es ihr Phänotyp, der als erstes die Aufmerksamkeit anzieht, aber er hat gar keinen Wert, wenn die Fähigkeit fehlt, ihn weiter zu vererben.

Ein Zuchtrüde, der glänzende Ausstellungsresultate erzielen kann, aber unter seinen eigenen Abkommen kein vorzügliches Exemplar hat, ist kein gutes Zuchttier; das gleiche gilt für eine Hündin, der es nie gelungen ist, sich in ihren Nachkommen zu reproduzieren. Sie müssen als Frucht eines Zufalls angesehen werden. Ganz anders werden hingegen die Resultate sein, wenn die gewünschten Merkmale das Ergebnis homozygotischer Vererbung sind, und noch mehr, wenn sie sich durch die Affinität der beiden Partner verstärken können.

Man muß sich deshalb hüten, nur die Titel zu verfolgen, wenn sie nicht von den Abkommen bestätigt werden; wenn möglich wird ein Test der Nachkommen sehr hilfreich sein.

Zwei Faktoren, die ebenfalls bei der Auswahl der Zuchttiere immer gegenwärtig sein müssen, sind: das Wesen und der Fortpflanzungstrieb.

Zweifellos stellt der Charakter einen sehr wichtigen Bestandteil des Typs dar, um so mehr bei einer Rettungshund-Rasse. Ein wunderschöner Hund mit einem aggressiven Wesen ist kein Neufundländer, und ein solcher muß bei der Zucht sorgfältig vermieden werden.

Gleichermaßen darf man nie die Fähigkeit unterschätzen, die Paarung natürlich zu vollziehen. Dieser Mechanismus, der Basis der natürlichen Auslese ist, wird vom Menschen oft unterschätzt, der, im Fall von Schwierigkeiten, zum Hilfsmittel der künstlichen Befruchtung greift. Aber gerade in diesen Fällen sollte eine solche Technik absolut nicht angewendet werden, um nicht das Risiko einzugehen, diese Mängel in immer gravierender Weise genetisch zu festigen.

Die künstliche Befruchtung mit gefrorenem Sperma könnte sich hingegen für die Zucht als sehr nützlich erweisen, weil sie erlauben würde, die Benutzung gewisser vorzüglicher Zuchtrüden auszudehnen, deren Fähigkeit als Vererber erst nach einer gewissen Zahl von Jahren bei einer verbreiteten und gut bekannten Nachkommenschaft wirklich eingeschätzt werden könnte. Das würde darüber hinaus dem Züchter erlauben, das Feld der Suche auch auf jene Möglichkeiten auszudehnen, in denen Zuchtrüde und Hündin in großer Entfernung wohnen, die nur durch eine Flugreise zu überwinden wäre, die nicht frei von Risiken ist oder in Ländern mit Quarantäne.

Einige Begriffe der Genetik

Im Kern einer jeden Zelle, die zusammen mit Millionen anderer einen lebenden Körper bildet, ist die genetische Struktur eingeschlossen (Genotyp), die während der Entwicklung die Ausprägung der verschiedenen Merkmale beeinflussen wird (Phänotyp). Im Zellkern sind die Chromosomen enthalten, dünne Fäden, die aus DNA (Desossiribonuclein-Säure) und Proteinen bestehen, auf denen die Gene oder Vererbungseinheiten lokalisiert sind, von denen jede eine feste Position hat und welche die Erscheinung von spezifischen Merkmalen gemäß einer oder mehrerer Varianten (Allele) bestimmen.

Jede Spezies besitzt eine genau festgelegte Zahl von Chromosomen: so sind es beim Hund 78, beim Menschen hingegen nur 46. Die Chromosomen sind paarweise in allen Zellen des Organismus vorhanden, außer in den reproduktiven Zellen. Die Vorstellung des Mechanismus der Übertragung der Charaktere gründet sich auf diesem Begriff.

Während des Prozesses der Multiplikation der normalen Zellen (*Mitose*) tritt eine Verdopplung der Chromosomen ein, die deshalb die gleiche Zahl in der neuen Zelle haben; beim Vorgang, der zur Bildung des Spermatozoons beim Rüden und zur Eizelle bei der Hündin führt (*Meiose*), verdoppeln sich die Chromosomenpaare nicht, sondern sie teilen sich.

Die reproduktiven männlichen und weiblichen Zellen tragen so je die Hälfte des Erbgutes zur Vereinigung bei.

Wenn das Spermatozoon und die Eizelle sich treffen, um einem neuen Individuum Leben zu geben, ist die Zahl der Chromosomen gleich: zur Hälfte väterliche, zur Hälfte mütterliche. An diesem Punkt kommen Dominanz und Rezessivität ins Spiel.

Wie wir gesagt haben, können die Genpaare, die für ein bestimmtes Merkmal wichtig sind, für eine ganze Spezies gleich oder verschieden sein, auch im Bereich derselben Rasse.

Jedes Individuum kann deshalb im eigenen Erbgut Paare von identischen Genen haben, wie bei Homozygoten, oder verschiedene, wie bei Heterozygoten. In diesem letzten Fall kann sich nur eines der beiden Allele phänotypisch ausdrücken (dominant), das andere bleibt verborgen (rezessiv).

Der rezessive Charakter tritt in dem Moment hervor, in dem sich ein Exemplar als homozygot

George, Gulliver und Great-Bear degli Angeli Neri.

für das Merkmal erweist, das heißt, ein Paar identische rezessive Gene besitzt. Das ist natürlich an die Notwendigkeit gebunden, daß ein Gen, in offener oder versteckter Form, in beiden Eltern vorhanden ist. Zum Beispiel, zwei Heterozygoten können hervorbringen: 25 % von AA (dominante Homozygoten); 50 % von Aa (Heterozygoten); 25 % von aa (rezessive Homozygoten). Die Mendelschen Vererbungsprozente sind natürlich nur feststellbar bei einer genügend großen Zahl von Produkten, sind jedoch die Basis für die vielen möglichen genetischen Voraussagen. Diese Begriffe sind jedoch in Wirklichkeit viel komplexer, weil ein Merkmal oft von mehreren Genen beeinflußt wird.

Vererbung der Farbe

Die Farbe des Mantels ist an das Vorhandensein oder das Fehlen von chemischen Substanzen gebunden, die Melanine genannt werden. Sie setzen sich in Form von Kügelchen in der Haut und im Haar ab. Die schwarzen Exemplare besitzen große Körner aus schwarzem oder dunkelbraunem Eumelanin, die braunen kleinere Körner aus gelbem oder rötlichem Feomelanin.

Typ, Verteilung, Dichte der Pigmente werden von einer Anzahl von Genen bestimmt. Wenn auch bei der Hunde-Spezies ungefähr 12 Gene existieren, die an die Farbe gebunden sind, so interessieren uns beim Neufundländer grundsätzlich 5.

1) *Aguti-Serie* - Sie ist in der Rasse mit 2 Allelen gegenwärtig: A, schwarz dominieren, und a^t, das sich in reduzierten tanfarbenen Flecken bzw. Partien an den Läufen und dem Kopf manifestiert. Die möglichen Allelen-Kombinationen sind: AA (schwarz), Aa^t (schwarz), a^ta^t (rötliche Abzeichen). Dennoch scheint auch ein dominantes a^t zu existieren.

2) *Serie schwarz-braun* - Sie ist gebunden an die Allele B und b, beziehungsweise Förderer und Behinderer des schwarzen Pigments. Der Homozygote BB wird deshalb ein schwarzer Hund sein und niemals braune Welpen hervorbringen können; der Heterozygote Bb wird auch schwarz sein, wird aber, vereinigt mit einem anderen schwarzen Heterozygoten oder einem Braunen, in verschiedenen Prozentanteilen auch Braune hervorbringen; der Braune wird rezessiver Homozygote sein und Schwarze (Heterozygoten) nur erzeugen können, wenn er mit Hunden dieser Farbe gepaart wird.

3) *Verdünnungsserie* - Sie zeigt zwei Varianten: D und d. Das dominierende D zeigt eine normale Farbe ohne Verblassung, das rezessive d zeigt eine Verwässerung der Farbe des Mantels an. Bei Anwesenheit des homozygoten rezessiven dd wird die Verdünnung verschiedene Resultate bringen, je nachdem, ob der Karyotyp auch das Gen B des Schwarz oder das b des Braun enthält.

Der erste wird in der Tat graue Exemplare hervorbringen, der andere isabellfarbene oder beige. Wie das Merkmal Braun des Fells, beeinflußt der Verdünnungsfaktor auch die Farbe der Augen, des Nasenschwamms und der Pfotenballen, die heller erscheinen.

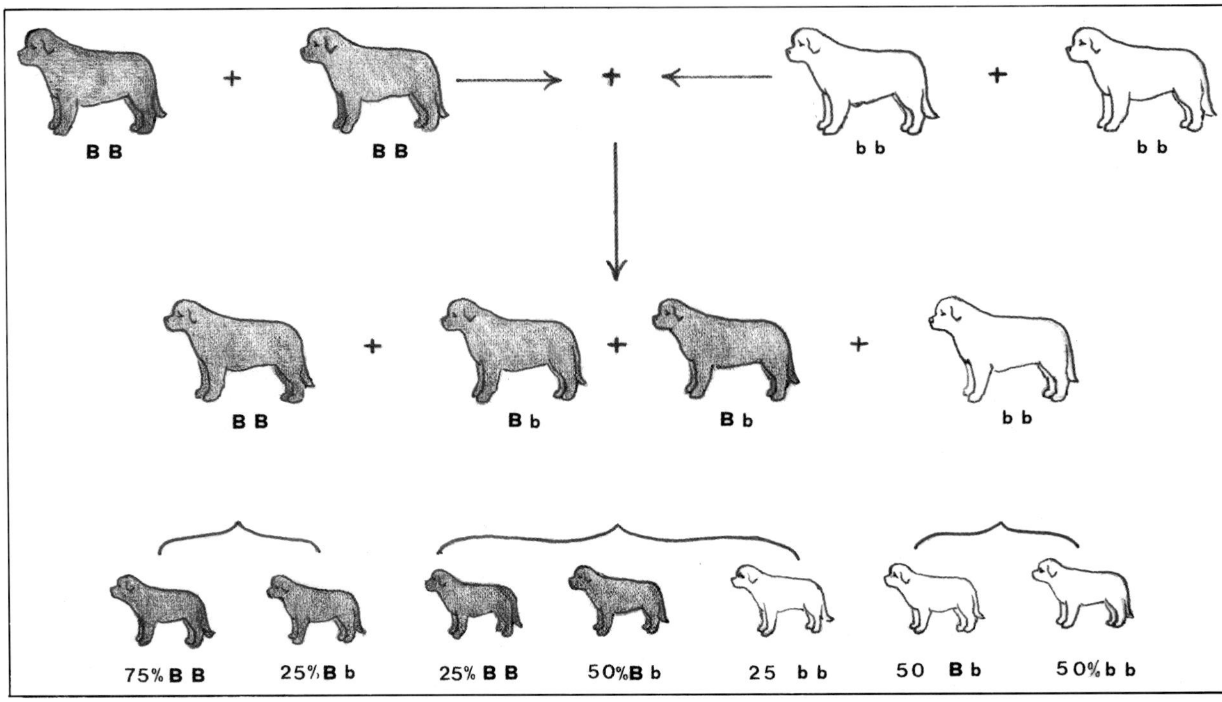

Mendelsche Vererbungslehre der dominanten und rezessiven Merkmale, angewendet auf die Farben Braun und Schwarz-Weiß.

4) *Gescheckte Serie* - Diese Serie umfaßt verschiedene Allele. Beim Neufundländer sind sie hauptsächlich: dominierendes S, das eine einheitliche Farbe gibt, und rezessives sP, das den gescheckten Mantel bestimmt. Der Mantel weiß-schwarz oder Landseer erscheint in den rezessiven Homozygoten sP sP, die gleichzeitig die Kombination BB oder Bb für die schwarze Farbe besitzen. Im Fall, daß stattdessen bb bei beiden Elterntieren vorhanden ist, werden alle oder einige Nachkommen braun-weiß werden. Weil es sich um eine nicht erlaubte Farbe handelt, müssen diese Kombinationen vermieden werden. Ebenso sollte man große Aufmerksamkeit darauf richten, eine richtige Ausdehnung des Weiß zu bewahren, das ungefähr zwei Drittel des Mantels ausmachen muß. Die Zucht auf die Verteilung der Flecken bringt hingegen wenig kontrollierbare Resultate. Die Flecken an der Brust, den Pfoten und der Rutenspitze bei einfarbigen Exemplaren sind vermutlich an das Vorhandensein geringerer Mutanten des Allels S gebunden.

5) *Serie der Sprenkelung (Stichelungsfaktor)* - Dieses Charakteristikum (Ruß genannt), das nicht willkommen ist, wird durch das dominante Allel T bestimmt, das nicht gesprenkelte vom rezessiven t. Die Selektion kann zu einem vollkommen reinen schwarz-weißen Mantel führen, weil dieses Merkmal dominiert. Bei den Paarungen von Landseern mit Schwarzen ist es jedoch nicht möglich vorherzusehen, ob die letzteren Einfarbigen Träger des T oder des t sind. In diesen Fällen können auch ausgedehnte gesprenkelte Partien auftreten.

Die Hüftdysplasie

Unter Hüftdysplasie versteht man eine erbliche Mißbildung, die das Hüft-Oberschenkelgelenk betrifft und ist durch eine veränderte Entwicklung der Gelenkpfanne, des Kopfes und des Halses des Oberschenkelknochens charakterisiert, was zu einer morpho-funktionellen Störung und anschließenden arthrotischen Reaktionen führen kann.

Die Gelenkpfanne wird aus Ileum, Sitzbein und Schambein gebildet, die im Alter von etwa zwölf Wochen zusammenwachsen, wodurch sie die halbkugelige Höhlung der Gelenkpfanne hervorbringen. Sie beherbergt den Oberschenkelkopf, der solche Form und Dimensionen haben soll, daß er vollkommen hineinpaßt und daß er in der richtigen Position durch das runde Kapselband und die Gelenkkapsel gehalten werden kann. Die Krankheit ist in den ersten Lebensmonaten nicht erkennbar.

Während des Wachstums entwickeln die prädisponierten Hunde zuerst eine Lockerheit der Bänder, die wahrscheinlich durch einen veränderten Durchtränkungs-Zustand der Gewebe aus hormonellen (Hyperöstrogenismus) und aus Stoffwechsel-Gründen verursacht wird. Wenn es dazu kommt, daß eine adäquate Verschränkung fehlt, dann verändern sich die Verhältnisse zwischen Gelenkpfanne und Oberschenkelkopf. Der nicht mehr von korrekter funktioneller Ordnung geführte Prozeß des Wachstums und der Verknöcherung wird durch das Dehnen des Kapselbandes auf den Gelenkpfannen-Rändern und des runden Bandes auf der Gelenkpfannenhöhle gestört. Das führt zu einer allmählichen Verbreiterung und Abflachung der Gelenkpfanne und später zu einer Deformation des Oberschenkelkopfes und -halses.

Der akute Entzündungsprozeß, der zwischen dem 3. und 9. Monat auftreten kann, ist nicht immer entsprechend dem Grad der Veränderung.

Er kann in der Tat in beinahe asymptomatischer Form verlaufen, oder sich auch in leichten Fällen mit beängstigendem Humpeln in Erscheinung treten.

Gewöhnlich stellt sich, wenn diese Phase überwunden ist, ein gewisses Gleichgewicht ein, das dem Hund trotz möglicher Osteoarthrose ein normales Leben erlaubt. Glücklicherweise führen beim Neufundländer auch schwere Formen, die bei anderen Rassen eine Gehbehinderung verursachen würden, sehr selten zu so schwerwiegender Behinderung. Das soll diejenigen beruhigen, die diese Anomalie bei ihren Tieren angetroffen haben; es darf aber trotzdem nicht zu wenig glücklichen Entscheidungen führen, wie die, sie frei sich reproduzieren zu lassen.

Es genügt, über das prozentuale Risiko bei Würfen nachzudenken, die durch verschiedene Kombinationen auftreten, was Bornfors folgendermaßen berechnet:

- beide Eltern haben Dysplasie: 80 %
- ein Elternteil hat Dysplasie, einer ist normal: 58 %
- beide Eltern sind normal: 30 %

Das Risiko wird noch kleiner, wenn auch die Großeltern normal sind.

Die Dysplasie ist Gegenstand zahlreicher genetischer Untersuchungen gewesen, um ihr Auftreten zu verhindern, aber das Problem erscheint immer noch sehr komplex. Von Mal zu Mal einem rezessiven Faktor oder einem dominanten Gen von unvollständiger Penetranz zugeschrieben, scheint sie in Wirklichkeit Ausdruck einer polygenen multifaktoriellen Vererbung zu sein, und deshalb ist sie so schwer auszumerzen. Bei ihrem phänotypischen Ausdruck spielen dann eine Reihe von Mitursachen eine entscheidende Rolle, wie: Gewicht, Ernährung, Hypervitaminose oder Mangelerscheinungen, Verletzungen, physische Übung, etc.

Deshalb kann man nie die Gewißheit haben, daß der Zustand der Hüften den Genotyp getreu widerspiegelt. Trotzdem wird nur ein seriöses Programm mit Röntgenkontrolle aller Zuchttiere und der Ausschluß der schwerer betroffenen Hunde dazu beitragen können, die Häufigkeit der Fehlbildungen zu vermindern und die Konzentration der darin verwickelten Gene zu verkleinern.

Die Methode der Röntgenuntersuchung der F.C.I., der sich der Italienische Neufundländer-Klub anschließt, unterscheidet 5 verschiedene Ausprägungsgrade: normal, fast normal, noch zugelassen, mittlere Dysplasie, schwere Dysplasie. Es wird ein Mindestalter von 18 Monaten für die Durchführung der Röntgenaufnahme verlangt.

Eine sehr interessante Methode ist die von Willis. Er vertieft die Analyse des Individuums im Verhältnis zum Durchschnitt seiner Rasse, indem er die verschiedenen radiologisch-morphologischen Aspekte auf einer breiten Skala von Werten untersucht. Die Bewertungskarte umfaßt 9 beschreibende Punkte von beiden Seiten der Hüfte, auch separat mit entsprechenden Punktbewertungen.

Dennoch sind die Resultate der verschiedenen Techniken immer abhängig von der Bereitschaft der Eigentümer und Züchter, ihre Hunde einer Röntgenkontrolle zu unterwerfen. Dieses Bewußtsein zu erreichen, würde bedeuten, daß man eine ausgedehnte Untersuchung der ganzen Population mit realitätsbezogenen Statistiken und der Möglichkeit Progenytests durchführen könnte, die das beste Mittel wäre, die genetische Situation einer so komplexen erblichen Pathologie zu verbessern.

Die Liebe für die Rasse, zu der Ernsthaftigkeit gehört, sie gut zu züchten, schließt die Liebe zu einem Hund nicht aus, der, auch wenn er Dysplasie hat, immer noch ein wundervoller Gefährte bleiben kann.

Ein- und zweiseitiger Kryptorchismus

Der Ausdruck Kryptorchismus bezeichnet das fehlende Absteigen eines Hodens in das Skrotum (Monorchismus) oder beider Hoden.

Die Hoden bilden sich während der Embryonalperiode seitlich der Wirbelsäule; im Fötus wandern sie unter dem Antrieb der Hormone in die Bauchhöhle und kommen, einem Band, dem *gubernaculum testis*, folgend, in die Nähe des inneren Leistenkanals. Im Moment der Geburt befinden sie sich noch in der Bauchhöhle, aber in wenigen Wochen durchwandern sie den Leistenkanal und werden mit etwa zwei Monaten im Skrotum fühlbar; eine Verzögerung bis zu 5-6

Monaten wäre schon ein Anzeichen für eine prädisponierte Anomalie.

Wenn es einem oder beiden Hoden nicht gelingt, die ganze Wanderung zu vollbringen, entsteht ein Bauchhöhlen-, Hüft- oder Leistenkryptorchismus, je nach dem Ort, an dem die Hoden lokalisiert sind.

Die verirrten Hoden degenerieren und verkümmern auch wegen der höheren inneren Temperatur des Körpers. Deshalb ist ein monorchides Exemplar in der Lage zu decken, Träger dieses Defektes, kann diesen Mangel weitervererben, während bei beidseitiger Zurückhaltung die Sterilität besteht. Darüber hinaus sind die weiblichen Nachkommen Trägerinnen, weil sich dieses Merkmal phänotypisch nur beim Rüden ausdrücken kann.

Genetisch ist der Kryptorchismus als ein rezessiver autosomer Faktor mit variabler Penetranz zu bewerten. Nach einigen Genetikern ist der besondere Fall des Monorchismus stattdessen an einen polygenen Komplex gebunden, der sich nur dann phänotypisch auswirkt, wenn sich gleichzeitig weitere variierende modifizierende Gene häufen.

Faserige Subaortastenose

Diese schwere pathologische Schädigung, die glücklicherweise in unserem Land noch wenig verbreitet ist, besteht in einer Einengung des Durchmessers der Aorta unter ihrer Röhre. Die Diagnose kann durch aufmerksame Untersuchung schon bei 2-3 Wochen alten Welpen gestellt werden.

In den USA, wo sie häufiger auftritt, werden die Welpen gewohnheitsmäßig einer speziellen Untersuchung unterzogen.

Die Aortastenose verursacht eine Kreislaufstockung in der linken Herzklappe, die sich auf die Lungengefäße auswirkt. Daraus folgt Auftreten von Flüssigkeit in den Lungen und Husten. Der Hund kann gewöhnlich zwischen dem 6. und 18. Monat ohne irgendein Symptom plötzlich sterben. In den weniger schweren Fällen kann er hingegen lange leben, ohne überhaupt Anzeichen von Herz-Insuffizienz zu zeigen.

Die angeborenen Mängel des Auges

Die angeborenen Mängel des Auges, die den Neufundländer betreffen können, sind hauptsächlich vier: Entropium, Ektropium, Überdimensionierung des dritten Augenlids und Abweichung seines Knorpels.

Entropium: Dieser Terminus bezeichnet die Einstülpung eines oder beider Augenlider auf die Umlaufhöhle zu. Sie kann auf den seitlichen Winkel begrenzt sein oder den ganzen Augenlid-Spalt betreffen. Sie verursacht dem Hund erhebliches Leiden, weil die Wimpern, die oft auch eine veränderte Richtung zeigen (Trichiase), den Augapfel durch Reibung reizen, bis in den schwersten oder länger anhaltenden Fällen Blindheit eintritt.

Im Notfall ist deshalb ein chirurgischer Eingriff angebracht.

Ektropium: Es handelt sich um einen Defekt, der dem vorigen entgegengesetzt ist. In diesem Fall ist das untere Augenlid nach außen gewendet. Die Bindehaut ist der Einwirkung von äußeren Faktoren wie Wind und Staub so sehr ausgesetzt, daß diese eine chronische Bindehautentzündung hervorrufen.

Auch in diesem Fall erscheint ein chirurgischer Eingriff nötig.

Überdimensionierung des dritten Augenlids und Zerstörung seines Knorpels: Diese Anomalien betreffen direkt die Nickhaut, die auf der Höhe des knorpeligen Augenwinkels gelegen ist. Er wird von einem Knorpel in der Form eines T, das von einem Epithel bedeckt ist, gebildet, der reich an lymphatischem Gewebe ist, das sich in der Bindehaut fortsetzt.

Normalerweise paßt sich die Nickhaut perfekt an das Auge an, wodurch sie kaum sichtbar ist. Sie reinigt und befeuchtet die Hornhaut-Oberfläche dank der Tränendrüse, die sich an ihrer Basis befindet.

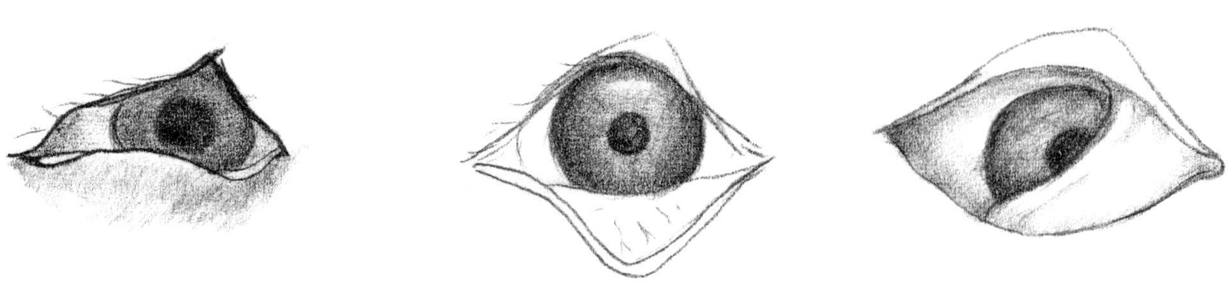

Angeborene Defekte des Auges.

Welpen des Zwingers de La Venaria Reale.

Wenn die Nickhaut eine abnorme Entwicklung zeigt oder ein Umbiegen des Knorpels nach außen, kann sie sich leicht entzünden und eine chronische Bindehautentzündung begünstigen.

Der Tierarzt muß auch hier einen Eingriff vornehmen, dabei nach Möglichkeit den äußeren pigmentierten Rand bewahren

* * *

Andere erbliche Erkrankungen könnten noch interessieren, wie: Prognatismus, Enognatismus, Dysplasie des Ellbogens, Ruten-Anomalien, etc. Meistens sind die Mechanismen ihrer Übertragung noch wenig bekannt; der einzige Weg, ihre Häufigkeit zu vermindern, besteht in der Vermeidung, offenbare Träger dieser Anomalien in der Zucht einzusetzen.

Abschließend wollen wir unterstreichen, daß man nie vergessen darf, daß ein hervorragendes Tier, das Vollkommenheit dank eines chirurgischen Eingriffs erreicht hat, den Defekt immer an seine Nachkommen vererben kann.

Zucht und Geburt von Neufundländern

Nachdem wir die genetischen Aspekte bewertet haben, welche die Zucht beeinflussen, werden wir jetzt jene Fragen beantworten, die sich jeder gute Eigentümer einer Hündin stellt.

Grundlage von allem ist die Wahl des eigenen Hundes, eine abgewogene und nicht zufällige Entscheidung, welche die Türen zu staunenswerten Erfahrungen öffnen kann, die jedoch nicht frei von Opfern und Mühen sind. Wie viele Male ist mir die Frage gestellt worden: »Ist ein Rüde oder eine Hündin besser?« Dürftige Kenntnis und Vorurteile haben in der Vergangenheit die Hündin eine Stufe tiefer gestellt, bis zu dem Punkt, ihr geringeren Wert beizumessen. Als Züchterin habe ich nie Unterschiede gemacht, da ich sie für ungerechtfertigt hatte, und ich sehe mit Freude, daß dieses Mißtrauen gegenüber dem »zarten Hundegeschlecht« zu verschwinden beginnt, ein Zeichen für eine reifere Liebe zu Hunden. Natürlich kann derjenige, der auf eine imponierende Masse schaut, der selbst die Entschiedenheit und Kraft hat, autoritär zu sein, mit den männlichen Eigenschaften zufriedener sein; aber wieviel Eleganz und Liebenswürdigkeit sind in einer braven Hündin, welche Konzentrationsfähigkeit und was für ein Begehren, zu lernen! Insgesamt, wenn man von den üblichen Ausnahmen absieht, werden wir sehen, daß sich Pro und Kontra auf der Waagschale ausgleichen, so daß die Wahl immer von den individuellen Bedürfnissen diktiert wird.

Viele werden an diesem Punkt einwenden: »Und die physischen Probleme?« Sprechen wir also darüber, um mit Zweifeln und Ängsten aufzuräumen.

Der Fortpflanzungszyklus der Neufundländer-Hündin

Im Unterschied zu den kleinwüchsigen Rassen, die früher reif sind, erreicht der Neufundländer die Geschlechtsreife gewöhnlich zwischen dem 9. und 12. Monat. In diesem Alter bestimmt eine koordinierte Aktivität des Nervensystems, der Hypophyse und der Geschlechtsdrüsen das Auftreten der ersten Hitze. Von diesem Augenblick an wiederholen sich die Zyklen über die ganze Lebensdauer, etwa alle 6 Monate, der biologischen Uhr folgend, die von den Hormonen reguliert wird.

Es handelt sich um einen besonders empfindlichen Mechanismus, den man nie durch äußere, den Menschen dienliche Eingriffe verändern sollte. Versuchen wir also zu verstehen, was diese Hitze ist, die viele dazu bringt, die Hündin wegen irgendwelcher Unannehmlichkeiten abzulehnen.

Jeder Zyklus umfaßt 4 Phasen:

Pro-Oestrus/Vorbrunst: Er manifestiert sich in einer fortschreitenden Vergrößerung der Vulva, der meist nur geringer Blutverlust folgt, was, im Unterschied zur menschlichen Spezies, nicht die Rückbildung der Gebärmutter-Schleimhaut anzeigt, sondern einen besonderen Zustand der Geschwollenheit, der dem Eisprung und der notwendigen Vorbereitung des Uterus vorangeht, um die befruchteten Eier aufzunehmen. Die Dauer beträgt etwa 9-10 Tage. Während dieser Periode erlaubt die Hündin die Besteigung nicht, auch wenn erstes Interesse für den Rüden erwacht.

Oestrus/Brunst: Dauert ebenfalls 9-10 Tage. Etwa am zweiten Tag findet der Eisprung statt, mit dem die Eizellen frei werden, die für mehr als 4 Tage lang fruchtbar bleiben werden. In dieser Periode akzeptiert die Hündin den Rüden und lädt ihn mit charakteristischem Verhalten wie Stehenbleiben, Aufreiten und dem seitlichen Abdrehen der Rute ein.

Der Fortpflanzungszyklus.

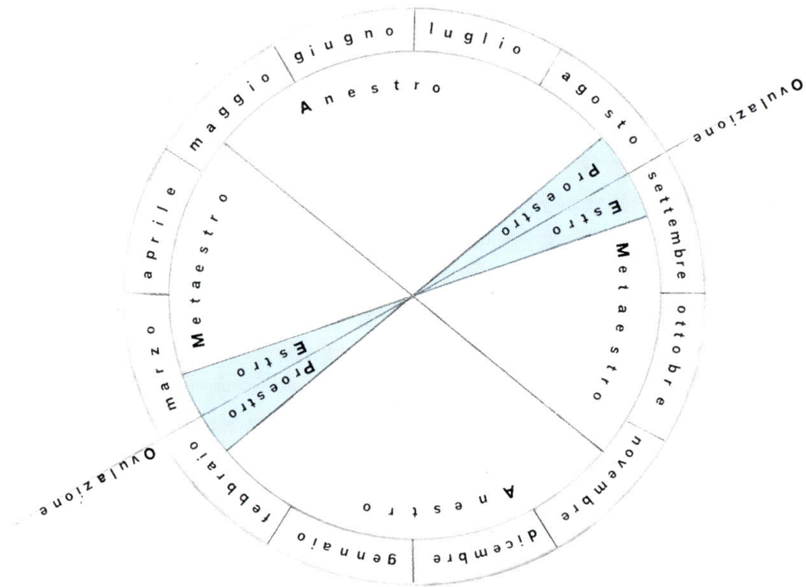

Metoestrus/Nachbrunst: Folgt im Anschluß an die Hitze und dauert annähernd 8 Wochen. Die Gebärmutter-Schleimhaut unterliegt schwangerschaftvortäuschenden Veränderungen. Am Ende dieser Periode können sich die Symptome der sogenannten »Scheinschwangerschaft« manifestieren mit einem Benehmen ähnlich einer Schwangeren und bisweilen mit Milch-Sekretion.

Anoestrus/Ruhezeit: Umfaßt die ganze Periode der sexuellen Ruhe vor der neuen Hitze, das heißt, etwas mehr als etwa 3 Monate.

Zusammenfassend können wir sagen, daß die Hitze, die Pro-Oestrus und Oestrus umfaßt, zweimal pro Jahr stattfindet und durchschnittlich 18-20 Tage dauert.

Meistens fällt die erste Periode auf Januar-März und die zweite auf August-September, aber oft variiert dieses an die Jahreszeit gebundene Ereignis durch Einflüsse des häuslichen Lebens und das Zusammenleben mit anderen Hündinnen.

Es ist klar, daß die eventuelle Unannehmlichkeit von kurzer Dauer ist, und in jedem Fall möchten wir daran erinnern, daß das Benehmen der Hündin ganz verschieden von dem der Katze ist. Während die letztere in der Tat durch häufiges Miauen und Veränderungen des Verhaltens stört, bleibt die Hündin gewöhnlich ruhig; es ist deshalb nicht schwierig, sie von eventuellen Bewerbern fernzuhalten.

Was dann den Blutverlust betrifft, so ist er meistens von geringem Umfang. Und da die Tiere langhaarig sind, genügt die häufige Reinigung, die das Tier selbst durchführt, um eventuelle Flecken auf Teppichen und Fußböden weitgehend zu vermeiden.

Nachdem wir dieses Grundproblem auf das rechte Maß zurückgeführt haben, wollen wir diejenigen beruhigen, die, obwohl sie eine Hündin haben, sich nicht die Bürde eines Wurfes aufladen wollen, und die Überzeugung bekämpfen, eine Hündin müsse unbedingt einmal in ihrem Leben gebären, aus Angst vor dem Entstehen schwerer Krankheiten, wie zum Beispiel von Brusttumoren.

Wenn man von einer Atmosphäre von Zweifeln und Unsicherheit absieht, die seit langem diese Vorstellungen umgibt, gelingt es wirklich nicht, den Grund für eine Panikstimmung zu verstehen, die gänzlich ohne jede wissenschaftliche Basis ist.

Mir ist es oft passiert, daß ich die klassischen »Phantasiegebilde« sah, die, nachdem sie zahllose Welpen auf die Welt gebracht hatten, ab einem gewissen Alter Zitzen voller Knötchen und Klümpchen aufwiesen, so wie ich auch jungfräuliche Hündinnen gesehen habe, die die 14 Jahre mit vollkommen intakten Milchleisten überschritten. Es existiert keine Verknüpfung in dem Sinn, daß man in der fehlenden Mutterschaft jenen Risikofaktor sieht, der in erster Linie von der Ernährung und der genetischen Prädisposition abhängig ist.

Was dann die Scheinschwangerschaft betrifft, sei gesagt, daß sie eher durch eine Veränderung des Hormonbildes hervorgerufen wird als durch ein wirkliches Verlangen nach Mutterschaft. Es ist in der Tat nicht selten, daß Hündinnen, die vorher mit dieser Symptomatik behaftet waren, nicht in der Lage waren, tragend zu werden, nachdem sie gepaart wurden.

Auf der anderen Seite gibt es auch Hündinnen, die hartnäckig jede Paarung zurückweisen. Es handelt sich oft um »Einzelkinder«, die weit entfernt von der Gesellschaft mit ihresgleichen aufgewachsen sind und obendrein auf ihre Besitzer fixiert sind. Gewöhnt, vor jeglichem Bewerber immer zu fliehen, benehmen sie sich gegenüber dem unglücklichen Auserwählten wie echte kleine Bestien, die sich befriedigt zeigen, wenn sie tapfer genug waren, ihre eigene Ehre zu verteidigen.

Natürlich ist es nicht gesagt, daß dies die Regel sei; es wäre jedoch immer besser, eine adäquate psychisch-physische Entwicklung durch Spiele und Kontakte mit Tieren derselben Spezies vorzuziehen.

Aufgrund dieser Erwägungen und bei einer ehrlichen Einschätzung des eigenen Hundes kann so jeder Eigentümer frei über eventuelle Würfe entscheiden. Es ist wirklich schade, manchmal hervorragende Exemplare zu sehen, denen es verweigert wird, sich zu vermehren, während andere, Träger schwerwiegender Mängel, wiederholt zeugen. Man muß den Egoismus beiseite lassen; man kann nicht nur den eigenen Hund lieben, ohne die Rasse zu lieben, von der die physischen Merkmale und der Charakter herkommen, die den Hund einem selbst so lieb gemacht haben.

Zuchtfähiges Alter

Wie ich schon gesagt habe, tritt bei der Neufundländer-Hündin ihre erste Hitze mit etwa zehn Monaten auf. Eine allmähliche Vergrößerung der Vulva und häufiges Lecken des Tieres sind das Zeichen, daß die Zeit gekommen ist. In diesem Alter beginnt theoretisch die Zeit der Fruchtbarkeit, aber der Körper ist noch nicht so weit.

Der Knochenbau ist noch in der Phase des Wachstums, und man muß annähernd die Vollendung des zweiten Jahres abwarten, bevor dieser konsolidiert sein kann.

Wenn man an die Menge von Salzen und Nährsubstanzen denkt, die der Fötus von der trächtigen Mutter fordert, kann man gut verstehen, welche Schäden auf einen unreifen Organismus zukämen, dem die Wachstumssubstanzen, die für die eigene Entwicklung noch nötig sind, entzogen würden.

Was dann die Zahl der Würfe angeht, möchte ich hinzufügen, daß zwei oder drei Schwangerschaften mit ausreichendem Abstand und korrekter vorheriger Welpenaufzucht kein Problem bilden. Dagegen kann eine höhere Zahl von Geburten Grund für vorzeitiges Altern sein. Die verschiedenen Würfe sollten in der Zeit zwischen zweieinhalb und sieben Jahren geplant werden.

Vom Beginn der ersten Hitze an wird es nützlich sein, die Daten aufzuschreiben, um mit großer Wahrscheinlichkeit ihr nächstes Auftreten vorherzusehen. Außer bei Unregelmäßigkeit wird es so leichter sein, den Ausfluß von dem ersten Tag an wahrzunehmen. Das hat eine große Bedeutung, um im richtigen Moment die furchtbare Periode, die relativ kurz ist, zu bestimmen.

Wenn Rüde und Hündin zusammenleben, bestehen keine Probleme: es sind die beiden Partner, die den richtigen Moment selbst auswählen.

Wenn es jedoch nötig ist, den Rüden (oder die Hündin, was üblicher ist) an einen anderen Ort zu bringen, vielleicht tausende von Kilometern entfernt, muß man die geeigneten Tage kennen, die gewöhnlich zwischen dem zehnten und vierzehnten Tag vom Beginn der Blutung an liegen.

Zur Untersuchung des Eisprunges gibt es

einige Laboruntersuchungen, wie der Vaginalabstrich und die Untersuchung des Progesterons, die sich als sehr nützlich vor allem für diejenigen erweisen, die lange und kostspielige Reisen unternehmen, da sie nur von dem Wunsch bestimmt sind, gute Hunde zu erlangen, die die Rasse verbessern und stärken

Andererseits darf man nicht vergessen, daß 3 oder 4 Tage Reise recht wenig sind gegenüber der Zeit, die für die Pflege eines Wurfs aufgewendet wird, und daß Ausgaben und Mühen dieselben sind, ob man nur Hunde von hervorragender Abstammung oder nur mittelmäßige Produkte züchtet. Es liegt deshalb auf der Hand, daß die Wahl des Zuchtrüden sorgfältig geplant und nicht zufällig bestimmt sein muß.

Die Paarung

Nachdem die entsprechende Wahl getroffen und der beste Zeitpunkt bestimmt worden ist, werden die beiden Partner zusammengebracht. Jetzt wird sich die Vereinigung glücklich in der natürlichsten Weise vollziehen, oder es können Schwierigkeiten auftreten. Gewöhnlich spielt die Hündin die Spröde, wenn sie ihren Kavalier nicht gar mit Bissen bedenkt. Das kann mit einer ungenauen Kalkulation des Zyklus zusammenhängen oder, häufiger, mit jenen Faktoren der Umwelt und des Heranwachsens, über die wir schon gesprochen haben. In diesem letzten Fall wird eine gewisse Hilfe nötig sein, die man leistet, indem man die Hündin festhält und mit der Stimme beruhigt.

Die Anwesenheit des Besitzers und eine bekannte Umgebung sind immer eine nützliche psychische Komponente für den Rüden.

Wegen der Art des Paarungsvorgangs, der aus der Anatomie der Hunde-Spezies resultiert, wird eine gewisse Überwachung nützlich sein. Die Paarung dauert nämlich 10 bis 30 Minuten, während Rüde und Hündin ständig vereint bleiben. Unbedachte Bewegungen von Seiten der letzteren könnten unter solchen Umständen dem Rüden Schaden zufügen.

Das Decken wird im Verlauf von drei Tagen zwei- oder dreimal wiederholt, wobei man auch die Bereitschaft der Hunde berücksichtigt. So wird es leichter sein, den Augenblick des Eisprunges zu treffen.

Die vollzogene Paarung begünstigt gewöhnlich ein rasches Ende der Hitze; bisweilen dauert sie jedoch noch einige Tage. Die Hündin wird deshalb auch nach der Paarung kontrolliert, um eine weitere Befruchtung durch eine unerwünschte anderweitige Paarung zu vermeiden.

Die Schwangerschaft

Nach vollzogener Paarung beginnt das aufregende Warten, das aber gar nicht so lange ist. Die Dauer der Trächtigkeit beträgt ungefähr 63 Tage. In Einzelfällen reicht sie von einem Minimum von 59 Tagen bis zu einem Maximum von 69 Tagen (bei einem einzigen Fötus), aber gewöhnlich wird die Mitte eingehalten.

Auf jeden Fall muß man sich mit Geduld wappnen, weil es bei der Hündin nicht möglich ist, frühzeitige Schwangerschaftstests durchzuführen.

Theoretisch sollte es um den 28. Tag herum möglich sein, durch Palpation des Unterleibs die Anwesenheit von Föten festzustellen; in der Wirklichkeit ist das sehr schwierig, einerseits wegen der Größe der Rasse, andererseits, weil die Hündin diesen Handgriffen zuweilen Widerstand entgegensetzt.

Gegen den 40. Tag kann man, wenn die Zahl der Welpen dem Durchschnitt entspricht (ungefähr 7-8), eine gewisse Rundlichkeit direkt hinter den Rippen bemerken, die im Verlauf der nächsten Wochen rasch zunimmt. Vom 45.-50. Tag an wird die Vergrößerung des Unterleib-Volumens evident, und es ist möglich, die plötzliche Bewegung eines Welpen zu spüren, wenn man die Hand flach auf den Unterleib hält. Dennoch: wenn ihre Zahl gering ist, können noch Zweifel auftauchen.

Während der Zeit der Trächtigkeit kann man auch einen größeren Appetit feststellen. Auf jeden Fall ist es nicht nötig, die Ernährung zu übertreiben, aber man muß sich um deren Qualität und Nährwert kümmern. Was den Proteinbedarf angeht, soll die Fleischdosis von 500 Gramm auf 700-800 Gramm steigen. Es ist auch nützlich, Milch, Eier und frischen Käse zu füttern. Ceralien unterliegen im allgemeinen mäßigen Variationen.

Bei einer gesunden und ausgewogenen Ernährung sollte nichts besonderes passieren, dennoch kann man ohne Übertreibung eine gute Vitamin- und Mineralergänzung nutzen. Die wichtige Ergänzung der Diät sollten ein ruhiges Leben, möglichst an der frischen Luft, und ausreichende Bewegung sein.

Bei einigen Hündinnen zeigt sich auch eine Veränderung des Charakters, der noch sanfter und ruhiger wird.

Um den 50. Tag wird eine Vergrößerung der Brustdrüsen offensichtlich, die sich, ödematös und deutlich unterschieden, in zwei parallelen Strängen zeigen. Einige Tage vor der Geburt beginnen sie, besonders beim letzten Zitzenpaar, die Kolostralmilch abzusondern.

Eine analoge Sekretion kann auch bei nicht schwangeren Hündinnen am Ende des Metoestrus, ausgelöst durch eine Scheinschwangerschaft, auftreten.

In diesem Zeitabschnitt gibt es jedoch ein Symptom, das, was mich betrifft, nie täuscht: der Temperaturverlauf. Wir wissen, daß die normale Körpertemperatur des Hundes ungefähr 38-38,5 ° C beträgt; in den letzten 5-6 Tagen der Schwangerschaft manifestieren sich fortschreitende Schwankungen nach unten, die ungefähr 12-24 Stunden vor der Geburt in einem Absinken um mehr als 1 ° C gipfeln. Wenn die Geburt beginnt, wird die Temperatur normal.

Es handelt sich um einen Faktor von größter Wichtigkeit, den alle kennen sollten; er kann eine richtige Diagnose erlauben, die es möglich macht, mit einem schnellen Eingriff Hündin und Welpen zu retten. Wenn tatsächlich bei einer Hündin, die vermutlich schwanger ist und ein typisches vorgeburtliches Verhalten zeigt, die Temperatur, nachdem sie auf 37 ° C oder noch tiefer gefallen war, auf die normale Höhe steigt, ohne daß in wenigen Stunden die Austreibung der Föten beginnt, ist die Hilfe des Veterinärs absolut nötig.

Hier ein wichtiger Hinweis des Verlages. Das Kynos Buch »Technik der Hundezucht« von Dr. D. Fleig bietet in allen Fragen der Hundezucht so umfassend Rat und Hilfe, daß es bei keinem Züchter fehlen sollte.

Die Geburt

Wenn der Moment der Geburt herannaht, sind einige Vorbereitungen notwendig. Was bereitet man für das frohe Ereignis vor?

Vor allem muß man ein ruhiges Zimmer aussuchen. In einer Ecke werden wir ein Lager einrichten, das aus einer abgedichteten und von alten Laken bedeckten Matratze von 120 x 120 cm besteht. Daneben stellen wir einen Tisch mit Waage, Papier und Bleistift, farbigen Wollfäden, Schere, antiseptischer Flüssigkeit und einen Korb mit vielen Tüchern oder einen Schwamm. Viele benutzen stattdessen eine Holzkiste mit Distanzrahmen, um die Mutter daran zu hindern, die Welpen mit ihrem eigenen Gewicht zu erdrücken.

In der letzten Periode wandert die Hündin auf der Suche nach einer Höhle umher.

Geführt von einem alten Instinkt denkt sie an ein Versteck für ihre Welpen und ist oft damit beschäftigt, enorme Löcher in der Erde zu graben. Die ersten Kontraktionen melden ihr, daß die Stunde herannaht, und sie reagiert in der Art, welche die Natur sie gelehrt hat. Man darf sie bei dieser Suche nicht behindern. Es ist bewiesen, daß der fehlende Beginn oder das Aufhalten der Geburt in einigen Fällen von Distokie an einer freiwilligen Hemmung der Mutter lag, die durch eine fremdartige Umgebung oder wenig angenehme Situationen hervorgerufen wurde. Man muß ihr deshalb Raum für ihre Wünsche lassen. Frühzeitig zeigen wir ihr ab und zu das Lager, das wir vorbereitet haben. Es wird gut sein, darin einige Tücher zur Verfügung zu stellen, welche die Hündin nach Belieben ordnen kann.

Es kann sein, daß sie sich in der neuen Wohnstätte fest einrichtet; meistens setzt sie jedoch ihre Suche fort, wobei sie, unter anderen, auch diesen Ort besucht, als ob sie die Zweckmäßigkeit der Wahl einschätzen wollte. Es kann geschehen, daß sie den Garten dem Haus vorzieht oder direkt das Bett ihres Herrn. Ergreifen Sie auf jeden Fall Vorsichtsmaßnahmen.

Wenn die Wehen beginnen, hechelt die Hündin und geht unruhig im Haus herum. Oft fließt eine klebrige und tropfende Flüssigkeit aus der Vulva, verursacht durch das Platzen der äußeren Fruchtblase.

Jetzt kann die Geburt im Laufe von Stunden beginnen, aber sie kann auch einen Tag und mehr auf sich warten lassen. Die Sorge des Besitzers ist unter diesen Umständen, daß alles richtig verläuft. Ich werde also nicht müde werden, zu wiederholen, daß die Kontrolle der Temperatur fundamental wichtig ist: sie pendelt um 36,8-37 °, bis die wirkliche Geburt beginnt. Nur wenn der Rückkehr auf 38 ° C nicht innerhalb von 12 Stunden die Geburt folgt, muß man sich Sorgen machen.

Man beobachte die Hündin auf jeden Fall ständig, auch nachts. In den meisten Fällen ist sie es selbst, welche die Nähe des Besitzers sucht. Hier sieht man, wie weit unsere Tiere jetzt von gewissen traditionellen Schemata entfernt sind, und welches Band der Liebe und Treue sie mit dem Menschen verbinden kann, wenn er für sie ein richtiger und guter Gefährte ist. Oft liebt es die Hündin, massiert zu werden und sucht diesen Kontakt, indem sie mit ihrer Pfote unsere Hand berührt.

Wenn die Eröffnungsphase der Wehen endet und der Gebärmutterhals entspannt genug ist, um die Passage der Föten zu erlauben, beginnt die Austreibungsphase. Die Hündin zeigt dann intensivere Kontraktionen. Meistens liegt sie in Brustbeinlage, in anderen Fällen nimmt sie eine quasi sitzende- oder Stuhlgang-Haltung ein, bisweilen steht sie und dreht sich. Man muß desdeshalb sehr aufmerksam sein.

Wir werden ein Anhalten des Atems beim Auftreten von Wehen bemerken, die von einem Abbiegen der Rute im Bereich des Ansatzes begleitet sind. Bald wird die wassergefüllte Fruchtblase (Chorion und Allantois) an der Vulva erscheinen. Sie erscheint fast so groß wie ein Tennisball. Wenn sie zerreißt, tritt ein Schwall von Flüssigkeit aus. Kurz danach werden wir den

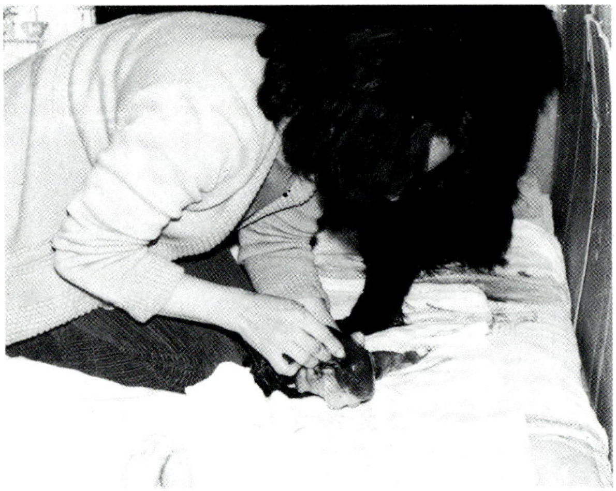

Der erste Welpe ist angekommen, noch in die Fruchtblase, dem Amnion: er wird befreit.

Der Welpe beginnt zu atmen, während die Mutter die Plazenta verzehrt und die Nabelschnur durchbeißt.

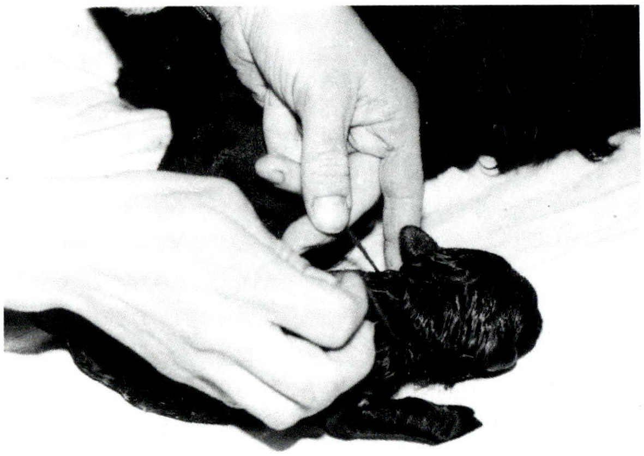

Ein farbiger Wollfaden erlaubt es, die verschiedenen Welpen des Wurfes zu unterscheiden.

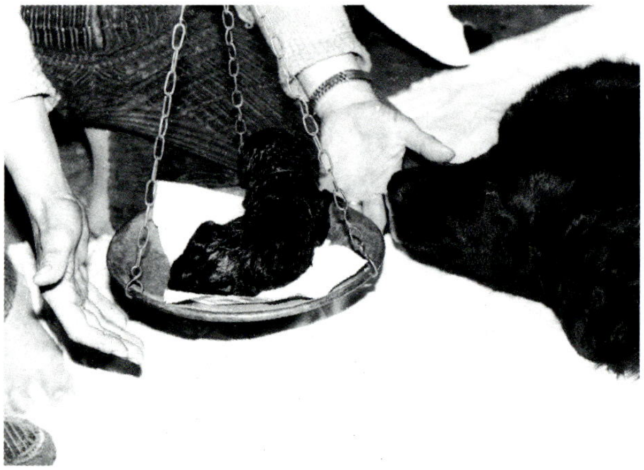

Unter dem aufmerksamen Blick der Mutter vollzieht sich das Wiegen, was unentbehrlich ist, um das Wachstum zu kontrollieren.

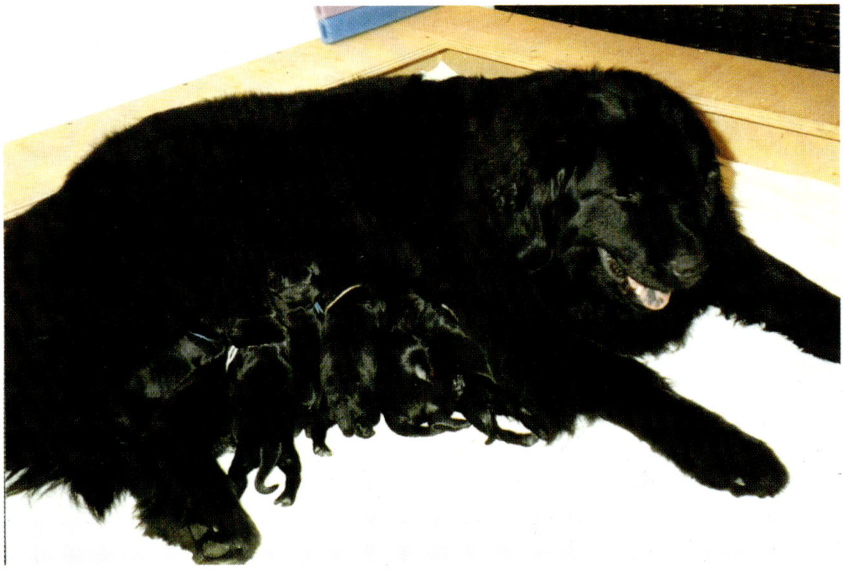

Die Eroberung der besten Zitze stellt den ersten Kampf im Leben dar (Foto F. Orebic).

Fruchtkammer der tragenden Hündin. Der einzelne Fötus von vier Embryonalfruchthüllen umgeben, Amnion, Chorion, Allantois und Dottersack. Über die Allantois werden die Ausscheidungen des Embryos zur Blase, über den Dottersack zum Darm der Mutter weitergeleitet. Vom Chorion gehen kleine Zotten, Villi genannt, aus. Diese dringen tief in die Uterusschleimhaut ein, bilden eine Gürtelplazenta, damit die Verbindungsstelle zum mütterlichen Blutkreislauf, aus dem unser Embryo ernährt wird.

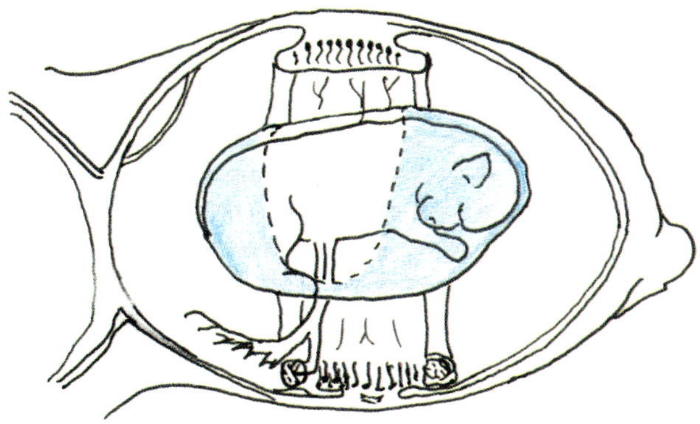

Kopf des ersten Welpen sehen, schnell gefolgt von der vollständigen Austreibung. Die Kopfgeburt ist normal, aber auch die Steißlage ist sehr häufig (40 % der Fälle). Sofort zerquetscht die Hündin die Nabelschnur mit ihren Zähnen. In dieser Phase muß man dafür Sorge tragen, daß ein allzu nervöses Tier nicht die Welpen verletzt; wir werden deshalb die Schnur ganz fest zwischen den Fingern nahe am Welpen halten, während die Mutter die »Operation« ausführt. Gleichzeitig müssen wir sicherstellen, daß der Kleine vital ist und freie Nasenöffnungen hat. Wenn er noch in die innere Fruchthülle (Amnion) eingewickelt sein sollte, müssen wir ihn sofort befreien.

Eine stimulierende Massage mit einem warmen und trockenen Tuch kann nützlich sein, oder, im Fall von Schwierigkeiten, eine Injektion mit Neolobelin. Gewöhnlich sorgt die Hündin bestens für die Bedürfnisse des Neugeborenen. Mit kräftigem Lecken erweckt sie das kleine Wesen zum Leben, das sofort loskriecht, um die mütterliche Zitze zu erreichen. Inzwischen wird die Plazenta ausgestoßen, und die Hündin verzehrt sie rasch. Sie reinigt das Wurflager von jeglichem während der Geburt ausgestoßenem Material.

Dieses ist ein natürlicher Instinkt, welcher der Wöchnerin stimulierende hormonelle Substanzen für die Milch-Sekretion zuzuführen scheint. Die grünliche Färbung sollte nicht beunruhigen, da sie ganz normal ist wegen des Vorhandenseins von übriggebliebenen Pigmenten, die vom Abriß der Plazenta herrühren.

Während der Welpe sich an der mütterlichen Zitze aufwärmt, legen wir einen Faden von gefärbter Wolle bzw. elastischem Material um seinen Hals, der es uns erlauben wird, ihn von den anderen zu unterscheiden. Der Wollfaden, der die richtige Widerstandskraft haben muß, um keine Unfälle zu provozieren, darf weder zu eng sein, noch so weit sein, daß er das Durchschlüpfen eines Pfötchens erlaubt. Er wird wegen des schnellen Wachstums häufig gewechselt, im allgemeinen bei jedem Wiegen. Wir haben inzwischen die Geburtszeit und das Gewicht des Neugeborenen notiert.

Diese Daten, weit davon entfernt, auf Pedanterie zu beruhen, erweisen sich als sehr nützlich, um den Verlauf der Geburt und später das Heranwachsen des Wurfes zu beurteilen.

Fast immer ist es eine Mehrlingsgeburt; Einwelpengeburten sind ziemlich selten: der Durchschnitt liegt bei 7-8 Welpen, aber auch das Vorhandensein von 10 oder 11 kann man als normal ansehen. Nach einem Zeitraum, der zwischen wenigen Minuten und einer Stunde und mehr variieren kann, bekommt die Hündin erneut Wehen.

Oft folgt auf die Geburt des zweiten Welpen sofort die des dritten. Dann folgen nach einer neuen Pause 2 oder 3 Welpen schnell aufeinander, oder in regelmäßigen Abständen von etwa einer Stunde.

Ist die Zeit zwischen der Geburt zweier Welpen länger als 3-4 Stunden, stellt man nicht selten das Vorhandensein von einem oder mehreren toten Föten fest: in diesem Fall kann ihr Tod durch fehlende Stimulierung der Gebärmutterkontraktion verursacht oder es kann die verlängerte Geburt sein, die ihren Tod ausgelöst hat (vorzeitige Plazenta-Ablösung, Riß der Nabelschnur, Platzen der inneren Fruchthülle etc.).

Die Geburt dauert für eine mittlere Nachkommenschaft etwa zwischen 6 und 12 Stunden, aber alles kann geschehen. In einem persönlich erlebten Fall blieb eine Hündin, nachdem sie 5 Welpen normal geboren hatte, 12 Stunden lang ruhig; danach gebar sie noch einen toten Welpen, dem zwei gesunde und vitale Welpen folgten. Der folgenden Tabelle kann man die entsprechenden Daten eines Wurfes entnehmen:

1.	0.45 Uhr	Hündin, rotes Band	550 Gramm
2.	1.30 Uhr	Rüde, rotes Band	555 Gramm
3.	2.48 Uhr	Rüde, blaues Band	510 Gramm
4.	3.05 Uhr	Hündin, gelbes Band	365 Gramm
5.	4.05 Uhr	Hündin, blaues Band	510 Gramm
6.	4.15 Uhr	Hündin, grünes Band	560 Gramm
7.	6.25 Uhr	Hündin, oranges Band	490 Gramm
8.	6.37 Uhr	Rüde, oranges Band	610 Gramm
9.	7.30 Uhr	Rüde, grünes Band	540 Gramm
10.	7.50 Uhr	Rüde, weißes Band	360 Gramm
11.	8.45 Uhr	Hündin, weißes Band	550 Gramm

Während der Geburt, insbesondere wenn sie sehr lang und strapaziös ist, verabreichen wir der Hündin geschlagenes Ei mit Kaffee (wenn sie daran gewöhnt ist) oder mit Milch. Frisches Wasser soll zur Verfügung gestellt und angeboten werden, weil die Hündin das Lager schwerlich verläßt, ehe die Geburt beendet ist.

Jeder Welpe wird gekennzeichnet und gewogen. Wenn die Zahl der Welpen hoch ist, werden sie abwechselnd in einem Korb nahe, aber getrennt von der Mutter untergebracht, so daß sie ungestörter gebären kann. Man muß es so einrichten, daß alle in den ersten Lebensstunden eine ausreichende Menge Muttermilch saugen können, da deren Funktion Antikörper aufbaut.

Wenn die Geburt beendet ist, ruht sich die Hündin, glücklich und erschöpft, zusammen mit ihren Welpen aus, wobei sie diese abwechselnd leckt, um ihre Darmfunktionen anzuregen.

Das vollständige Ausbleiben von Wehen zeigt die vollendete Leerung des Uterus an; wenn trotzdem Wehen von einer gewissen Intensität anhalten und das Befühlen Zweifel übrigläßt, wird es immer besser sein, auf eine Röntgenkontrolle zurückzugreifen.

Einige Zeit nach der Geburt, wenn wir es vorher noch nicht getan haben, fordern wir die Hündin auf, hinauszugehen, damit sie Blase und Darm entleeren kann. In diesem ersten Stunden macht sie die Mutterliebe, noch gesteigert durch das Säugen, besonders aufmerksam und ängstlich im Hinblick auf ihre Welpen. Deshalb müssen wir vermeiden, daß fremde Tiere oder Personen in ihr Angst oder Aggression wecken können.

Sie verbringt viel Zeit bei den Welpen, leckt sie liebevoll und säugt sie. Deshalb muß ihre Ernährung besonders reich und gehaltvoll sein.

Cluna v. Kilombero aus dem Zwinger dei Moicani beim Säugen ihrer Welpen.

Die Mahlzeiten werden häufiger gegeben (4-5 mal am Tag), um die Mutter angemessen zu ernähren, ohne sie dick zu machen. Im Verlauf der Laktation produziert eine Hündin insgesamt eine Milchmenge, die etwa 1,5-2 mal ihrem Körpergewicht entspricht. Ihr Nahrungsbedarf verdoppelt sich in der ersten und zweiten Woche und verdreifacht sich in der dritten, wobei man die Zahl der Welpen in Rechnung stellen muß. Für einen Durchschnitt von 6 Welpen muß die Fleischmenge mindestens 1,5 kg betragen, der Milch, Eier, frischer Käse oder Quark und eine gute Vitamin- und Mineralergänzung hinzugefügt werden.

Ich habe hier nur eine normale Geburt beschreiben wollen, weil ich meine, daß Probleme, die verschiedene Ursachen haben können, von Mal zu Mal bewertet werden müssen und daher in die Kompetenz des Tierarztes gehören.

Eine besondere Aufmerksamkeit soll auch dem Wochenbett geschenkt werden.

Es wird deshalb günstig sein, einige Vorsichtsmaßnahmen zu ergreifen, und die Kontrolle der Temperatur wird, wie immer, eine besonders nützliche Hilfe sein. In den ersten zwei oder drei Tagen kann eine mäßige Steigerung (39-39,2 º C) als Norm angesehen werden. Wenn sie jedoch 39,5 º C übertrifft oder auf 40 º C steigt, muß man eine nachgeburtliche Infektion oder eine Mastitis befürchten, denen man mit angemessenen therapeutischen Mitteln begegnet.

Die Welpen

Im Augenblick der Geburt ist der kleine Neufundländer ganz Kopf mit reduzierten und noch unproportionierten Läufen. Die Augen sind geschlossen, wie auch die Ohren, die nach oben gerichtet sind und die Konturen des inneren Lappens zeigen. Das Durchschnittsgewicht schwankt zwischen 400 und 600 Gramm mit kleineren oder größeren Variationen. Aber was vor allem zählt ist die Vitalität, ein Merkmal, das immer beachtet werden muß. Es kommt nicht selten vor, daß Welpen von reduzierten Dimensionen schnell dank dieser bewundernswerten biologischen Kraft andere von größerem Gewicht übertreffen.

Nachdem die Mutter die Nabelschnur mit den Zähnen zerquetscht, den Welpen mit kräftigem Lecken, das ihn herumkullert, belebt hat, bewegt sich der Kleine sofort in Richtung auf den warmen mütterlichen Körper zu, die Quelle der Nahrung. Mit schaukelndem Kopf bewegt er sich kriechend, und endlich belohnt die Eroberung einer Zitze seine Suche. Es ist beeindruckend zu sehen, mit welcher Kraft ein Welpe in der Lage ist, zu saugen. Sehr bald wird das einfache Saugen von einem rhythmischen Krümmen des Halses mit Stoßbewegungen des Kopfes begleitet, um die Zitze an sich heranzuziehen. Und die Pfoten der Welpen stimulieren durch ihre Milchtritte die mütterlichen Brustdrüsen.

Die ersten acht Lebenswochen

In den ersten zwei Wochen besteht das Leben des Welpen aus dem Wechsel zwischen Schlafen und Saugen. Futter und Wärme sind die einzigen Bedürfnisse, für die eine gesunde Mutter, die einen guten Charakter hat und gut ernährt ist, ohne Erschöpfung auch bei einem zahlenmäßig großen Wurf in der Lage sein müßte, zu sorgen.

Das typische Geräusch, das die Welpen im Schlaf machen, unterbrochen nur von dem unwilligen Schrei eines Welpen, der von einem Geschwister verdrängt wurde, seine Zitze verloren hat oder mit Appetit erwacht ist, sind das Zeichen dafür, daß alles bestens in Ordnung ist. Ein längeres Weinen, eher schon Kreischen, von einem oder auch mehreren Exemplaren, könnte hingegen ein Zeichen dafür sein, daß die Milch nicht ausreicht oder wenig nahrhaft ist, daß die Welpen frieren, daß etwas nicht stimmt... und es wird also nötig sein, den Grund dafür herauszufinden und ohne Verzögerung Abhilfe zu schaffen.

In manchen Fällen kann es geschehen, daß ein Unwohlsein der Mutter oder die Notwendigkeit eines Eingriffs das natürliche Säugen gefährdet. Es besteht dann die Notwendigkeit, mit künstlicher Milch auszuhelfen. Dafür gibt es verschiedene Produkte im Handel, die hervorragend helfen. Wenn diese fehlen, kann man frische Kuhmilch verwenden, ergänzt durch drei Eidotter pro Liter unter Hinzufügung von einer Tasse guter, konzentrierter Fleischbrühe + 15/20 Tropfen Tricrescin. Man muß bedenken, daß die Hundemilch mehr Proteine und Fette enthält als die der Kuh, die reicher an Zucker ist. Auf jeden Fall ist es wichtig, die Anfangsdosis nicht zu übertreiben. Die Qualität der Ernährung ist trotz der Zusätze niemals die natürliche. Die Notwendigkeit der künstlichen Aufzucht führt bisweilen zu einem allzu reichlichen Milchstrahl mit der Bildung von dicken Klumpen im Magen. Der übertriebene Eifer des Züchters kann in diesen Fällen einen tragischen Ausgang für den Welpen haben, wenn es nicht gelingt, diese gefährliche Verdauungsstörung zu überwinden.

Ein Umstand, an den man sich immer erinnern muß! In dem Fall, daß die Mutter nicht in der Lage ist, die Kleinen zu versorgen, besteht die Notwendigkeit, die Darmentleerung durch Massieren des Unterleibs, des Afters und der Geschlechtsteile mit einem feucht-warmen Lappen anzuregen. Glücklicherweise ist die Notwendigkeit solcher Hilfen beim Neufundländer

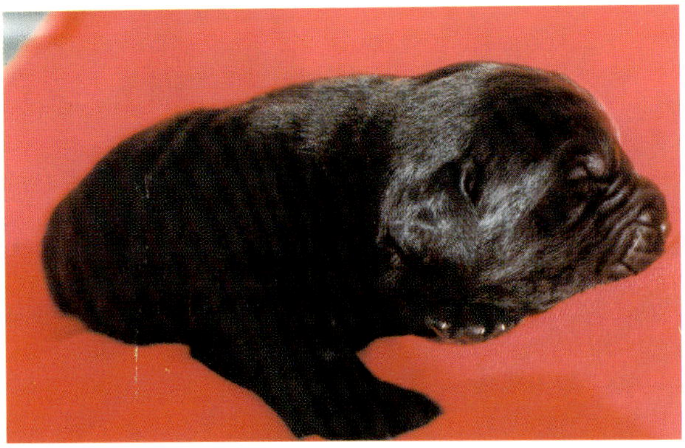

Die ersten acht Wochen.

ziemlich selten. Auf jeden Fall sollte man bei der Zucht die Fähigkeit der Hündin berücksichtigen, ihre Welpen aufzuziehen, ein nicht zu unterschätzendes Anzeichen für die Gesundheit einer Rasse.

Um den zwölften Tag herum beginnt das Öffnen der Augen: zuerst nimmt man kleine funkelnde Spalten war, die sich der Welt öffnen; im Lauf von 2 oder 3 Tagen beginnen die Welpen ihre Umwelt zu beobachten, wobei sie sich auf unsicheren Pfötchen halten, und sehr bald kommt es zu der wunderbaren Begegnung, die seit tausenden von Jahren den Hund mit dem Menschen verbindet.

Es ist geschrieben worden, daß die Natur die Welpen mit einem fundamentalen Wissen ausgerüstet hat: »Wenn ein Tier kleiner ist, folge ihm; wenn ein Tier größer ist, fliehe«. Nun, kaum gelingt es, den großen »Zweifüßer«, der es überragt, klar zu sehen, da zögert der Welpe nicht. Ohne diese Regeln zu beachten, bewegt sich die kleine Rute zum Zeichen der Freundschaft. Ohne Zweifel lehrt ihn unser Geruch, der während der dunklen Tage des Lebens in seinem Gedächtnis haften geblieben ist, uns als freundliche Wesen wiederzuerkennen.

Dies sind die Grundlagen der Prägung; und ich werden nie müde, daran zu erinnern, welche Bedeutung diese fortwährende, gute Beziehung zum Menschen bei der Zucht haben muß, besonders beim Neufundländer, einem Rettungshund.

Mit 15 Tagen trägt ein weiteres Ereignis dazu bei, das Band zu verstärken: die Fütterung. Für die ersten 2 oder 3 Tage kann man fein geschabenes Fleisch füttern (3/4 Löffel zweimal täglich). Diese Nahrung weckt trotz ihrer Neuheit großen Appetit. Ich würde lügen, wenn ich sagte, daß es leicht sei, einem Welpen, der durch den guten Geruch aufrecht zappelt, kleine Portionen in den Fang zu geben. Die Erfahrenen werden mit einem Löffelchen Erfolg haben, die anderen werden sich damit begnügen, sich die Finger ablecken zu lassen, obwohl dann die Hälfte der Nahrung auf dem ungeduldigen Schnäuzchen landet. Das Weitere werden die Welpen besorgen, sich gegenseitig lecken und sich säubern. Sehr bald wird die geschabte Nahrung durch frisches Fleisch bester Qualität ersetzt, das im Fleischwolf fein zerkleinert wird; man beginnt mit 15 Gramm zweimal täglich und steigert rasch die Menge.

Von diesem Moment an ist es von größter Wichtigkeit, das Verhältnis Kalzium: Phosphor des Fleisches mit angemessenen Mengen von Mineralsalzen, die auch Magnesium und Spurenelemente enthalten, auszugleichen. Es wird dann nötig sein, häufig Wasser anzubieten, weil ein Napf, der zur Verfügung gestellt wird, für Wasserspiele aufs Korn genommen wird. Je nach der Zahl der Welpen und im Verhältnis zur Menge der Muttermilch muß man in diesem Alter auch eine Ergänzung mit Milch verabreichen, die wie

Die ersten Kontakte mit dem Züchter bilden die Basis der Prägung.

Futterzeit.

oben beschrieben angereichert wurde. Die Fleischbrühe wird ersetzt durch eine kleine Menge von homogenisierter Nahrung pro Liter Milch. Die Verwendung von Brühe oder homogenisierter Nahrung vermeidet den sauren Durchfall, der häufig am Beginn der Entwöhnung auftritt. Die Welpen besitzen schon in diesem Alter die ersten Milchzähnchen, die etwa mit 16 Tagen durchbrechen. Und wenn sie in die Nähe der mütterlichen Schüssel kommen, haben sie keine Hemmungen, sich derer zu bedienen. Dennoch ist es besser, vorsichtig vorzugehen, ohne etwas zu überstürzen, was zu jähen Rückschlägen mit großen Problemen bei der Verdauung und dem Darm für den ganzen Wurf führen könnte.

Um die vierte Woche herum verabreicht man auch die ersten Kohlehydrate in der Form von sehr gut gekochtem Reis, Teigwaren oder Getreideprodukten. Es kann auch geschehen, daß die Hündin die Nahrung nahe bei den Welpen erbricht, um sie zusätzlich zu füttern. Dies ist ein natürlicher Instinkt, den viele gute Hündinnen bewahrt haben und der kein Anlaß zu Ekel sein darf.

Durch diesen Vorgang liefert die Natur den Welpen eine ganze Anzahl von Enzymen und Magensäften, die sie selbst noch nicht vollständig produzieren können.

Mit drei Wochen muß man eine genaue mikroskopische Untersuchung des Stuhls aller Welpen vornehmen, die häufig Spulwurmeier ergibt. Die Verseuchung geschieht gewöhnlich durch Aufnahme der Eier vom Boden, aber in diesem Alter entsteht sie vor allem durch Larven, die von der Mutter während des Embryolebens über die Plazenta auf den Welpen übertragen werden.

Die komplexen Wanderungen, die sie durch den Organismus unter Beteiligung von Darm, Leber und Lungen vollbringen, verursachen bei massivem Befall schwerwiegende Wachstumsverzögerungen, Rachitis und eine Prädisposition für andere Krankheiten.

Man muß deshalb frühzeitig eingreifen, um ihre Verbreitung zu unterbinden. Es genügt, ein spezielles Wurmmittel zu benutzen (zum Beispiel Banminth-Suspension), verabreicht in einer einzigen Gabe und wiederholt, je nach der Notwendigkeit und nach vorheriger mikroskopischer Kontrolle, in Intervallen von 2 bis 3 Wochen.

Zusehends wachsend nähert sich der Welpe dem Ende des ersten Monats. Mit 4 Wochen schwankt sein Gewicht zwischen 3 und 3,5 kg

In 30 Tagen beträgt die Zunahme gut das Sechsfache und sie wird in den kommenden Wochen noch viel größer sein, um mit 2 Monaten 9 bis 10 kg zu erreichen.

Das veranlaßt darüber nachzudenken, wie viel Pflege und Aufmerksamkeit ein Organismus bei so schnellem Wachstum verlangt. Übertreibung und Mangel, die bei einem Erwachsenen häufiger unbemerkt vorübergehen, können Ursache für schwere, bisweilen irreversible Schäden sein. Deshalb muß alles genau kontrolliert werden, von der Ernährung bis zur Bewegung. Ein gesundes Leben in frischer Luft, in einer geräumigen und sonnigen Umgebung, an-

Beispiel einer Wurfkiste mit Distanzleisten.

gemessene Intervalle von Schlaf und Spiel, ein frisches und gut ausgewogenes Futter, zu regelmäßigen Zeiten gegeben, sind das Rezept für ein gesundes Wachstum, ohne mit Vitaminen und extra Mineralstoffmischungen zu übertreiben.

Jetzt ist der Tagesablauf des Welpen viel interessanter, und er wendet sich dem Sozialleben zu. Die Spiele mit den Geschwistern, die Beziehung zur Mutter und anderen erwachsenen Hunden, der Kontakt mit dem Züchter, bilden eine Lebensschule, der das gesunde und ausgeglichene Tier mit Neugierde und Unternehmungslust begegnet. Mit dem Spiel, das je nachdem Lauf, Überfall, Kampf Körper gegen Körper ist, verstärken sich die Muskeln und Sehnen und führen das Wachstum der Knochen in die richtige Richtung. Häufiger, erholsamer Schlaf wechselt ab mit Bewegung und trägt mit dieser dazu bei, den Appetit anzuregen.

Auch wenn die Mutter die Welpen noch bis zu 50 Tagen säugt, nimmt dies jetzt mehr eine psychisch ergänzende Funktion an; wir können es als Dessert definieren. Die eigentliche Ernährung wird in fünf Mahlzeiten eingeteilt, die folgendermaßen über den Tag verteilt werden:

- 8.00 Uhr: angereicherte Milch + Flocken + Betotal
- 12.00 Uhr: Ceralien, weich gekochte Teigwaren oder Reis, frisches Fleisch, Adisole, Mineralstoffe, 1 Löffelchen Maisöl
- 16.00 Uhr: angereicherte Milch + Kroketten
- 20.00 Uhr: Ceralien, weichgekochte Teigwaren oder Reis + Fleisch oder Fisch + Mineralstoffe
- 23.00 Uhr: angereicherte Milch, trockenes Brot, Apfel oder Karotte.

Das Futter wird einzeln verabreicht (vor allem Fleisch und Vitamine), um zu vermeiden, daß irgendein Vielfraß zum Schaden der anderen dick wird. Es gibt Welpen, die alles in wenigen Augenblicken verschlingen und andere, die langsam fressen. Man muß auch bei der Dosierung eventuelle individuelle Bedürfnisse in Rechnung stellen. Im Schema auf der folgenden Seite sind die Dosierungen von Futter, Vitaminen und Mineralsalzen und auch die Zeiten für Impfung und Entwurmung angegeben. Die Mengen von Vitamin A und D sind ziemlich reduziert. Ein Hund, der eine gute Sonnenbestrahlung und eine korrekte Ernährung erhält, dessen Darm und Leber in gutem Zustand sind (Fehlen von Würmern oder Viruskrankheiten), bildet selbst das so viel umstrittene Vitamin D. Erhöhte Dosierungen zu verabreichen ist oft sehr gefährlich. Es wäre viel besser, sich zu fragen, ob gewisse Störungen der korrekten Front, die Tierärzte und Eigentümer zu gefährlichen Übertreibungen verleiten, nicht durch ein Leben in der Wohnung, lange Spaziergänge an der Leine, übertriebenes Gewicht, Mineralmangel und ähnliche Fehler verursacht sind. Jede Diät muß individuell sein, und man muß immer die Umgebung, in der der Welpe lebt, und die Jahreszeit in Rechnung stellen.

Die Wahl des Welpen

Mit zwei Monaten ist der Welpe bereit, ein neues Leben im Schoße einer Adoptivfamilie zu beginnen. Es handelt sich um einen einschneidenden Augenblick für alle: für den Züchter, der sich tausend Fragen über die Fachkenntnisse und Fähigkeiten der künftigen Besitzer stellt; für die künftigen Besitzer, die eine gute Wahl zu treffen wünschen, aber oft nicht genügend Erfahrung haben, und für den Welpen, der sieht, wie sich sein Lebensrhythmus unversehens ändert und das beruhigende Bild der Mutter und Geschwister verschwindet.

ERNÄHRUNGSSCHEMA UND VERSORGUNG IN DEN ERSTEN BEIDEN MONATEN

Zeitabschnitt	Fleischmenge	Milchmenge	Zusätze in der Milch	Teigwaren oder Reis	Vitamine	Mineralsalze (Upsi oder Als oder ähnliches)	Zahl der Mahlzeiten	Entwurmung	Impfung
1. Woche		Muttermilch					6		
2. Woche		Muttermilch					6		
3. Woche	3 Tage lang homogenisiertes Fleisch, dann 10 g püriertes Fleisch in zunehmenden Mengen	3 Fläschchen mit je 80 g	4 Eigelb + 1 homogen. Pürierfleisch (oder Brühe) in 2 Lt. Milch		Idroplurivit 10 Tropfen in 2 Liter Milch	Eine Prise	5	Conbantrin (am 21.Tag)	
4. Woche	50 g Fleisch auf 2 Mahlzeiten verteilt	3 Fläschchen mit je 150 g	4 Eigelb + 1 homogen. Pürierfleisch (oder Brühe) in 2 Lt. Milch	Anfangen mit glasig gekochtem Reis in Milch oder Brühe	Adisole (stark konzentriert) 1 Tropfen pro Welpe	1/2 Teelöffel	5		
5. Woche	100 g Fleisch auf 2 Mahlzeiten verteilt	3 Näpfe mit je 200 g		2 mal / Tag eine Suppenkelle voll	Betrotal (1 Teelöffel) + Adisole (2 Tropfen)	1 Teelöffel	5		
6. Woche	160 g Fleisch auf 2 Mahlzeiten verteilt	3 Näpfe mit je 250 g		2 mal / Tag eine Suppenkelle voll	Adisole 2 Tropfen	1 Kaffeelöffel (etwas mehr)	5	Conbantrin (am 46.Tag)	
7. Woche	200 g Fleisch auf 2 Mahlzeiten verteilt	3 Näpfe mit je 250 g		2 mal / Tag eine Suppenkelle voll	Betrotal (1 Teelöffel) + Adisole (4 Tropfen)	einen gestrichenen Suppenlöffel	5	Bei Bandwurmbefall: Droncit oder Mansonyl	Parvovac geschwächter Virus
8. Woche	240 g Fleisch auf 2 Mahlzeiten verteilt	3 Näpfe mit je 250 g		eine Suppenkelle voll	Adisole 6 Tropfen	einen Suppenlöffel	5		
9. Woche	250 g Fleisch auf 2 Mahlzeiten verteilt	3 Näpfe mit je 250 g		eine Suppenkelle voll	Betrotal (1 Teelöffel) + Adisole (10 Tropfen)	einen Suppenlöffel	5	Kot unter dem Mikroskop kontrollieren	trivalentes Candur CEL

WACHSTUMSTABELLE EINES TYPISCHEN WURFES IN DEN ERSTEN ACHT WOCHEN

Welpe	Geschlecht Farbschleife	Geburtsgewicht	1. Woche	2. Woche	3. Woche	4. Woche	5. Woche	6. Woche	7. Woche	8. Woche
1	Hündin rosa	590 g	1.250 g	1.830 g	2.800 g	3.650 g	5.000 g	6.100 g	7.600 g	8.900 g
2	Hündin rot	555 g	1.260 g	1.840 g	2.820 g	3.600 g	5.100 g	6.800 g	7.800 g	9.000 g
3	Hündin gelb	555 g	1.230 g	1.840 g	2.830 g	3.650 g	5.200 g	6.850 g	7.900 g	9.200 g
4	Rüde blau	485 g	1.060 g	1.380 g	2.200 g	3.000 g	4.800 g	5.900 g	7.500 g	8.600 g
5	Hündin hellblau	470 g	1.020 g	1.460 g	2.500 g	3.100 g	4.900 g	6.100 g	7.400 g	8.400 g
6	Hündin braun	425 g	1.030 g	1.480 g	2.300 g	2.950 g	4.800 g	5.800 g	7.300 g	8.000 g
7	Rüde rot	540 g	1.200 g	1.620 g	2.650 g	3.350 g	5.100 g	6.300 g	7.800 g	8.900 g
8	Rüde hellblau	565 g	1.200 g	1.690 g	2.680 g	3.400 g	5.200 g	6.900 g	7.900 g	9.200 g

Eine Zusammenarbeit, basierend auf Vertrauen und der gemeinsamen Leidenschaft für die Rasse, wird die besten Resultate bringen. Der Liebhaber betrachtet den Eigentumswechsel nicht als eine Beziehung, die mit dem Verkauf endet. Daraus entsteht ein nützlicher Austausch: der Züchter kann, da er aufmerksam das Heranwachsen seiner Tiere verfolgt, dieses aufs Beste führen und sorgsam die Resultate der Paarungen einschätzen; der Besitzer wird aus seiner Erfahrung und aus seinem ständigen Vergleich mit den anderen Mitgliedern des Wurfes Nutzen ziehen.

Ganz verschieden verlaufen die Dinge, wenn der Verkauf übereilt von einem Impuls diktiert ist, den der Welpe im Schaufenster auslöst. Ein Hund ist kein Automobil. Seine Wahl sollte immer mit Ruhe erfolgen, abgewogen unter dem Gesichtspunkt der Rasse, nach Besuchen bei verschiedenen Züchtern. Nur so kann man sich Rechenschaft ablegen über eventuelle Typunterschiede, seine Kenntnisse verfeinern und mit genauerer Sachkenntnis auswählen.

Auch wenn kein ernsthafter Züchter mit 2 Monaten den zukünftigen Champion garantieren kann, wird ein Welpe, der Kind von hervorragenden Eltern mit ausgesuchten und homogenen Blutlinien ist, mit größter Wahrscheinlichkeit den Eltern ähneln. Wahrscheinlich sind die Wartezeiten bei einem Liebhaberzwinger länger, aber das ist besser, als später eine impulsive Wahl zu bereuen. Wenn der Wunsch inzwischen verschwunden sein sollte, kann die fehlende Verfügbarkeit von Welpen nur als ein glücklicher Umstand angesehen werden.

Das Wachstum

Wenn das genetische Erbgut die Basis beim Bau des neuen Wesens bildet, so stellen alle negativen und positiven Einflüsse des ersten Lebensjahres die Ergänzung dazu dar. Es genügt, die Wachstumskurve eines Neufundländers genau zu betrachten, um zu bemerken, welch schnelle Veränderungen im Laufe weniger Monate stattfinden. Und gerade in diesem Zeitabschnitt können nicht wiedergutzumachende Irrtümer geschehen, bisweilen durch Sorglosigkeit, häufiger durch übertriebenen Eifer, sicherlich immer durch Unerfahrenheit.

Die delikateste Phase ist gewöhnlich die zwi-

Welpen des Zwingers de La Venaria Reale mit zwei Monaten.

schen dem 3. und 5. Monat. In dieser Zeit gibt es für den Welpen zwei (bzw. drei) wichtige Ereignisse: die Anpassung an die neue Umgebung und das Durchbrechen der bleibenden Zähne. Alles dies bildet einen Grund für Streß, der richtig eingeschätzt werden und, wie wir später sehen werden, von passender Zuwendung, aber ohne Übertreibung, begleitet werden soll.

Man muß bedenken, daß das Knochengerüst in diesem Alter hauptsächlich aus Protein besteht, das ungeeignet ist, Gewichte und extreme Beanspruchungen auszuhalten. Die Ernährung und die Bewegung spielen deshalb für eine korrekte Entwicklung eine wichtige Rolle.

Leider sind viele Eigentümer geneigt, das Wachstum zu forcieren, indem sie große Mengen Fleisch, hochgradig proteinhaltiges Futter und Vitamine in Überdosis füttern, was Übergewicht und Unausgewogenheiten verursacht. Einige der häufigsten Krankheiten bei jungen Hunden von großem Wuchs wie sekundäre Hyperparatiroidismus, trockene Osteokondritis, Panosteose und selbst Hüft-Dysplasie haben in diesen Übertreibungen, wenn nicht den einzigen Grund, so doch eine der mitwirkenden schwereren Ursachen. Der andere Faktor, der aufmerksam kontrolliert werden soll, ist die Bewegung. Alle wissen, daß der Organismus zum Wachstum und zur Entwicklung einer guten Muskulatur Übung benötigt. Aber die Qualität der Bewegung ist von fundamentaler Wichtigkeit. In der Natur üben sich die Welpen untereinander, indem sie Lauf und Kampf mit häufigen Ruhepausen abwechseln; die Bewegungen sind so

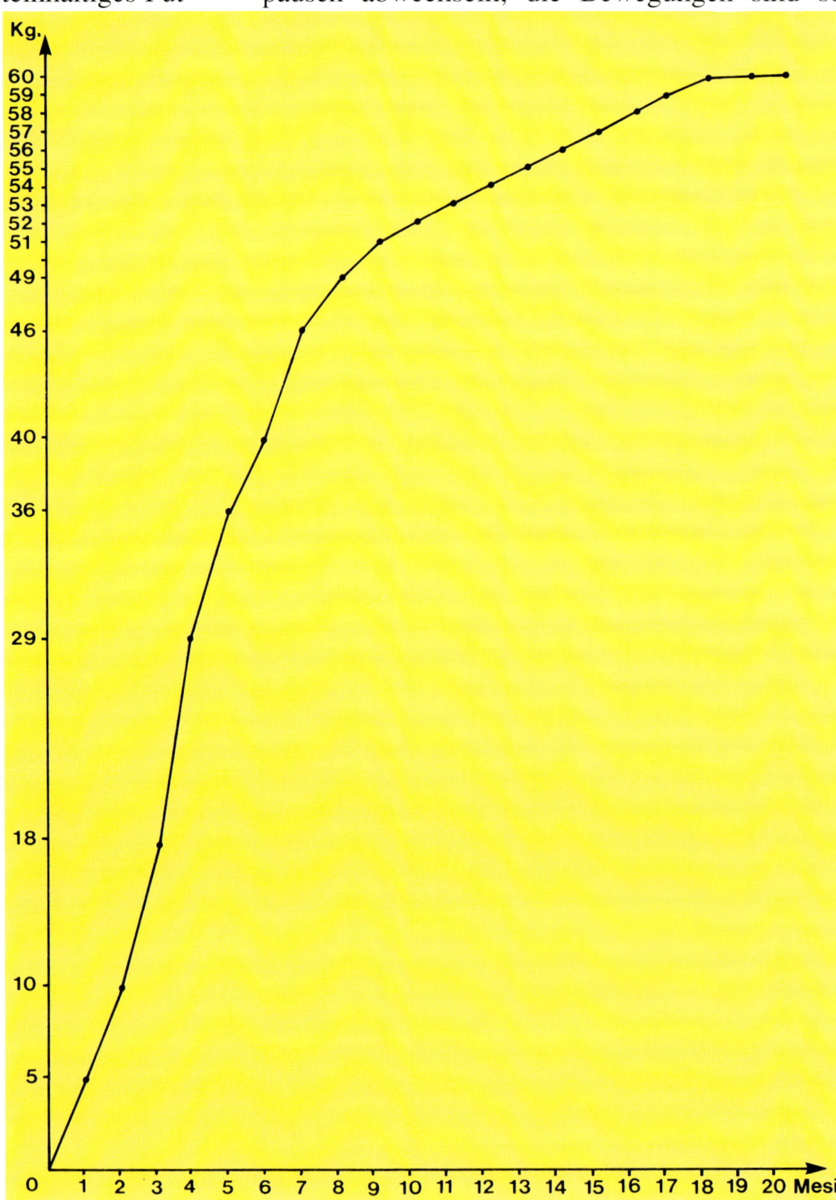

Wachstumskurve eines männlichen Neufundländers in den ersten 20 Monaten.

Pouch Cove's My American Dream mit sieben Monaten (Eigentümer F. Orebic).

verschieden wie der Boden, auf dem sie sie ausführen, was den Gliedern einen festen Griff verschafft. Nicht immer erlaubt das Zusammenleben mit dem Menschen diese optimalen Bedingungen.

Ganz anders ist beispielsweise die Situation des Welpen, der in einem Appartement aufwächst: seine Bewegung ist auf einige Spaziergänge an der Leine beschränkt, kärglich in der Zahl, exzessiv in der Dauer. Die Notwendigkeit, Treppen hinauf- und hinabzusteigen, die üble Angewohnheit, an der Leine zu ziehen, das fortwährende Gehen auf blanken und glatten Böden, verursachen oft Defekte der Front, die fast immer mit Stoßtherapien von Kalzium und Vitamin D behandelt werden, die nutzlos, wenn nicht schädlich sind. Gewöhnlich genügen dem Junghund einige Wochen einer solchen Behandlung, um den Appetit zu verlieren. Und dann hat der Eigentümer ein neues Problem, um das er sich kümmern muß.

Alles das würde nicht passieren, wenn der Welpe naturgemäß mit einem Garten aufwachsen könnte, der auch klein sein kann, aber ausgestattet mit einer Wiese und gewachsenem Boden, Erde, mit Zonen von Schatten und Sonne.

Das Ideale wäre dann die Gesellschaft eines Freundes, mit dem er spielen kann. Auf diese Weise können die zahlreichen Veränderungen aufs Beste überwunden werden, Veränderungen, die in seinem Körper vor sich gehen und die nicht aufhören, den Hundeliebhaber anfangs zu erstaunen.

Wenn mit 2 oder 3 Monaten der Welpe wie ein wolliger kleiner Bär erscheint, verschwindet mit etwa 4 Monaten allmählich das Babyfell und wird ersetzt durch einen härteren, leuchtenderen Pelz, der sich vom Rutenansatz über den Rükken, die Flanken, die Schenkel ausbreitet, wobei er da und dort ein blasses Haarbüschel hinterläßt. Inzwischen verlängert sich der Fang allmählich, während der Schädel seine Proportionen zu verlieren scheint. Mit 5 bis 6 Monaten sieht der große Welpe langlinig und schlaksig aus, bisweilen mit einer gewissen Unausgeglichenheit zwischen hinten und vorne. In diesem Alter ein Urteil abzugeben ist viel schwieriger als bei einem kleinen Welpen von 40 Tagen. Man muß das Alter von 9/10 Monate abwarten, um ein mögliches Versprechen zu ahnen.

Mit etwa 9 Monaten wachsen die Wachstumsknoten der langen Knochen aus und mit etwa 12 Monaten die der Distal-Knochen. Nach diesem Stadium ist eine Verlängerung der Knochen nicht mehr möglich, und mäßiges Größenwachstum leitet sich von größerem Muskel- und Sehnentonus her. In diesem Alter bekommt der Kopf allmählich die richtigen Proportionen, wie auch das Ohr, das beim Welpen übertrieben groß erscheint. Auch die Bemantelung, die sich durch längeres Haar und Unterwolle anreichert, trägt dazu bei, dem Hund ein neues mächtiges und harmonisches Aussehen zu verleihen.

Mit 18 Monaten kann unser Neufundländer in der Höhe als ausgewachsen gelten, aber Masse und Volumen werden erst mit etwa zweieinhalb Jahren erreicht. Die langen Spaziergänge, unpassend in den ersten Monaten, werden nach 8 bis 9 Monaten zu einem gesunden Training, das dem Hund erlaubt, ein freies, lockeres Gangwerk zu entwickeln. Natürlich müssen sie in den warmen Monaten auf die kühleren Stunden verlegt, oder, wo es möglich ist, mit schönen Schwimmgelegenheiten verbunden werden.

Die Ernährung

Die Ernährung des Hundes ist immer eines der von Tierärzten und Züchtern am meisten umstrittenen und debattierten Themen gewesen. Im Laufe der Jahre sind von Mal zu Mal verschiedene Theorien in den Himmel gehoben, widerlegt und wieder bestätigt worden, ohne daß eine davon als grundlegend angenommen werden konnte.

Wenn der größte Teil der Hunde zu Anfang des Jahrhunderts mit Suppen, Knochen und Resten ernährt wurde, so führte das wirtschaftliche Wohlergehen in ihren Futternäpfen zu immer höheren Mengen von Protein, in einigen Fällen bis hin zu einer vorwiegend auf Fleisch basierenden Diät, was zu schweren Konsequenzen im Wachstum der Junghunde (sekundärer Hyperparatiroidismus) und der Erwachsenen (Nierenversagen) führen kann.

Es ist also vernünftig, sich die Frage zu stellen: »Ist der Hund ein Fleischfresser?« Alles hängt davon ab, was man unter diesem Terminus verstehen möchte. Eine Untersuchung bei Wölfen in den 80er Jahren hat durch die Analyse der Exkremente nachgewiesen, daß sie sich hauptsächlich von kleinen Nagern ernähren: Kaninchen, Mäusen, Maulwürfen, Eichhörnchen.

Vergessen wir bitte nicht, daß in der Natur der erste Teil der Beute, der verschlungen wird, die Eingeweide und ihr Inhalt sind. Hier ist also eine ganze Skala von Nahrungsmitteln, bisweilen vorverdaut und reich an Enzymen, die in die Diät unseres Fleischfressers integriert werden: Samen, die reich sind an Ölen mit hohem Gehalt an essentiellen Fettsäuren, Schößlinge, Beeren, Obst und natürlich die wichtigen Vitamin- und Mineralergänzungen, wie: Leber (Vitamine A und D), Niere (Vitamin C) und Knochen (Kalzium und Phosphor). Wenn dann ein junger Wiederkäuer die Beute sein sollte, wird er sogar Milch und Lab finden, mit anderen Worten Käse, eine weitere nützliche Ergänzung. Man darf auch die Eier nicht vergessen, die viele Arten von Vögeln in Nestern direkt auf dem Boden ablegen und die daher leicht erreichbar und besonders willkommen sind. Um die Probe zu machen genügt es, unseren Hund in einen Hühnerstall in die Nähe eines unbewachten Eies zu bringen. Er wird nicht zögern, sich daran zu machen, indem er es im Ganzen verspeist, ohne das Avidin des Eiweißes oder die kaum verdaubare Schale zu beachten.

Aus all dem kann man schließen, daß der reine Fleischfresser nie existiert hat. Man versteht also, daß die korrekte Ernährung des Hundes diese natürlichen Bedürfnisse möglichst weitgehend berücksichtigen soll, indem sie eine ganze Skala von Komponenten enthält, die vollständig und untereinander gut ausgewogen sind.

Auch wenn es hier nicht möglich ist, das Thema besonders zu vertiefen, weshalb wir auf Ernährungsfachbücher verweisen, so wollen wir doch in einer Übersicht die fundamentalen Ernährungsgrundsätze durchgehen.

- *Proteine:* Sie sind wesentliche Bestandteile aller Zellen, hier haben sie eine eminent formende Funktion und sind absolut notwendig für das Wachstum und die Aufrechterhaltung der Strukturen des Organismus.

Darüber hinaus spielen sie eine wichtige Rolle bei der Produktion von Enzymen, Hormonen und Antikörpern. Sie sind aus ungefähr zwanzig Aminosäuren zusammengesetzt, von denen wenigstens zehn lebenswichtig sind, weil sie vom Organismus nicht gebildet werden können. Ihr Bedarf beträgt beim erwachsenen Tier ungefähr 22 % der Trockenmasse der Ration. In der Wachstumsperiode ist er höher und der Prozentsatz beträgt 25-30 %. Die Proteine sind im Fleisch enthalten (17-20 %), im Käse (100 g Käse haben die gleiche Proteinmenge wie Fleisch mit doppeltem Kaloriengehalt), in den Eiern (ein Ei entspricht 35 g Fleisch, doch bringt es die doppelte Menge Energie und die vierfache Menge Fett) und in der Milch (100 g Milch entsprechen 20 g Fleisch mit einer fünffachen Menge Fett).

- *Kohlehydrate:* enthalten Zucker, Stärke und Zellulose. Während die ersten hauptsächlich eine energieerzeugende Funktion haben, wird die Zellulose ausgeschieden und übernimmt in erster Linie eine mechanische Tätigkeit bei der Peristaltik des Darms. Die Kohlehydrate stellen ungefähr 40-50 % der Trockenmasse der Ration und bestehen gewöhnlich aus Reis, Nudeln, Toast, Getreide und Gemüse. Stärkehaltige Lebensmittel müssen gut durchgegart und mit ausreichender Stärke versehen sein, um für den Hund verdaubar zu sein.

- *Fette:* Sie werden aus einer Mischung von Glyzerin und Fettsäuren gebildet. Sie lagern und liefern Energie, transportieren und halten die fettlöslichen Vitamine zurück, nehmen an der Bildung der Zellmembranen und anderer wichtiger Strukturen teil. Sie müssen im Futter mit 5-10 % vorhanden sein und können tierischer (Speck, Butter) oder pflanzlicher Herkunft (Olivenöl, Mais) sein.

Fleischfresser haben die Fähigkeit, Fette dank der bemerkenswerten Gallen-Sekretion zu erschließen und nutzen sowohl gesättigte als auch ungesättigte Fettsäuren. Aber es ist angebracht, ein gewisses Gleichgewicht zwischen den beiden Arten einzuhalten.

Die ungesättigten Fettsäuren sind vor allem in pflanzlichen Ölen enthalten; unter diesen ist die Linolsäure, die in größerer Menge im Mais- und Weizenkeimöl enthalten ist, absolut notwendig.

Die essentiellen Fettsäuren unterstützen das Glänzen des Fells und beugen exsudativer Dermatitis, Schuppen, Haarausfall, äußerer Otitis und Zwischenzehen-Ekzemen vor.

- *Vitamine:* Sie stellen, auch in sehr kleinen Dosen, einen unentbehrlichen Faktor der Ernährung dar. Die Krankheitsfolgen von Vitaminmangel sind gut bekannt, aber heute tritt bei der Ernährung der Hunde eine umgekehrte Situation ein, die mit Überdosierung verbunden ist. Sie wird meistens durch die Vitamine A und D verursacht, die fettlöslich sind und deshalb nur schwer aus dem Körper ausgeschieden werden können.

Bei einer gesunden, frischen und ausgewogenen Ernährung sollten alle Vitamine im richtigen Verhältnis vorhanden sein. Ein Vergleich mit der Tabelle erlaubt zu erkennen, wie oft die häufig verabreichten Ergänzungen weit über die empfohlenen Dosierungen hinausgehen. Es ist natürlich klar, daß eine mäßige Ergänzung, die verabreicht wird, um etwaigen Mangelerscheinungen durch veränderte Aufnahmefähigkeit oder erhöhtem Bedarf vorzubeugen, niemals Schaden anrichtet.

Oftmals summieren aber einige Hundebesitzer, ohne sich darüber klar zu sein, verschiedene Produkte von identischem Inhalt miteinander und kommen dadurch zu absurden Mengen.

Es kann passieren, daß gleichzeitig verabreicht werden: Vollwertiges Futter, Dorschlebertran, mit Vitamin D angereichertes Kalzium, und, als ob das noch nicht genügen würde, tägliche Injektionen mit einem gleichen Produkt. Eine solche oder ähnliche Behandlung, auch nur über wenige Wochen, hat Konsequenzen von langer Dauer, die nicht immer heilbar sind. Vor dem Gebrauch sollte deshalb jedes Produkt aufmerksam geprüft und bezüglich seiner Komponenten analysiert werden.

- *Mineralstoffe:* Die Mineralstoffe - Kalzium, Phosphor, Magnesium, Kalium, Natrium und Chlor - benötigt der Organismus in größeren Mengen als die Spurenelemente: Eisen, Kupfer, Zink, Magnesium, Selen, Jod u.s.w. Beide sind aber für die organischen Prozesse absolut notwendig, weil sie in viele organische Funktionen eingreifen (Säuren-Basen-Gleichgewicht, Regulation des osmotischen Drucks, Zusammenziehen des Herzmuskels, katalytische Reaktionen, u.s.w.).

In der Zucht richtet sich das Interesse an ihnen vor allem auf jene Faktoren, welche die Entwicklung des Skeletts beeinflussen. Ein korrektes Verhältnis Kalzium/Phosphor ist von grundlegender Wichtigkeit.

Der wildlebende Fleischfresser gleicht solche Werte aus, indem er sich nicht nur von Muskelfleisch sondern auch von Knochen ernährt. Nicht so beim Hund, der zusammen mit Menschen lebt, weil bei seiner Fleischration Knochen aus berechtigter Furcht vor Darmperforationen ausgeschlossen sind.

Das Fleisch enthält wenig Kalzium (8-11 mg je 100 g) in einem Verhältnis von etwa 1:20 mit Phosphor, während es 1,2:1 sein sollte. Daraus entsteht ein veränderter Blutspiegel, der sich durch eine Untersuchung des Blutes feststellen läßt, der die paratiroidischen Drüsen veranlaßt, den Knochen Kalk zu entziehen, wodurch diese entmineralisiert und in ihrer Struktur geschwächt werden.

Diese Pathologie, die sekundärer Hyperparatiroidismus, Osteofibrose oder »Nur-Fleisch«-Syndrom genannt wird, ist um so schwerwiegender, je höher der Anteil des gefütterten Fleisches ist. Sie kann vermieden werden, indem man einen Futteranteil von Protein in Form von Futter, das reich an Ca ist (wie Milchprodukte) verabreicht.

Man kann darüber hinaus einige kurz gebrühte Hühnerhälse in die tägliche Ration geben, die keine Gefahr darstellen, weil dieser Knochentyp weich und kurz ist. Auf jeden Fall wird es bei einer derartigen Fütterung für den Hund in der Phase des Wachstums immer wichtig sein, die Ration durch einen Mineralkomplex zu ergänzen, der auch Magnesium und weitere Spurenelemente enthält.

Für eine korrekte Osteogenese ist eine ausgewogene Verabreichung von Mineralsalzen wichtiger als die von Vitamin D, das ein Organismus in optimaler Verfassung selbst herstellen kann.

Minerale	Wachstumsbedarf	Erhaltungsbedarf
Kalk	mg 320	mg 119
Phosphor	mg 240	mg 89
Kalium	mg 240	mg 89
Natrium	mg 30	mg 11
Chlor	mg 46	mg 17
Magnesium	mg 22	mg 8,2
Eisen	mg 1,74	mg 0,65
Kupfer	mg 0,16	mg 0,06
Mangan	mg 0,28	mg 0,10
Zink	mg 1,94	mg 0,72
Jod	mg 0,032	mg 0,012
Selen	mg 0,006	mg 0,002

Bedarf an Mineralien (täglich pro Kilo Lebendgewicht)

Vitamine	Wachstumsbedarf	Erhaltungsbedarf
A	UI 202	75
D	UI 22	8
E	UI 1,2	0,5
K	UI 60	24
Thiamin (B1)	mcg 54	20
Riboflavin (B2)	mcg 100	50
Pantotensäure	mcg 400	200
Nicotinamid (PP)	mcg 450	225
Pyridoxin (B6)	mcg 60	22
Folsäure (Bc)	mcg 8	4
Biotin (H)	mcg 6	-
Gyanocobalamin (B12)	mcg 1	0,5
Cholin	mcg 50	25

Bedarf an Vitaminen (täglich pro kg Lebendgewicht)

Nach dieser notwendigerweise systematischen Aufstellung werde ich in der Folge ein praktisches Ernährungsschema vorschlagen, das ich seit Jahren verwende.

Mit dieser Diät habe ich mir nicht vorgenommen, Resultate über der Norm zu erreichen, sondern meinen Hunden zu ermöglichen, ihr genetisches Potential auszuprägen, in guter Gesundheit zu leben und gut ein Alter von 13-14 Jahren zu erreichen.

Ernährung mit zwei Monaten

- 8.00 Uhr: 300 g Milch + 1 Eigelb (4 mal proWoche) + 10 Tropfen Vetadisole oder ähnliches.
- 12.00 Uhr: Reissuppe oder reichlich Nudeln, in Fleischbrühe mit Gemüse + 120 g rohes Fleisch in kleinen Stücken + 1 Teelöffel Mineralsalze + 1 Teelöffel Maisöl
- 16.00 Uhr: 300 g Milch mit Ceralien
- 20.00 Uhr: Reis- oder Nudelbrühe + 120 g Fleisch (oder Fisch oder halb Fleisch/halb Quark oder Käse) + 1 Teelöffel Salz + 10 g Bierhefe
- 23.00 Uhr: 300 g Milch + trockenes Brötchen; Apfel oder Karotte zum Zerkauen.

Die Mahlzeiten werden so reduziert: mit 3 Monaten streicht man die Mahlzeit um 23.00 Uhr; mit 5 Monaten die um 16.00 Uhr; nach 15 Monaten gibt man immer 2 Mahlzeiten pro Tag. Die Dosis Reis steigt von 200 auf 400 g, roh gewogen.

Die Dosis Fleisch wird ungefähr so vergrößert:

3 Monate:	350 g	5 Monate:	550 g	7 Monate:	700 g
4 Monate:	450 g	6 Monate:	600 g	8 bis 18 Monate:	800/900 g pro Tag.

Nach 18 Monaten reduziert man die Fleischdosis auf 500/600 g. Es ist immer gut, die Fleischart zu variieren (Huhn, Pute, Rind, Fisch) und teilweise mit anderen Proteinen abzuwechseln (Käse, Eier, u.s.w.). Das Fleisch wird in Stücken gegeben, weil es auf diese Weise die Funktionen und die Beweglichkeit des Magens aktiviert und dazu beiträgt, Magendrehungen zu verhindern. So wird auch die 2 mal pro Tag gegebene Mahlzeit verhindern, die Bänder mehr als nötig zu dehnen. Über diesen Punkt existieren aber verschiedene Theorien. Bei der Ernährung ist, wie gesagt, nichts sicher und alles ändert sich durch neuere Erkenntnisse. Mir scheint jedoch, daß gewisse große Mahlzeiten, die ohne viel Substanz sind und einmal pro Tag geben werden, sich auf dem Boden des Magens wie in einem Sack ablagern und nicht gerade dazu beitragen, die gefürchtete »Bloat« zu verhindern.

Auch bezüglich der Milch gibt es verschiedene Meinungen. Was mich betrifft, halte ich sie für eine hochwertige Nahrung und rate, auch den erwachsenen Hunden immer ein wenig zu geben, um die Laktase aktiv zu erhalten. Ein Hund, der nicht mehr in der Lage ist, sie zu verdauen, reagiert oft mit zeitweiligem Durchfall. Wenn sie jedoch vertragen wird, kann sie an den heißen Tagen, wenn die Hunde lustlos und appetitlos sind, eine der Mahlzeiten ersetzen.

Zusatz der Redaktion: durch Säuerung mit Quark oder Joghurt wird der Durchfall vermieden.

Was die Dosierung der Vitamine und Mineralien betrifft, wird die Bedarfstabelle, verglichen mit der Wachstumstabelle, für eine genauere Ergänzungsfütterung nützlich sein.

Die Rationen, die wir angegeben haben, müssen jedoch nur als Hinweis und relativ angesehen werden. Auch die zahlreichen Tabellen und Rationen, die aufgrund von wissenschaftlichen Studien ausgearbeitet worden sind, sind lediglich statistische Resultate, während die Anwendung sich tatsächlich nach einzelnen Individuen mit zum Teil sehr verschiedenen Bedürfnissen richtet.

Noch einmal: der gesunde Menschenverstand wird das richtige Maß geben. Ein gesunder Hund frißt eine appetitliche Mahlzeit gerne. Wenn er etwas übrig läßt, obwohl er bei guter Gesundheit ist, verkleinern Sie die Menge, wenn er hingegen die Schüssel sorgfältig reinigt, versuchen Sie, seine Ration ein wenig zu vergrößern. Der Stoffwechsel ist nicht bei allen gleich. Auch bei der menschlichen Spezies gibt es unersättliche Esser, die nicht ein Gramm zunehmen, und andere, welche die kleinste Übertreibung in Körperfett umwandeln. Um sich klar darüber zu werden, zu welcher Kategorie unser eigener Neufundländer gehört, genügt es, das reiche Hautgewebe des Rückens hochzuziehen. Wenn es elastisch ist, bestehen keine Probleme, wenn es durch eine darunterliegende Fettschicht verdickt erscheint, verringern wir die Futtermenge.

Zuletzt möchte ich eine Überlegung hinsichtlich des Fertigfutters, das heutzutage immer mehr in Gebrauch ist, hinzufügen. Wir wollen gewiß nicht seine Bequemlichkeit leugnen und die besten Absichten der Futterindustrie, hochspezialisierte Produkte von bester Qualität herzustellen, ich glaube jedoch, daß niemand von uns geneigt wäre, sich sein ganzes Leben lang von industriellen Fertiggerichten aus Dosen,

Sehr gute Ergebnisse einer richtigen Ernährung.

Gläsern, Beuteln oder sonstigen Packungen zu ernähren. Warum sollen wir unsere besten Freunde in diese Lage bringen? Darüber hinaus birgt die Möglichkeit zu variieren einen großen Vorteil: den, niemals in größere Irrtümer zu verfallen. Bei immer gleicher Diät riskiert man hingegen bei einer kleinen Unausgewogenheit, mit der Zeit ernsthafte Schäden zu verursachen.

Allgemeine Pflege

Auch wenn ein korrektes Wachstum und eine ausgewogene Ernährung die Grundlage für die Gesundheit unseres Hundes bilden, ist es wichtig, einige Aspekte, die sie beeinflussen können zu beachten, um unsere Hunde in bester Verfassung zu halten.

Die Parasiten

Es gibt grundsätzlich zwei Arten: äußere und innere. Die äußeren Parasiten sind: Flöhe, Läuse, Zecken und Milben. Während Flöhe vor allem eine große Belästigung für den Hund darstellen und im Falle von Allergien oder Dermatitis Juckreiz auslösen, können Zecken und Milben zu schwerwiegenderen Erkrankungen führen. Zecken vermögen abgesehen davon, daß sie bei massivem Befall gefährliche Anämien verursachen, zum Teil schwerste Infektionskrankheiten verursachen, die ohne rechtzeitige Behandlung einen dramatischen, oft tödlichen Verlauf nehmen.

Die verschiedenen Arten Milben sind hingegen z.T. die Ursache der sarkoptischen, demodetischen und aurikolaren Räude.

Die beste Vorbeugung gegen die äußeren Parasiten besteht in einer systematischen Kontrolle und in vorbeugenden Maßnahmen, die sich vor allem darauf richten, die Umgebung zu desinfizieren. Maßvolle Vorsorgebehandlung des Hundes gegen Parasiten kann in bestimmten Zeiten des Jahres notwendig sein.

Die verbreiteten inneren Parasiten sind: runde Darmwürmer (Spulwürmer, Hakenwürmer, dreiköpfige Würmer), Bandwürmer, Sporozoen und Fadenwürmer (Herzwürmer). Da es hier nicht möglich, ein so großes Thema zu vertiefen, rate ich, das Wissen durch Fachzeitschriften zu vertiefen, was eine entsprechende Vorbeugung erlaubt. Ich erinnere daran, daß jeder Parasit mit einer spezifischen Behandlung bekämpft wird, und daß die Diagnose oft mikroskopische Untersuchungen verlangt. Periodische Behandlungen mit mehrfach wirksamen Produkten im Sinne einer Vorbeugung erscheinen deshalb wenig angemessen und sind oft wegen der Giftigkeit des Produktes selbst schädlich.

Im Fall der Fadenwürmer, die durch Mücken übertragen werden und die sich, wie die Leishmaniosis, heutzutage immer mehr verbreiten, sind hingegen vorbeugende Maßnahmen in den Gebieten mit hohem Risiko notwendig.

Die Impfungen

Die Virusformen, gegen die der Hund normalerweise geimpft wird, sind: Staupe, infektiöse Hepatitis, Leptospirose, Parainfluenza (Zwingerhusten), Parvovirose und Tollwut. Abgesehen von der Tollwutimpfung, für die man wenigstens bis zum Alter von 6 Monaten, *(Zusatz der Redaktion: in Deutschland mit 3 Monaten)* oder besser 12 Monate warten sollte, werden die anderen Impfungen gewöhnlich im Alter von 8 bis 9 Wochen durchgeführt. Beim Kauf eines zwei Monate alten Welpen sollte bereits die Grundimpfung durchgeführt sein. Man muß jedoch daran denken, daß ungefähr 15 Tage nötig sind, bis sie wirksam wird. Deshalb sollte vermieden werden, den Welpen möglichen Kontakten an besonders stark besuchten Orten, wie zum Beispiel den Hundeausstellungen, auszusetzen. Im Alter von 12 bis 14 Wochen wird die geforderte Zweitimpfung zur Vervollständigung der Grundimmunisierung durchgeführt, die danach einmal im Jahr wiederholt wird. (*Zusatz der Redaktion: Bei dieser Gelegenheit oder wenig später erfolgt in Deutschland die Tollwut-Impfung.*)

Ohne unnötige Beunruhigungen auslösen zu wollen, muß man zugeben, daß in einigen Fällen schwache oder besonders sensible Hunde gravierende Impfreaktionen zeigen können. Ich möchte darauf hinweisen, daß es Heilmittel homöopathischer Art gibt, die nützlich sind, solchen Reaktionen vorzubeugen und sie zu heilen. Dieser Zweig der Medizin, der gegenwärtig auch im Bereich der Tiermedizin Erfolge erringt, würde es verdienen, besser bekannt zu werden. Homöopathie kann in vielen anderen Fällen besonders nützlich sein, speziell in der Wachstumsphase, indem sie den Zustand der Gesundheit ausgleicht, und zwar auf der individuellen Basis eines jeden Organismus.

Die Pflege

Der Glanz des Fells und die Art des Mantels entstehen hauptsächlich durch eine perfekte Biochemie des Organismus, eine angemessene äussere Behandlung ist notwendig, um die besten Voraussetzungen zu schaffen. Viele betrachten die Pflege eines Hundes von großem Wuchs wie dem Neufundländer als ein sehr ermüdendes Unterfangen. Wenn sie häufig und korrekt ausgeführt wird, ist sie in Wirklichkeit relativ leicht. Der Hund wird von klein auf daran gewöhnt, wenigstens ein- oder zweimal pro Woche gebürstet zu werden. Auf diese Weise lernt er, ruhig zu liegen, zuerst auf der einen Seite, dann auf

Richtige Bewegung ist wichtig (Eigentümer Mellia).

der anderen. Für die Feinarbeit muß er stehen.

Während wir mit dem Kamm arbeiten, sprechen wir sanft mit dem Hund und streicheln ihn; er wird an unseren Aufmerksamkeiten Gefallen finden und uns gutmütig arbeiten lassen. Dieser Moment wird ein angenehmes Relaxen für beide werden. Ganz anders verlaufen die Dinge, wenn Sie den Hund selten kämmen. Er wird auch deshalb die Neuigkeit nicht willkommen heißen, weil die Fransen und die Unterwolle, wenig gepflegt, jetzt in tausend Knoten verbunden und bisweilen so verfilzt sind, daß sie mit bemerkenswertem Schaden den Einsatz der Schere verlangen. Wenn das passieren sollte, denken Sie daran, daß ein Knoten nie scharf abgeschnitten, sondern in Strähnen in der Längsrichtung unterteilt und dann mit den Händen oder mit dem Kamm getrennt wird.

Es kann auch geschehen, daß ein ungepflegter Mantel eine gesunde Atmung der Haut verhindert, so daß Entzündungsreaktionen entstehen. Die Fellpflege muß deshalb, wenn jahreszeitlich bedingt große Teile der Unterwolle ausfallen, methodisch mit besonderer Sorgfalt ausgeführt werden. Für diese Pflege benutzen einige eine Bürste mit Haken (Zupfbürste), aber für ein Fell wie das des Neufundländers arbeitet sie zu oberflächlich: so bilden sich, unter einem anscheinend gepflegten Fell, weiterhin Knoten. Ideal ist hingegen ein Stahlkamm mit langen Zinken, der es erlaubt, das Fell in seiner ganzen Länge zu erfassen; die Bürste dient dazu, die letzten Ausbesserungen durchzuführen.

Oft ist es notwendig, das überflüssige Haar zu entfernen, das sich zwischen den Fußzehen bildet und das rundliche Aussehen der Pfote stört. Im Sommer muß man auch täglich kontrollieren, daß sich zwischen den Zehen nicht die so gefürchteten »Ackertrespen« eingefädelt haben, die Grannen des wilden Hafers, die in der Lage sind, die Haut zu durchbohren und tief einzudringen, wodurch sie gefährliche Infektionen hervorrufen können.

Wenn die hinteren Fransen der Ohren zu lang sein sollten, könnten sie ausfransen. Ein glatter oder vollständiger Schnitt ist jedoch zu vermeiden, da er, wie ich schon gesagt habe, ihnen das typische Aussehen anderer Rassen verleihen würde. Eine Reinigung der Ohren mit in Alkohol getränkter Baumwolle vervollständigt die Pflege. Wenn der Hund den Kopf schüttelt oder ihn zur Seite geneigt hält, besteht auch die Möglichkeit, daß eine Ackertrespe in das Innere des Ohres eingedrungen ist. Gehen Sie dann zum Tierarzt. Bisweilen handelt es sich um eine parasitäre Ohrenentzündung. Das Schütteln kann unter anderem die Entstehung eines Hämatoms hervorrufen, einem Bluterguß zwischen der Ohrenhaut und dem Knorpel, der sich in einer starken Schwellung äußert. Er könnte chirurgisch behandelt werden. Ich persönlich ziehe es vor, die Absorbierung durch Anwendung von Heparin- und Arnika-Cremes zu erreichen. Die Bäder mit Shampoos dürfen nicht zu häufig sein, weil sie dem Fell seinen natürlichen Schutz nehmen. Nach jedem Bad im Meer ist es jedoch angebracht, den Hund mit Süßwasser zu waschen, um das Salz auszuspülen, eine schnellere Trocknung zu erlauben und zu vermeiden, daß sich das Haar rötlich färbt.

Die Ausstellungen

Was ist oder sollte das hauptsächliche Ziel einer Ausstellung sein? Die besonderen Bestimmungen des ENCI (ENTE NAZIONALE PER LA CINOFILIA ITALIANA, entspricht in Italien dem VDH) definiert es als »Hundetechnische Veranstaltung, bei der die Hunde der Prüfung und Beurteilung ihrer Schönheit und äußeren Erscheinung im Verhältnis zum offiziellen Standard der Rasse, der sie angehören, unterworfen werden«. Diese Terminologie definiert streng, was das Ziel einer Schau ist. Ein Exemplar mit seinesgleichen und mit dem Standard zu konfrontieren und die besten Repräsentanten der Rasse auszuwählen.

Für den Liebhaber ist die Ausstellung vor allem ein Treffpunkt und die Möglichkeit der Kontrolle, was für eine planmäßige Zucht unentbehrlich ist. Für viele Eigentümer handelt es sich um eine erste Erfahrung, die vereinzelt bleibt oder in einer immer größeren Leidenschaft endet.

Wie soll sich der Neuling verhalten? Welche Kunstgriffe sind für die Präsentation notwendig?

Es ist wichtig, aufmerksam, aber ruhig zu bleiben. Der Hund hat sehr sensible Antennen, und allein an der Führung der Leine kann er unsere Nervosität spüren. Es gibt Hunde, die durch ihre Vorzüge zum Champion geboren sind. Im Ring zeigen sie sich makellos: den Kopf aufgerichtet, den Ausdruck aufmerksam, die Läufe korrekt aufgesetzt. Der Laufsteg ist eine ihrer Spezialitäten: ein eleganter und knapper Trab, ein fließendes und glänzendes Wogen des Mantels. Andere hingegen ziehen es vor, dem Richter das Hinterteil zu zeigen und dem Besitzer fragend ins Gesicht zu schauen: »Was ist los? Warum hast du mich hierher gebracht? Und was

Augenblick der Entspannung während einer Ausstellung.

Ch. Debbye degli Angeli Neri (Eigentümer C. Del Bue).

machen wir jetzt?« Und wenn man versucht, sie zu beruhigen, ist das wenigste, was sie Dir antun, die Pfoten auf die Schultern zu legen, um Dir das Gesicht zu lecken oder ganz schamlos werfen sie sich auf den Rücken, Bauch und Läufe in die Luft gestreckt.

Alles dies kann verständlich sein, aber versetzen wir uns in die Lage des Richters! Er muß bewerten; die wenigen Minuten, die ihm zugestanden sind, ein Tier zu prüfen, erlauben ihm nicht abzuschweifen; er muß ein Urteil formulieren, das nach seinem Gewissen, das richtige ist. Jeder Teil wird methodisch und aufmerksam untersucht: Kopf, Zähne, Rücken, Laufstellung, Gesamteindruck... und nicht immer ist es leicht.

Wie ist das Hinterteil jenes Exemplares, das ruckweise vorwärts geht? Wie ist das Vorderteil des anderen, das den Herren mitzieht? Hat es tatsächlich lose Ellbogen oder liegt es an der Gangart? Ganz zu schweigen von der Untersuchung der Zähne. Wenige Hunde haben es gern, sich von einem Fremden in den Fang fassen zu lassen, und bisweilen wird das auch vom jeweiligen Herrn schlecht gemacht. So entsteht ein sanfter Kampf: Der Hund wirft sich auf den Boden, das Halsband löst sich, irgendjemand greift ein, um dem Eigentümer zu helfen, aber kaum gelingt es ihm, den Hund zu halten, reißt der Besitzer den Fang seines Vielgeliebten auf, und der Richter sieht, o weh, nur die Mandeln. Das war aber nicht, was er sehen wollte! Noch nie von Enognatismus, von Prognatismus, vom Fehlen von Prämolaren gehört? Und jetzt sind wir hier, um gemeinsam das Problem aufzuklären.

Jeder Hund sollte ein Minimum an Schulung erhalten, die nützlich für das Leben in der menschlichen Gesellschaft ist. Wenn man ihn auf Ausstellungen zeigen will, ist das unentbehrlich. Insbesondere muß er sich daran gewöhnen, an der linken Seite zu gehen, ohne zu ziehen, ordentlich im korrekten Stand stehenzubleiben. Er muß sein Gebiß untersuchen lassen, und es ist auch nötig, daß er sich umgänglich mit seinesgleichen verhält.

An diesem Punkt wollen wir uns in das Paar Herr und Hund im Moment der Ausstellung hineinversetzen. Nach einer mehr oder weniger langen Reise kommen sie am Ziel an. Am Tag zuvor hat unser Freund die Vorbereitungen über sich ergehen lassen und sich immer mehr beunruhigt, bis zu dem Moment, wo er in das Auto steigt. Wenn er es endlich verlassen darf, ist die Umgebung, in der er sich befindet, höchst aufregend. Am Eingang drängeln sich Personen und Hunde, aber während es dem Menschen gelingt, oder er so tut, als ob er mitten in der Manege unbeteiligt sei, spürt das Tier natürlich die Anwesenheit von so vielen Artgenossen. Sein lebhaftestes Begehren ist es, sie zu beschnüffeln, sie kennenzulernen. Nach Verhaltensmodellen, die der Spezies angeboren sind, möchte er prüfen, wer die anderen sind, ob Freunde oder Feinde, männlich oder weiblich, jung oder alt. In diesem Moment ist der Mensch aber, unverständlicherweise für den Hund, nicht dieser Meinung. Er will, daß er still steht, daß er diese verflixte Rute unten hält, daß er einen Beweis des Gehorsams gibt, den ihm vielleicht niemand je beigebracht hat. Und so fährt der Mensch fort, ihm mit der Leine Rucke zu geben, ihm bei seinen Hundewünschen Schwierigkeiten zu bereiten. Wenn man diese Hundebegehren behindert, kann es geschehen, daß er dies später heimzahlt, indem er sich, vielleicht mitten im Ring, mit der Nase am Boden, auf eine wiedergefundene Fährte versteift. Erlauben wir ihm stattdessen, seine Interessen vorher zu befriedigen, sich möglichst anderen Hunden zu nähern, gehen wir ruhig spa-

Korrekte Art, das Gebiß zu zeigen.

zieren, geben wir ihm zu trinken, erlauben wir ihm, sich auszuruhen, ohne ihn zu stören!

Und über diesen Punkt müßte man dem Publikum, das die Ausstellungen besucht, viele Dinge erklären, daß es nicht richtig ist, auch wenn ein Neufundländer nicht reagiert, ihn zu zwingen, hunderte von freundlichen Klapsen auf den Kopf zu ertragen. Ganz zu schweigen von den Ausstellern, die verrückt auf Korrekturen sind. Sie hindern ihr Opfer daran, sich hinzulegen, in der Furcht, daß Blätter und Staub das Kunstwerk verunstalten könnten. Wenn die Beurteilung eines solchen Hundes auf sich warten läßt, kann es sein, daß der Vierbeiner, müde und der Mahnungen überdrüssig, sich gerade während er untersucht wird, ruhig im Ring niederlegt. Vergessen wir doch nicht, daß ein schon gut gepflegter Mantel nur wenige Striche mit dem Kamm braucht, bevor der Hund in den Ring geht.

Endlich kommt der Höhepunkt. Die Hunde werden, in Klassen unterteilt, zur Beurteilung gerufen: Champions, offene Klasse, Jungtiere. Die Repräsentanten jeder Klasse werden dann einzeln geprüft. Die Konkurrenten bleiben am Rand des Ringes und warten bis sie an der Reihe sind. Der Hund wird währenddessen in Ruhe gelassen, aber auf die Aufforderung des Richters hin rasch präsentiert. Im Moment der Prüfung wird er akkurat aufgestellt, wobei man darauf achtet, daß sich das Hinterteil bei Unebenheit des Bodens nicht höher befindet, als das Vorderteil, ein Umstand, der den Eindruck eines nach vorne geneigten Hundes erregen würde.

Persönlich bin ich gegen gewisse erzwungene Präsentationen; ich halte sie für den Neufundländer für unnatürlich, und darüber hinaus erlauben sie dem Richter kaum, das wirkliche Profil der Rückenlinie zu beobachten. Man achte stattdessen darauf, daß alle vier Läufe möglichst gerade stehen. Wenn zum Beispiel eines der Vordergliedmaßen im Verhältnis zum anderen zurückgestellt oder nach außen gedreht ist, veranlassen wir den Hund, einen kleinen Schritt nach vorne zu tun. Wer starke Muskeln hat, kann den ganzen Vorderkörper des Hundes anheben, um ihn wieder auf den Boden aufzusetzen, wie man es bei den kleinen Rassen macht. Man sollte vermeiden, daß der Hund auf dem Boden schnüffelt. Denn um das zu tun, spreizt er die Vorderglieder, der Widerrist senkt sich und die Rückenlinie verläuft nicht mehr horizontal zum Boden.

Wenn Kopf und Ausdruck geprüft werden, sollte das Tier aufmerksam sein. In diesem Fall werden die Ohren nach vorne getragen, der Schädel erscheint rundlicher, die Stirn markanter, und der Gesamteindruck ist wesentlich positiver. Bisweilen versucht der Richter selbst, dies mit kleinen Kunstgriffen zu erreichen. Es ist auch möglich, sich einer zweiten Person als Hilfe außerhalb des Rings zu bedienen, die jedoch die anderen Konkurrenten nicht stören darf. Wenn der Hund ein gewisses Interesse für sie hat, genügt es, wenn sie sich langsam nahe am Ring bewegt, weil der Hund ihren Bewegungen aufmerksam folgt, wodurch man den gewünschten Effekt erreicht. Danach wird der Richter die Zähne kontrollieren. Das, was ihn interessiert, ist der Zahnschluß; infolgedessen wird der Fang geschlossen gehalten, und nur die Lefzen hochgezogen. Er wird dann dazu übergehen, die Brusttiefe zu bewerten, den Knochenbau, die Festigkeit des Rückens und der Lenden, die Textur des Fells und beim Rüden, die Entwicklung der Hoden. Er wird den Hund ohne Zögern mit Natürlichkeit anfassen, und alles wird geschehen, ohne irgendeine Reaktion von seiten des Tieres. Das ist von größter Bedeutung bei der Bewertung des Charakters.

Ein Neufundländer, der wegen seiner Aggressivität oder aus Furcht unberührbar ist, ist ebenso oder schwerer fehlerhaft, als ein Einhoder, ein rachitisches oder hinkendes Tier. Wenn viele Rassen schwere psychische Degenerationen erfahren haben, dann liegt das daran, daß viele in ihnen nur schöne Statuen ohne Gehirn sahen.

Wenn diese Detailbewertungen beendet sind, soll das Tier in der Bewegung gezeigt werden. Hier gelingt es dem Richter nur schwer zu erreichen, daß der Besitzer in der richtigen Richtung geht. Er muß beobachten, wie sich die Gliedmassen von vorne und von der Seite gesehen bewegen; deshalb muß der Führer den Hund im rechten Winkel vom Prüfer entfernen und auf derselben Linie zurückkehren. Es kann aber auch der Lauf eines Dreiecks verlangt werden. Der Hund darf absolut nicht ziehen. Wenn es geschehen sollte: anhalten, dann erst weitergehen, wobei die Leine kurz, aber nie gespannt sein soll. Das Tempo muß ein gewöhnlicher Schritt oder ein leichter Trab sein. Wenn der Hund paßgehen sollte, versucht man, zu beschleunigen, indem man ihn den Takt wechseln läßt. Dennoch ist der Paßgang bei einigen Hunden, insbesondere bei den ziemlich schweren, eine konstante Gangart und stellt einen Fehler dar.

Wenn die einzelne Vorführung beendet ist, bekommt jeder Hund eine Bewertung und eine Klassifikation, die sein kann: Ggd (genügend), G (gut), SG (sehr gut), V (vorzüglich). Wenn es mehrere Konkurrenten mit gleicher Bewertung gibt, werden sie noch einmal gegenübergestellt, um eine Plazierung vorzunehmen. Bei den nationalen Ausstellungen hat der Richter die Möglichkeit, eine CAC Anwartschaft auf ein nationales Championat (Certificat d'Aptitude au Championat) für den Rüden und die Hündin, die als erste in der offenen Klasse eingestuft worden sind, zu vergeben: bei den internationalen Ausstellungen, kann über das CAC hinaus, auch das CACIB, Anwartschaft auf ein internationales Championat (Certificat d'Aptitude au Championat Internationale de Beauté) verliehen werden.

Um italienischer Schönheits-Champion zu werden, muß ein Neufundländer vier CAC erlangen, davon zwei bei internationalen Ausstellungen, und außerdem zwei in der offenen Klasse bei einer Spezial-Ausstellung, die vom italienischen Neufundländer-Klub veranstaltet ist. Die Titelanwartschaften müssen von wenigstens drei verschiedenen Richtern vergeben worden sein. Um Internationaler Schönheits-Champion zu werden, muß der Hund vier CACIB in drei verschiedenen Ländern bei wenigstens drei verschiedenen Richtern bekommen haben; eines der CACIB muß im Wohnsitz-Land erlangt worden sein.

Hier ist eine wichtige Überlegung angebracht: weil alle gerne gewinnen, tendiert man dazu, der Plazierung das größte Gewicht zu geben, während hingegen die Qualifikation und vor allem die Beurteilung wichtiger sind. Auch wenn die Plazierung die logische Konsequenz von Qualität und Beurteilung ist, können wir durch die letzteren verstehen, wie unser Hund bewertet worden ist, was er von sich zeigen konnte und welchen Eindruck er auf den Richter gemacht hat. Wichtig ist, die Beurteilung, so wie sie ist, zu akzeptieren.

Das Aussehen eines Hundes ist nun mal nicht immer dasselbe: es gibt Konditionsunterschiede und Besonderheiten der Präsentation, die ihn unterschiedlich erscheinen lassen können. Deshalb ist es nicht angebracht, sich durch einen Mißerfolg entmutigen zu lassen und auch nicht durch einen Sieg stolz zu werden. Vor allem ist es wichtig, die eigenen Kenntnisse über die Rasse immer mehr zu vertiefen. Sicherlich ist eine gute Vorbereitung die beste Voraussetzung, um Objektivität im Ring zu erreichen. Und dies ist der wirklich erwünschte Erfolg, nach dem wir alle streben sollten.

Eine Fahrt auf dem Fluß (Photo T. Moccellin).

VII. DIE AUSBILDUNG

Jeder, der an den Hund von Neufundland denkt, verbindet seine Vorstellung sofort mit der des Helden, der fähig ist, einen in Gefahr geratenen Menschen aus dem Wasser zu retten. Dieser durch Jahrhunderte des Zusammenlebens mit den Menschen am Meer bestätigte Ruf ist zu erklären durch die Gesamtheit von Merkmalen, die wunderbar zu einem einzigartigen Ganzen zusammengefügt sind. Die bemerkenswerten Gaben von Kraft und Stattlichkeit, ergänzt durch einen äußerst freundlichen und ruhigen Charakter, sind zum Ausgangspunkt von zwei besonders ausgeprägten Instinkten geworden: die angeborene Fähigkeit, zu schwimmen und die große Leidenschaft für das Apportieren.

Es genügt, das Verhalten eines wenige Wochen alten Neufundländers zu beobachten, um sich darüber klar zu werden: jeder Gegenstand, auch von bemerkenswerten Dimensionen, weckt in ihm den Wunsch, ihn zu nehmen, zu tragen, ihn zu transportieren. Eine charakteristische Art, den Herrn oder einen Neuankömmling zu begrüßen, ist die, ihm etwas zu bringen: oft ein Blatt oder ein Stöckchen, bisweilen... Nippfiguren oder Kleidungsstücke. Einige Halbwüchsige haben dann die Neigung, einen bei der Hand zu nehmen und zu führen. Wie gesagt, handelt es sich um einen wunderbaren Instinkt, der immer gefördert werden sollte.

Auch die Leidenschaft für das Wasser ist sprichwörtlich. Wer immer einen Neufundländer haben will, muß wenigstens dabei teilweise mitmachen: wie könnte er anders einen Gefährten tolerieren, der versucht in der Wasserschüssel zu planschen und der gerne in den Pfützen badet, anstatt sie zu vermeiden.

Wenn die Wahl richtig ist, werden die Passionen geteilt: Mensch und Hund werden ein unzertrennliches Paar. Sie lernen, sich immer besser zu verstehen, sich beizustehen, jene zarten Fäden verstärkend, jene anfängliche Verwandtschaft, bis sie ein vollkommenes gegenseitiges Verständnis erreicht.

Alles das steht am Anfang der Ausbildung, ein Terminus, den viele oft nicht verstehen oder mit Hörigkeit, Unterwerfung identifizieren. Das ist absolut nicht wahr. Für den, der die Tiere liebt, ist die Ausbildung im wesentlichen ein wundervoller Dialog mit dem eigenen Hund, ein wechselseitiger Austausch von Respekt und Verständnis. Den Hund zu lehren, mit Freude zu arbeiten, bedeutet: Interesse für ihn zu haben, ihm einen Weg zu zeigen, uns zu verstehen, und zu helfen. Und das will er vor allem. So vereinigen und verstärken sich von Etappe zu Etappe, durch alle Abschnitte eines Übungsprogramms hindurch, die Spuren eines tiefen Gefühls, bei dem Herr und Hund zwei unzertrennliche Freunde werden, die für ein gemeinsames Ziel arbeiten.

Auf jeden Fall sei unterstrichen, daß der Neufundländer vom Besitzer persönlich erzogen werden muß: der Hund lernt durch Liebe; gegen-

Die Leidenschaft für das Apportieren zeigt sich schon beim Welpen.

Ein unzertrennliches Paar.

über einem Fremden kann er sich recht starrsinnig zeigen. Es scheint mir deshalb ungerecht, ihn zu zwingen, sich anderen zu ergeben, oder schlimmer, aus Furcht zu gehorchen. Das wäre, als ob wir einen Sohn in das College schicken, weil wir keine Lust, keine Fähigkeit oder keine Zeit haben, ihn zu erziehen. Alles zusammengenommen braucht man nicht viel: nur einige Minuten am Tag, aber Beharrlichkeit und Geduld sind unverzichtbar.

Ich kann jedoch versichern, daß es sich um eine sehr nützliche Aufgabe handelt. Ruhe ist in Momenten, die dieser Gemeinsamkeit gewidmet sind, unentbehrlich, weil ein Verlieren der Nerven die Arbeit von Wochen zerstören und ein Idol stürzen lassen kann. Deshalb ist eine andauernde Selbstkontrolle nötig, die uns erlaubt, selbst aus dieser Erfahrung als bessere Menschen hervorzugehen.

In welchem Alter beginnt die Erziehung

Das Vertrauensverhältnis, das die Basis der Erziehung ist, wird so früh wie möglich hergestellt. Der Hund muß in uns einen »Rudelführer« sehen, unsere Sicherheit fühlen, uns für stärker als sich ansehen, weil er auf diese Weise weiß, daß er geführt und beschützt wird. Aber diese Überlegenheit darf nie mißbraucht werden, weil der Hund wissen muß, daß wir gerecht sind. Ich denke, daß die ersten Kontakte, die der Welpe mit dem Herrn hat, wenn er das neue Haus erreicht, von größter Wichtigkeit sind. Stellen Sie sich zum Beispiel diese Szene vor: unser Welpe von zwei Monaten kommt zum ersten Mal Zuhause an, die Familie empfängt ihn »festlich«, die Kinder schreien, der Großvater schätzt Vorzüge und Schwächen des Neuankömmlings ab, der Freund von nebenan kommt herein, um einen Blick auf ihn zu werfen.

Alle Aufmerksamkeit ist auf den Welpen gerichtet... aber in der falschen Weise. Er könnte sich deshalb ängstlich zeigen und zusammengekauert in einem Winkel bleiben, oder er geht mutig, das neue Haus zu inspizieren. An einem gewissen Punkt schnüffelt er auf dem Boden, geht vielleicht zur Tür, winselt. Alle sehen ihn an, aber keiner versteht. Er kauert sich hin und macht... Pipi. Jetzt lachen die Kinder; die Mutter läuft, um den Wischlappen zu holen, wobei sie denkt, daß die Schwierigkeiten begonnen haben; der Großvater rät, daß man dem Neuankömmling eine Lektion erteilen muß; der Freund empfiehlt, den kleinen Fang in die Pfütze zu drücken und ihm einen Klaps auf den Po zu geben; der Vater weiß nicht, was tun... und der Welpe? Der Welpe denkt, daß dies der Platz sei, um Pipi zu machen. Aber, der Arme, da irrt er sich! Nach einem Schläfchen oder nach dem Essen findet er aufs Neue dieses Plätzchen; und noch schöner, paff, trifft der Klaps. Der Hund denkt also, daß seine körperlichen Bedürfnisse bestraft werden, daß der Herr ungerecht ist, und daß er sich das nächste Mal an einem versteckten Ort hinhocken sollte, vielleicht auf dem Wohnzimmerteppich...

Eine Schüssel, um... zu baden!

der so gut aufsaugt.

Dies alles müßte stattdessen so vor sich gehen: während der Reise streichelt und beruhigt jemand den Welpen, läßt ihn die Wärme und den Geruch des eigenen Körpers spüren. Diese Person sollte diejenige sein, die ihn am meisten in der Familie wünscht und ihm die größte Zuneigung entgegenbringt.

Kaum angekommen, muß er eine ruhige Umgebung finden, eine kleine Matratze, eine Schüssel Wasser und eine für Futter. So wird er wissen, daß es in dem neuen Haus einen Platz gibt, wo man trinkt, und daß man dort seine Bedürfnisse kennt. Aber Achtung! Ihr Welpe ist ein Neufundländer. Das Wasser muß ihm deshalb in einem nicht umstürzbaren Behälter gegeben werden, sonst ist es die wahrscheinlichste Sache, daß er ihn auf den Boden ausschüttet und sich ins Wasser legt.

Während er seine erste Inspektion des Hauses macht, folgt ihm und sprecht zu ihm mit viel Freundlichkeit und ruhiger Stimme, damit er Euch beachtet. Ihr werdet sehen, daß sich die Rute nach kurzer Zeit bewegt. Es ist das Zeichen seiner Freundschaft. Natürlich wird er ziemlich bald schnüffeln und das Plätzchen suchen. Nehmt ihn sofort und tragt ihn hinaus. Bleibt bei ihm, und wenn er sein Geschäft erledigt hat, streichelt ihn und bringt ihn zurück ins Haus. Dieses Unternehmen wiederholt man für einige Tage, jedes Mal, wenn der Welpe aufwacht oder gefressen hat. Vergeßt nicht, daß er wie ein kleines Kind ist und häufiger uriniert als ein Erwachsener.

Wenn das Schlimme passieren sollte, verhaltet Euch so: wenn Ihr ihn nicht auf frischer Tat ertappt, ignoriert das Geschehene und reinigt mit einem guten geruchsentfernenden Desinfektionsmittel; wenn Ihr es sofort bemerkt, obwohl Ihr daran erinnert habt, daß er hinausgehen solle, packt ihn am Genick, schüttelt ihn ein wenig, wobei ihr ein kurzes »Nein« sagt, und bringt ihn hinaus. Durch diese ersten Erfahrungen beginnt der Hund, den Tonfall einer Stimme zu differenzieren, zu verstehen, daß hier die Grenzen seiner Freiheit liegen, aber daß sie von einer gerechten Person gesetzt sind, die ihm wohl will.

Sprecht oft mit Eurem Hund, streichelt ihn. Von einem Neufundländer erreicht man immer mehr durch Güte als durch Gewalt. Aber Achtung: Güte, nicht Schwäche. Alles, was wir unseren Freund lehren, wird für ihn in der Zukunft nützlich sein, wird es ihm ermöglichen, auch von denen geschätzt und akzeptiert zu werden, die nicht viel Sympathie für Hunde haben, und ihm erlauben, überall bei uns zu sein. Das wird ihn glücklich machen. Auch Hunde leiden unter Einsamkeit. Ein Hund, der das Laster hat, an der Leine zu ziehen, die Straße unkontrolliert zu überqueren, Katzen oder Hühner zu jagen, ein Hund, der nicht dem Ruf gehorcht, der gerne rauft oder alle anspringt, um sie zu begrüßen, ist kein angenehmer Begleiter und kann uns viele Unannehmlichkeiten bereiten.

»Ich mag dich!«

Den Hund aufmerksam zu machen, ist bei der Erziehung ein wichtiger Faktor.

Es gibt also Dinge, die gelernt werden müssen und Unterlassungen, bei denen man nicht nachgeben darf, die bestraft werden. Es ist dennoch von größter Wichtigkeit, nie im Zorn zu handeln. Ein Klaps auf die Kruppe, begleitet von einem trockenen und enttäuschten Stimmklang, sind ausreichend und schaden dem Hund nicht. Gleichermaßen ist es sehr wichtig, loben zu können. Die Liebkosung darf nie eine mechanische Streichelei, sondern soll eine Geste von tiefem Gefühl sein. Unsere Stimme, wenn man »Brav« sagt, zeigt Zufriedenheit und Stolz, läßt den Hund fühlen, daß wir mit ihm sehr zufrieden sind. Vor allem darf man sich nie widersprechen, nie verschiedene Ausdrücke benutzen. Es ist nutzlos, unseren Begleiter zu zwingen, wie wir zu denken, sondern wir müssen uns auf seine psychologische Ebene begeben. Wir sollten sicher sein, daß der Hund gut verstanden hat, was wir von ihm wollen.

Es gibt einen Absatz aus dem »Praktischen Erziehungsmanual« von A. Faber, der mich beeindruckt hat: »Wenn Sie zu Ihrer Bedienung ein Hausmädchen haben, das eine ganz andere Sprache als Sie spricht und sie bitten, die Küche zu fegen, wird sie Sie neugierig anschauen und versuchen, aus Ihrem Gesichtsausdruck zu erraten, was Sie von ihr erwarten. Wenn Sie dann diese Unbeweglichkeit als Faulheit oder bösen Willen auffassen und ihr eine Ohrfeige geben, erzeugen Sie in ihrer Psyche eine Assoziation von ganz einfachen Ideen: die Anordnung und die Ohrfeige. Und jedesmal wenn sie die Anordnung hört, die Küche zu fegen, wird sie nur reagieren, indem sie den Arm in Gesichtshöhe hebt, um sich zu schützen, wie intelligent sie auch sein mag. Wenn Sie jedoch, wenn Sie die Anordnung zum ersten Mal geben, den Besen in ihre Hände drücken und wenn Sie ihr bei der zweiten Anordnung den Besen zeigen, dann werden Sie beim dritten Mal sehen, daß sie von selbst geht, um den Besen zu holen und sie ansieht, um sich zu versichern, daß sie alles richtig verstanden hat«. Um diesen Kern herum muß man arbeiten. Es gibt immer kleine Kniffe, um dem Hund verstehen zu helfen, was wir von ihm wollen und ihm das Gehorchen angenehm zu machen.

Herankommen (3 Monate)

Der Welpe wird von Anfang an daran gewöhnt, beim Namen gerufen zu werden. Er soll Freude empfinden. Deshalb ist es, wenn man ihn einmal gewählt hat, wichtig, ihn nicht zu ändern. Es kann sein, daß er schon einen Namen hat; wenn möglich, behalten Sie ihn bei. Sobald er bei Ihnen ist, sprechen Sie seinen Namen aus, und sofort danach, weich, das Wort »Brav«. Wenn er zu Ihnen kommt, streicheln Sie ihn an der Kehle oder auf den Flanken, dann lassen Sie ihn gehen.

Das Geheimnis, einen gehorsamen Hund zu haben, liegt darin, die Freiheitsbedürfnisse zu respektieren, auf die jedes Lebewesen ein Recht hat. Der Welpe ist natürlicherweise lebhaft, neugierig; er hat das Bedürfnis zu laufen, zu spielen. Man kann nicht verlangen, ihn immer an der Seite zu haben und diesen anderen Dingen keinen Raum lassen. Deshalb suchen wir, bevor wir mit der Übung des Kommes beginnen, einen freien Ort, an dem keine Gefahr durch Autos besteht. Wir bringen unseren Freund dorthin und lassen ihn nach Belieben spielen. Wenn er sich zu weit entfernt, erwecken wir mit Händeklatschen seine Aufmerksamkeit, schicken uns an zu laufen. Als ob wir mit ihm spielen wollten, werfen wir ihm einen Ball zu.

Wenn wir sehen, daß er nun genug von der Freiheit hat, rufen wir ihn, indem wir dem Namen den Befehl »Hier« folgen lassen. Sobald er gehorcht, streicheln wir ihn, drücken seine Flanke gegen unser Bein, wobei wir ihm liebevoll auf die Rippen klopfen und lassen ihn spüren, daß es schön ist, zusammen zu sein. Ab und zu können wir ein leckeres Häppchen geben. Nicht immer jedoch, sonst wird er lernen, deshalb zu gehorchen, und dann wird es ihm bald genügen, uns zu beschnuppern, um beim Weggehen zu wissen, ob etwas vorhanden ist. Er muß um des Vergnügens willen, bei uns zu sein, zurückkehren. Sofort danach schicken wir ihn mit dem Wort »Los« wieder fort.

Es kann auch geschehen, daß er nicht sofort zurückkehrt. Dann entfernen wir uns schnell, nachdem wir ihn gerufen haben. Der Hund wird aus Angst, uns zu verlieren, folgen. Wenn er uns überholt, ändern wir die Richtung. Er wird es ebenso machen. Sobald er an unserer Seite bleibt, gehen wir zu Lob über, das nicht fehlen darf, und geben ihm dann wieder die Freiheit mit dem Befehl »Los«.

Bei einem besonders sturen oder zu selbstsicheren älteren Hund muß man zu einem Hilfsmittel greifen. Wir müssen an einem Feldweg auf dem Lande eine Stelle vorbereiten, an der der Hund eine unangenehme Begegnung haben soll. Wir postieren den Helfer, der in diesem Fall dem Hund unbekannt sein muß, in einer Kurve oder einem Gebüsch. Mehrere Meter davor lassen wir den Hund frei.

Bevor er an der Kurve ankommt, rufen wir ihn. Wenn er nicht gehorcht, sieht er über sich, vom Himmel einen Hagel aus Kieseln herabregnen. Wenn er trotzdem vorwärtsgeht, wird er den Fremden entgegenkommen sehen, der drohend einen Zweig schüttelt. Der Weg zum Herrn muß der einzig sichere sein. Der Hund wird deshalb zurückkehren, und wir müssen ihm als ein Verteidiger erscheinen, der ihn beruhigt und beschützt.

Beachten Sie gut: auf keinen Fall und aus keinem Grund darf man den Hund je schlagen, nachdem er zurückgekehrt ist. Es ist gut, ihm bei dieser Übung immer die Freiheit wieder zurückzugeben. Erst, wenn er sich müde zu unseren Füßen legt, legen wir ihm wieder die Leine an.

Folgen bei »Fuß« mit Halsband und Leine (3-4 Monate)

Dies ist eine Grundübung und beim Neufundländer unentbehrlich. Wegen ihrer großen Kraft und Widerstandsfähigkeit wurde diese Rasse auf der Heimatinsel für das Ziehen von Schlitten und Baumstämmen benutzt. Ziehen ist daher eine instinktive Reaktion. Er glaubt, dem Herrn zu helfen. Solange der Hund nicht mehr als 30 kg wiegt, können die Dinge durchaus gut gehen. Aber was passiert, wenn 60 kg Muskeln uns über die Straße schleppen, wobei diese heftig an den Armen zerren? Nicht alle haben Bizeps und Beine wie römische Wagenlenker, und so muß man bald darauf verzichten, den »Bulldozer« mitzunehmen. Hingegen ist es nicht schwer, ihn korrekt zu gewöhnen, solange wir stärker sind als er.

Vor allem, weg mit den Würgehalsbändern! Als Halsband ist eine einreihige Kette mit engen, flachen Gliedern ideal, die das lange Haar nicht schädigt, wenn sie etwas lose am Hals hängt. Sie wird durch eine Lederleine ergänzt, die mit zwei sehr soliden Karabinern und zwei Ringen versehen ist.

Für die ersten Monate benutzt man jedoch ein Lederhalsband. Die Übung verlangt in kurzen Abständen feste Rucke am Hals des Hundes. Das Würgehalsband absorbiert den Ruck und macht den Zug nutzlos. Darüber hinaus weiß man nicht, wie man die Kraft bemessen muß, ohne dem Tier zu schaden.

Die erste Reaktion eines Welpen am Halsband ist die eines Fohlens auf Sattel und Gebiß: er versucht zu bocken. Nach zwei oder drei Sprüngen geht er rückwärts, wobei er an der Leine zieht und uns mit fragender Miene anschaut. Beruhigen wir ihn sofort. Sprechen wir freundlich zu ihm. Danach gehen wir los und ziehen ihn mit Entschiedenheit nach. Kaum merkt er, daß das Halsband nicht mehr ist als eine minimale Belästigung, wird er uns folgen, zuerst noch widerspenstig, dann immer sicherer. Es kann sein, daß er vorausgehen will und zu ziehen beginnt, wenn er Vertrauen gefaßt hat.

Hier fängt die nächste Übung an.

Die Position unserer Hände an der Leine ist wichtig. Der Hund wird immer links geführt. Das erlaubt, ihn zwischen einer Mauer und uns zu haben, wenn wir die richtige Hand nehmen.

Außerdem bleibt die rechte Hand frei. Wir müssen beide Hände frei haben. Die linke Hand muß die Leine nahe am Halsband halten, die rechte hält den Rest und nimmt ihn auf. Wenn der Hund mit einem Ruck aus dem Griff der linken Hand entkommen sollte, haben wir Zeit, ihn mit der rechten zurückzuhalten und durch die Länge der Leine Kraft auszuüben. Der Zug darf nie andauernd sein, andernfalls wird der Hund sich in die Leine lehnen und ziehen lernen. Beim ersten Zeichen von Ungehorsam sagen wir: »Fuß« und besiegen den Widerstand, indem wir seinen Kopf in die Höhe des Knies bringen und sofort danach den Griff lockerlassen. Die Leine muß man nahe am Hals fassen. Wenn der Hund ängstlich ist und nachhängt, laden wir ihn ein näherzukommen, indem wir an unser Bein schlagen.

Die Übung ist nur dann korrekt ausgeführt, wenn er uns sofort in jede Richtung folgt. Nachdem wir den Befehl »Fuß« gegeben haben, drehen wir schnell nach links oder nach rechts. Wenn der Hund dazu neigt, voraus zu gehen, bekommt er einen Stoß mit dem Knie, wenn er zurückbleibt, den Zug der Leine. Oder wir gehen nahe an einem Baum vorbei, in der Art, daß der Hund zwischen uns und diesem gehen muß. Wenn er das nicht tut, bleibt er mit der Leine am Stamm hängen. Nach einigen Fehlern wird er lernen, uns aufmerksam zu folgen.

Nach ungefähr zehn Lektionen kann man zum Folgen ohne Leine übergehen. Diese Übung wird nur dann mit Leichtigkeit ausgeführt, wenn die vorhergehende wirklich gut gelernt wurde. Der Hund geht an unserer Seite. Unsere Hand pendelt neben ihm. Es wird der Befehl »Fuß« genügen, ihn, wenn er sich entfernt, heranzubringen.

Das Schwimmen.

Sitz, Steh, Platz (5-6 Monate)

Der Hund hat nunmehr gelernt, uns zu beobachten. Er weiß, daß es für ihn eine Quelle von Lob und deshalb Befriedigung für ihn ist, uns zu gehorchen, und daß seine Freiheit im wesentlichen nicht begrenzt wird. Nun kann man ihm lehren: »Sitz«, »Steh« und »Platz«.

Nachdem wir ein Stück Wegs mit der Leine ausgeführt haben, halten wir an und stellen uns dem Hund gegenüber. Wir befehlen: »Sitz«. Logischerweise wird er nicht verstehen. An seine Seite zurückgekehrt, die Leine hochhaltend, üben wir auf die Kruppe einen Druck aus. Der Hund setzt sich. Wir loben ihn, indem wir ihn an der Kehle kraulen. Wenn er sich erheben sollte, werden wir ihn mit einem trockenen »Nein« und Druck auf den Rücken davon abhalten. Um »Platz« auszuführen, geben wir dem Hund diesen Befehl, wenn er schon sitzt. Dann ziehen wir die Vorderläufe nach vorne und drücken den Widerrist nach unten; kaum hat er die Position erreicht, folgt das gewöhnliche Lobritual. Die korrekte Position des »Platz« ist die der Sphinx. Die Position »Steh« erreicht man hingegen, wenn man am Halsband zieht, nachdem man die Anordnung klar gegeben hat.

Alle diese Übungen werden täglich wenige Minuten lang wiederholt, wobei man versucht, sie dann auszuführen, wenn der Hund weder abgelenkt noch aufgeregt ist. Kaum hat der Hund die Bedeutung der drei Befehle verstanden, muß er sie, ohne zu zögern, ausführen. Andernfalls rufen wir ihn in strengem Ton mit einem »Was habe ich dir gesagt?« zurück. Es ist nicht nötig, den Befehl mehrmals zu geben, weil er sich daran gewöhnen könnte, zu zögern.

Platz bleib (7-8 Monate)

Der Welpe kann jetzt ein korrektes »Platz« ausführen. Wir lösen die Leine und befehlen »Bleib«. Die erste Reaktion ist, uns zu folgen. Kaum versucht er sich zu erheben, folgt ein »Nein«. Wenn er sich dennoch erhebt, bringt Ihr den Hund zurück, jetzt aber einige Schritte weiter nach hinten als beim ersten Platz, wo er zunächst lag. Dann wird der Befehl wiederholt. Wenn er wieder nicht gehorcht, wird er erneut zurückgeführt - und noch einmal ein Stückchen weiter nach hinten. Seine Zuneigung für uns treibt ihn dazu, uns zu folgen. Wenn wir ihn bei jedem Ungehorsam weiter nach hinten bringen, wird er verstehen, daß das seinen Wünschen schadet. Er wird einen Augenblick perplex zurückbleiben und uns erstaunt ansehen, während wir uns entfernen. Nach wenigen Schritten kehren wir rasch zurück und loben ihn. Er wird also ganz zufrieden sein, zu warten, weil jede Rückkehr ein Anlaß zur Freude ist.

Allmählich entfernen wir uns immer weiter, ohne aus seinem Blickfeld zu verschwinden und kehren kurz danach zurück. Dann rufen wir ihn. Er darf sich nie vor dem Befehl »Hier« bewegen. Wenn er das tut, wiederholen wir das Ritual der sich vergrößernden Entfernung. Wenn wir uns sicherer fühlen, verstecken wir uns, bereit, ihn zu rügen, wenn er sich erhebt, bis zum Erreichen verläßlichen Gehorsams.

Bellen auf Kommando (8 Monate)

Dies ist nicht sehr schwierig. Wichtig ist zu verstehen, wann sich der Hund natürlicherweise zu bellen veranlaßt sieht. Es gibt »geschwätzige« Hunde: es genügt, daß sie beim Anblick des Futters auf dem Tisch ungeduldig werden, und sofort beschweren sie sich mit lauter Stimme. Bei ihnen ist es leicht, sie die Bedeutung des Kommandos »Gib Laut« verstehen zu lassen. Es genügt, ihnen, nachdem man das Kommando gegeben hat, das Futter zu zeigen. Gewöhnlich widerstehen auch die »Schweiger« nicht, wenn sie ein verdächtiges Geräusch außerhalb des Hauses hören, insbesondere in den Nachtstunden.

Man versuche es also in der Weise, daß dem Befehl »Gib Laut« gleich ein solches Geräusch folgt.

Apportieren (9 Monate)

Der Neufundländer hat eine ausgeprägte Veranlagung zum Apportieren.

Es ist das Blut des Retrievers, das sich zeigt. Diese Tendenz also zu unterstützen, ist nicht nur unterhaltsam, sondern geboten. Einige lieben es, wie wir gesagt haben, den Herrn bei der Hand zu nehmen und ihn zu führen. Man muß ihnen das größte Vertrauen und die bereitwilligste Verfügbarkeit einräumen und es zulassen, daß sie uns führen, zeigen, daß man es gerne akzeptiert. Wenn unser Rücken zu streiken beginnt, öffnen wir mit einem liebevollen, aber entschiedenen »Aus« den Fang und befreien unsere Hand.

Dennoch muß man sehr aufpassen, um zu vermeiden, daß der Hund die Arbeit des Apportierens mit dem Spiel verwechselt. Wenn wir unserem Welpen einen Ball oder ein Bringsel werfen, wird er fast immer laufen, um es zurückzubringen. Er kann es zu uns zurückbringen; er kann uns, mit einer mechanischen Bewegung des Kopfes, auffordern, es abzunehmen; er kann es schließlich zwischen den Zähnen kauen. In allen diesen Fällen meint er es nicht ernst, spielt mit uns. Und es wäre besser, wenn wir wenig Interesse dafür zeigen würden. Wehe, wenn wir alles dies mit dem Apportieren verwechseln und die Gelegenheit wahrnehmen würden, Gegenstände ins Wasser zu werfen. Im besten Falle würde der Hund sie zurückbringen und wenige

Meter vom Ufer je nach Laune fallen lassen. Der Zweck dieser Arbeit wäre klein. Es liegt an uns, ihm die Bedeutung der beiden wichtigen Befehle: »Nimm« und »Aus« beizubringen.

Die Übung soll von einem Hund ausgeführt werden, der schon den Befehl »Sitz« kennt. Wenn der Hund in diese Position gebracht ist, zeigen wir ihm ein kleines Holz zum Apportieren und befehlen: »Nimm«. Dann, wenn der Fang leicht geöffnet und der Gegenstand zwischen den Zähnen gepackt ist, wiederholen wir: »Brav, nimm« . Sobald wir erreichen, daß der Hund von alleine den Gegenstand für wenige Momente hält, befehlen wir, wenn wir ihn wieder fassen können »Aus«.

Die Gegenstände, die wir als Apportier-Stükke benutzen, sind von größter Wichtigkeit. Es ist unangebracht, Holzstücke zu verwenden, die zufällig gefunden wurden. Wir würden sie möglicherweise selbst nach Beendigung der Übung liegen lassen, und der Hund ihnen nicht die nötige Aufmerksamkeit schenken. Beginnen wir also mit dem klassischen Apportierholz oder dem sogenannten »Dummy«, einem mit Jeansstoff bezogenen Stück Schaumgummi, das wir selbst herstellen können. In der Folge benutzen wir auch persönliche Gegenstände, für die der Hund das größte Interesse zeigt. Wenn er einmal den Befehl kennt, verlängern wir die Zeit des Haltens im Fang, später das Gewicht des Gegenstandes, ohne jedoch das Tier je zu ermüden. Allmählich bringen wir den Gegenstand an einen Platz auf Distanz und befehlen: »Hol's, nimm«. Sobald der Hund den Gegenstand ergriffen hat, befehlen wir: »Hier« und danach: »Aus«.

Die Freude, die wir empfinden, wenn wir diese leicht ausgeführte Arbeit sehen, wird die größte Belohnung für unseren willigen Freund sein. Nun ist der Dialog eröffnet. Wir haben in unseren Hund volles Vertrauen. Er wird sich besser auf die Befehle konzentrieren und größere Aufmerksamkeit zeigen.

Ziehen (10 Monate)

Das Ziehen eines Seils ist für einen Neufundländer klassisch. Wie oft habe ich beim Durchblättern eines Buches über die Rasse Abbildungen dieser Art gesehen, auf denen er, das Seil zwischen den Kiefern, mit bis zum äußersten gespannten Muskeln den Weg der Rettung einschlägt. Die Übung wird ausgeführt, wenn der Hund schon eine gute Muskulatur entwickelt hat.

Nachdem wir einen Gegenstand an ein dickes Seil gebunden haben, geben wir ihn ihm und befehlen: »Nimm, zieh«. Wenn der Hund den Strick nicht gerne annimmt, versuchen wir, für die ersten Male ein Holzstück daran zu binden. Sobald er die Übung ausgeführt hat, zeigen wir ihm unsere Freude.

Wenn es uns möglich ist, benutzen wir die Übungen, die unser Freund gelernt hat, für wirklich nützliche Aufgaben. Er wird Interesse zeigen, und wir werden auf solch einen Helfer stolz sein. So lehren wir: das Ziehen eines Schlauchbootes, das Apportieren eines Rettungsringes vom Land und ans Land. Er wird auch lernen, ein Tau während des Vertäuens eines Bootes zu halten.

»Dreh ab« (6 Monate oder beim ersten Schwimmen)

Der Neufundländer, der zum ersten Mal ans Meer kommt, zeigt bei der Begegnung mit Schwimmern und insbesondere mit Tauchsport-

Ziehen des Schlauchbootes.

lern, die mitten im Wasser stehen, ein instinktives Bedürfnis zu helfen. Das Problem ist, daß jene keinerlei Wunsch haben, gerettet zu werden. Wie oft hat ein unerfahrener Besitzer mich um Rat gefragt, während er sich über die Kratzer beklagte, die er durch die Krallen des eigenen Hundes beim ersten Schwimmen erlitten hatte.

Versuchen wir, uns in sein Verhalten hineinzudenken: Jahrhunderte des Lebens an den stürmischen Küsten von Neufundland haben in die Seele der Rasse die Kenntnis eingeprägt, daß das Meer Freund sein kann, aber auch Feind. Wenn uns der Hund im Wasser sieht, weiß er nicht, ob wir in der Lage sind, zu schwimmen. In ihm erwacht sofort das Bedürfnis, uns in Sicherheit zu bringen. Sobald er sich uns nähert, begegnen die robusten Pfoten während des Schwimmens unserer ungeschützten Haut. Reaktion des Herrn, Gegenreaktion des Hundes, der sich, da er uns in Schwierigkeiten sieht, noch mehr anstrengt, uns irgendwo zu packen, um uns in Sicherheit zu bringen. Um solches zu vermeiden, genügt ein kleiner Kunstgriff. Vor allem dürfen wir nicht untertauchen, sondern im flachen Wasser bis Brusthöhe auf dem Boden stehenbleiben. Der Hund wird nahe an uns herankommen, und wir stehen ganz fest in dieser vertikalen Position, werden ihn mit dem Arm fernhalten und befehlen: »Dreh ab«. Er schwimmt und erkennt, da er uns ruhig und sicher sieht, daß auch wir dazu fähig sind.

Nur wenn der Hund gelernt hat, nahe bei uns zu sein, ohne uns zu berühren, können wir mit ihm schwimmen. Und ich versichere Ihnen, es ist wundervoll, durch das Wasser die mächtigen Bewegungen der Glieder, die Biegsamkeit des Rumpfes, das glänzende wogende Fell zu bewundern, zusammen mit dem Freund das entspannende Gefühl von Freiheit zu genießen, welches das Wasser gibt. Dann, wenn wir müde umkehren wollen, ist unsere »Vierpfotige Boje« froh, uns nützlich zu sein. Wenn der Hund noch nicht apportieren kann, können Sie sich ziehen zu lassen, indem Sie sich an den Fransen der Bauchseiten festhalten. Halten Sie sich nie an der Rute fest, die an der Wasseroberfläche als Steuerruder dient.

Apportieren im Wasser (10 Monate)

Erst wenn der Hund das Apportieren am Land korrekt gelernt hat, können wir zum Apportieren im Wasser übergehen. Wir halten den Hund an unserer Seite, zeigen ihm den Gegenstand und schleudern ihn danach ins Wasser. Der Hund muß den Wurf aufmerksam beobachten, aber sitzenbleiben. Sofort danach befehlen wir: »Hol's, nimm«. Die Reaktion erfolgt sofort. Der Gegenstand wird zum Herrn zurückgebracht und auf Kommando losgelassen.

Ein Hund der schon an Land gut erzogen wurde, irrt sich schwerlich.

Wenn er den Gegenstand zu früh fallen lassen sollte, um sich wieder ins Wasser zu stürzen, lassen Sie ihn sofort eine Übung von »Nimm« und »Aus« ausführen. Nach wenigen Malen vergrößern wir Gewicht und Volumen der Gegenstände, bis wir eine Gliederpuppe verwenden können.

Hilfe im Wasser (12 Monate)

Dies ist der Höhepunkt unserer ganzen Arbeit, wenn Erziehung und Instinkt mit dem besten Resultat verschmelzen. Viele Neufundländer neigen von Natur aus dazu, Personen in Ge-

Apportieren der Gliederpuppe.

fahr zu helfen. Aber ein ernsthaftes Erziehungsprogramm wird uns die Gewißheit geben, im Bedarfsfall unseren Hund einsatzbereit zu haben. Von klein an haben wir seinen Wunsch unterstützt, uns bei der Hand zu nehmen. Auf jeden Fall gewöhnen wir ihn mit den üblichen Befehlen daran, unseren Arm oder den eines Helfers zu nehmen.

Wenn wir alleine sind, lassen wir den Hund mit dem Befehl »Bleib« am Ufer sitzen, während wir uns schwimmend entfernen. Dann rufen wir ihn. Sobald er nahe bei uns ist, zeigen wir ihm den Arm und befehlen: »Nimm«. Es ist fast sicher, daß unser guter Neufundländer mit uns schnell zum Ufer schwimmt, Auch wenn der Hund uns sanft ergreift, muß er in Anbetracht des Körpergewichtes und des Wasserwiderstandes einen konstanten Druck auf den Arm ausüben, während wir uns wie tot an seine Seite sinken lassen, mit dem Kopf an seine Schulter gelehnt. Es kann sein, daß der Arm ein wenig zu schmerzen beginnt, jedoch die Strecke ist kurz und der Schmerz ist minimal. Wir sollen nicht der Versuchung nachgeben, den Arm zurückzuziehen. Wir müssen am Ufer ankommen. Nur so hat die Übung einen Sinn. Wenn wir einen Helfer haben, können wir den Befehl »Hol's, nimm« geben und selbst am Ufer bleiben. In der Folge wird sich der Hund daran gewöhnen, nicht nur auf Befehl hin zu retten, sondern auch angesichts einer Person, die im Wasser zappelt. Die beschriebenen Übungen bilden die Grundlage für ein weiteres, vertieftes Arbeitsprogramm im Wasser.

Hilfe im Wasser.

Das Apportieren des Rettungsringes.

Eine Arbeitsphase des italienischen Neufundländer-Klubs.

VIII.
DER ITALIENISCHE CLUB FÜR NEUFUNDLÄNDER (= C.I.T.)
(von Adelio Seveso, Sekretär des Vereins)

Das Nachrichtenblatt Nr. 6, Jg. III, vom Mai 1932 gab die bevorstehende Auflösung der Italienischen Gesellschaft für Neufundländer (S.I.T) bekannt. Bis in die 70er Jahre mußte man dann warten, bis sich die Rasse zahlenmäßig wieder so weit erholt hatte, daß sich das Entstehen eines neuen Vereins rechtfertigte.

Es war am 2. Oktober 1976, als sich 42 Gründungsmitglieder im Hotel Astor in Genua-Nervi zusammenfanden. Nach langen Gesprächen über Programme und die Möglichkeiten einer künftigen Entwicklung, kam es zur Verlesung des Gründungsstatutes und dessen Unterzeichnung, womit das Entstehen des italienischen Clubs für Neufundländer (C.I.T.) formell seinen Abschluß fand.

Die Gründungsversammlung ernannte den ersten Vereinsvorstand, der sich wie folgt zusammensetzte: Emmy Bruno (Präsident), Renata Rovera (Vizepräsident), Adelio Seveso (Sekretär), Paolo Barbanente und Paolo Trevisi.

Als erste Initiative des Vorstands kam es zur Abhaltung einer Sonderschau auf einer Internationalen Hundeausstellung bei Villa Reale in Monza am 7. Mai 1977. Sie wurde ein großer Erfolg: 35 Neufundländer (verglichen mit sonst nur 3 bis 4 vorgeführten) nahmen daran teil.

Am 15. Oktober 1978 fand beim Sporting Club von Garbagnate Milanese die erste Sonderschau des Clubs statt. Daran nahmen 34 Hunde teil, was, wenn man sich die damalige Verbreitung der Neufundländer in Italien vor Augen hält, eine beachtliche Zahl war. Im Rahmen der Schau kam es auch zum ersten Fotowettbewerb.

Nachdem E.N.C.I. (= der italienische Verein für das Hundewesen) im Dezember 1976 die Gründung des Clubs ratifiziert hatte, wurde auch 1979 der Antrag auf Anerkennung als Rasseverein angenommen, worauf 1980 Frau Angela Cipolla als E.N.C.I.-Abgeordnete im Verein gewählt wurde. Diese so wichtige Anerkennung war natürlich auch verpflichtend im Sinne eines noch stärkeren Einsatzes für die vom Verein geförderte Rasse.

Im Juni 1980 erschien das erste Nachrichtenblatt des Italienischen Clubs für Neufundländer: eine Veröffentlichung, die damals noch in den Kinderschuhen steckte, doch für die Entwicklung des Vereins von großer Bedeutung war. Es bot eine weitere Möglichkeit um über die Rasse »zu sprechen«: man fing auch an, über den Standard zu diskutieren, über Ausbildung in der Hilfe im Wasser, über Ernährung. Endlich erhielten die Mitglieder Informationen, die genauer und vollständiger waren, ergänzt durch die Bekanntmachungen der Vereins- und Vorstandssitzungsprotokolle. Dieses Nachrichtenblatt, das sich dann auch in seiner äußeren Form herausmausern sollte, erschien, so wie es auch anfangs vorgesehen war, alle 6 Monate.

Am 27. November 1982 wurde ein erstes Treffen mit einigen Richtern organisiert, aus dem sich die Verantwortung des Rassevereins ergab, Richtlinien und Orientierungen über die gegenwärtige Situation der Rasse zu formulieren. Daran schloß sich die Gründung einer Kommission für den Standard an, die sich aus Vereinsmitgliedern und 3 Richtern zusammensetzte und die Aufgabe hatte, die Entwicklung der Rasse zu analysieren.

Auch die Arbeit im Wasser entwickelte sich. Anläßlich der Sonderschau in Arenzano 1984 fanden zum ersten Mal auch Leistungsprüfungen im Wasser statt. Dies war der erste Schritt, der in eine Richtung führte, die wichtige Beurteilungen des Charakters und nützliche alternative Aktivitäten ermöglichen sollte. Leistungsprüfungen fanden auch in den Folgejahren in Anguillara, Verbania, Marta und bei jeder folgenden Schau statt.

1984 kam es auch zur Formulierung der Bestimmungen für das Erringen des Titels des Rassechampions, der unter den Mitgliedern des italienischen Vereins für Neufundländer ausgetragen wurde. Die Anzahl der Mitglieder hatte in der Zwischenzeit ständig zugenommen: 1980 waren es noch 104, 1984 bereits 172, 1988 belief sich ihre Zahl auf 235, um dann die gegenwärtige Zahl von 400 zu erreichen. Parallel dazu verstärkte sich auch der Einsatz und die Notwendigkeit, sich immer besser zu organisieren. Zusammen mit der Mitgliederzahl war auch die Anzahl der Zuchtstätten von den 1976 vorhandenen 2 Zwingern auf 8 Zuchtanlagen gestiegen.

1986, einem für die Entwicklung des Vereins besonders positiven Jahr, entstanden auch in den einzelnen Regionen sogenannte Landesgruppen, die sich für das Vereinsleben als sehr fördernd erwiesen. Anfangs war es eine erste Gruppe von 6 Personen, die heute dann auf 10 Landesgruppen anstieg.

1986 wurde das 10-jährige Bestehen des

Clubs gefeiert: ein wichtiger Moment, der bedeutsam war, weil er die Kontinuität und Vitalität des Vereins in seinen verschiedenen Tätigkeiten bewies. Die Feierlichkeiten des 10-jährigen Bestehens fanden im Rahmen der Sonderschau in Bellagio am 11. und 12. Oktober unter Teilnahme des amerikanischen Richters Frau Kitty Maynard Drury und von Dr. Antonio Morsiani statt.

Die Tätigkeit der Regionalvertreter entwickelte sich im Sinne einer fortschreitenden Spezialisierung: die einzelnen Aufgaben wurden neu definiert; um die Synergieeffekte voll zu nützen, wurde ein Verantwortlicher ernannt, der die Aufgabe hatte, die einzelnen Erfahrungen zu koordinieren.

Die Landesgruppenschauen, die von den verschiedenen Leitern organisiert wurden, entwickelten sich zusammen mit der Jahresschau zu einer Gelegenheit für einen Gedankenaustausch und wurde ein fruchtbarer Boden für die positive Weiterentwicklung der Rasse.

Im Juni 1989 kam es in St. Vincent - Col de Joux - zum ersten Treffen der großen Rassen, an dem außer den Neufundländern auch Bernhardiner, Pyrenäenberghunde und Leonberger teilnahmen. Es war eine positive Erfahrung, die einen beachtlichen organisatorischen Einsatz verlangte.

Inzwischen hatte das Zusammenwirken verschiedener Initiativen zur Vorbereitung eines Programmes für die Arbeit im Wasser geführt, das im Frühjahr 1991 endgültig verabschiedet wurde.

Auch eine weitere wichtige Initiative kam nach langen Überlegungen zur Durchführung: am 30. Juni 1990 beschloß der Clubvorstand eine Anzahl von Bestimmungen im Bereich des Programmes der Überwachung der Hüftdysplasie.

Aber... dies gehört bereits zur Geschichte der Gegenwart. Und die Zukunft? Sie ist voller Projekte. Die Entwicklung der Rasse, die dabei ist, einen beachtlichen Umfang anzunehmen, vereint uns in der Verantwortung, die wir ihr gegenüber haben. Zum Verein gehören heißt teilzunehmen an dieser Verantwortung, die Rasse zu schützen, indem wir uns genaue Regeln auferlegen, die wir uns zu beachten verpflichten; und je mehr wir sind, desto größer wird das Gewicht sein, um unsere für den Neufundländer formulierten Programme zu unterstützen.

Bellagio, 1986: Dr. Morsiani richtet Olaf v. Uckermark, der an diesem Tage der weitaus beste ist.

Conrad und Andrea: Freunde mit Leib und Seele (Foto Pozzoni).

IX.
100 Jahre Deutscher Neufundländer-Klub e.V. (DNK)
- Ein Rückblick -
von Wulf Gewert

Der DNK, der 1993 auf sein 100-jähriges Bestehen zurückblicken konnte, hat allen Anlaß, darauf stolz zu sein. Denn eine Zeitspanne von 100 Jahren hat für uns, die wir uns an unserer Lebensspanne messen lassen müssen und die wir in einer immer schnellebiger werdenden Zeit leben, durchaus geschichtliche Qualität. Dies gilt noch mehr für unsere Neufundländer mit ihrer um ein Vielfaches kürzeren Lebenserwartung.

Nun mag man durchaus darüber streiten, ob »man aus der Geschichte lernen kann«. Sicher ist jedenfalls, daß sich manches Problem, mancher Streit und manche Aufgeregtheit in unserem heutigen Klubleben gelassener und besser meistern lassen, wenn wir uns unserer Vergangenheit bewußt und in unserem Handeln unserer Tradition verpflichtet bleiben. Denn der Blick in die Vergangenheit schärft den Blick für die Zukunft.

Die Gründerzeit

Im Mai 1893 rief eine Reihe von »Neufundländer-Liebhabern« öffentlich, unter anderem im schweizerischen »Zentralblatt für Jagd- und Hundeliebhaber«, Ausgabe 20.05.1893, zur Gründung »eines Spezialklubs nach dem Vorbild des englischen Newfoundland-Clubs« auf.

Die Initiatoren dieses Aufrufs versprachen sich von der Gründung dieses Spezialklubs vor allem eine qualitative Verbesserung der Rasse sowie die Förderung ihrer Verbreitung. Liest man die Liste der Aufrufenden und ihre Berufsbezeichnungen - darunter mehrere Fabrikanten, einige Ingenieure, ein Gymnasiallehrer und ein Pfarrer - so wird deutlich, daß zur Klubgründung nicht nur Begeisterung und guter Wille, sondern wohl auch erhebliches Kapital und nicht zuletzt Gottes Beistand notwendig waren.

Dem Beispiel des zwei Jahre vorher, ebenfalls in München gegründeten St. Bernhards-Klubs folgend, versammelten sich die Gründungsväter unseres Klubs am 10.06.1893 in München »gelegentlich der ersten, internationalen Ausstellung des St. Bernhard-Klubs«, um den »Neufundländer-Club für den Kontinent« zu gründen.

Unter den Förderern des Klubs finden wir zu jener Zeit den passionierten und bekannten Züchter Max Hartenstein in Plauen, der damals den berühmten Zwinger »Plavia« besaß, in dem er mehrere hundert Hunde verschiedenster Rassen hielt. Hartenstein hatte bereits Mitte der siebziger Jahre einen Neufundländer - wohl aus England - importiert, wie dies vor der Gründung des Klubs auch mehrfach schon andere Neufundländer-Liebhaber getan hatten. Die so importierten Hunde stammten teils aus England, teils aus Neufundland. Bereits die große Berliner Ausstellung 1890 zeigte 14 Hartenstein'sche Neufundländer. Das erste »Neufundländer-Stammbuch« aus dem Jahre 1898 ist deshalb in Dankbarkeit »dem verdienstvollen ersten Züchter der Neufundländer in Deutschland, Herrn Max Hartenstein, gewidmet«.

Der neu gegründete »Neufundländer-Klub für den Kontinent« trat - laut Jahresbericht für 1894 - mit Anfang des Jahres 1894 ins Leben. Aller Anfang war auch damals schwer, und so verzichtete man »im ersten Jahr« auf die Ausgabe von Ehrenpreisen für Ausstellungen, weil in der Klubkasse aufgrund der Anlaufkosten (zum Beispiel für »Druck der Circulare, Satzungen etc., etc.«) Ebbe herrschte. Aber man wirtschaftete in diesem ersten Jahr nicht schlecht und trat mit einem Barbestand von 246,22 Mark (Einnahmen 1894: 484,60 Mark, Ausgaben: 238,38 Mark) ins neue Jahr 1895. Nun konnte man daran denken, Ehrenpreise zu stiften und diese zu den Ausstellungen auszusetzen.

Wie schwer der Start des neu gegründeten Klubs war, zeigt die Entwicklung des Mitgliederbestandes.

Dazu folgende Zahlen:

1893	25 (Gründungs-)mitglieder
1894	19 Mitglieder
1895	26 Mitglieder
1896	41 Mitglieder
1897	60 Mitglieder

Von den ursprünglich 25 Gründungsmitgliedern waren im Juli 1898 bereits wieder 10 Mitglieder, also 40 % aus dem Klub ausgetreten. Andererseits weist die Mitgliederliste für 1898 auch schweizerische Mitglieder aus, darunter so bekannte Züchter wie die Herren Dr. Künzli, Professor Dr. Heim und Dr. Rikli. Man sieht, der Klub verstand sich - wie auch der Vereinsname zeigt - durchaus nicht als eine deutschnationale Einrichtung, sondern meinte es mit seinem kontinental-europäischen Engagement ernst.

Die damals insbesondere zur Schweiz hin bestehenden Bindungen unseres Klubs haben bis in unsere heutigen Tage gehalten und sich für den Klub sehr fruchtbar ausgewirkt. Dies galt auch dann, als unsere Schweizer Mitglieder im Jahre 1925 aus dem Klub austraten, um einen selbständigen »Schweizerischen Neufundländer-Klub« zu gründen. Dieser vereinbarte im Jahre 1926 mit unserem Klub »eine enge Fusion und Arbeitsgemeinschaft«. Und die Ende 1926 herausgegebene »Geschichte des deutschen Kartells für Hundewesen« hält ausdrücklich fest, daß die Schweiz damals »ebenso wie Deutschland eine Reihe bemerkenswerter Neufundländer« besaß, die »teilweise den damals von England herübergebrachten großen Exemplaren in keiner Weise nachstanden«.

Doch zurück zu den Anfängen:

Wenn auch ein großer Teil der Gründungsmitglieder schon bald wieder ausgetreten war, so zeigten doch die übrigen die für die Hundezucht so wichtigen Eigenschaften, nämlich Geduld und Ausdauer. Dementsprechend entwickelte sich das Zuchtgeschehen von Anfang an positiv, wie die zunehmende Zahl der Würfe zeigt.

Es fielen:

1895	17 Würfe
1896	19 Würfe
1897	41 Würfe
1898	42 Würfe

Natürlich wollten die Klubmitglieder ihre Hunde auch ausstellen, und so tauchten mit Fortbestehen des Klubs immer öfter und immer mehr Neufundländer auf den Hundeausstellungen auf, welche sich quer über den deutschsprachigen Raum erstreckten (zum Beispiel in Wien, Dresden, Berlin, München, Frankfurt etc.).

Schon während dieser Aufbauphase der ersten Jahre diskutierten die Klubmitglieder Fragen, die bis heute noch diskutiert und den DNK wohl auch in Zukunft noch beschäftigen werden. Inzucht, Farbreinzucht, Albinismus, Abstammung und Herkunft der Rasse, alles wurde mit Leidenschaft diskutiert und zeigt vor allem, wie sehr man in dem noch jungen Klub um die Identität der Neufundländer-Rasse rang.

In diesem Zusammenhang ist es wichtig zu betonen, daß die Klubgründer sich von Anfang an eindeutig dafür entschieden, den Neufundländer als einfarbig schwarzen, großen und imposanten Hund zu züchten. Der damalige 1. Vorsitzende, Dr. Herting, schreibt 1898 im Zuchtbuch Nr. 1, er möchte keinen andersfarbigen Neufundländer haben als einen schwarzen und lasse keinen braunen Welpen am Leben und auch keinen gestromten, während das Klubmitglied Dr. Träger aus Berlin im Zuchtbuch Nr. 3 (1902) mit Bedauern feststellt, daß der schwarzweiße Landseer, der damals als eine Abart des schwarzen Neufundländers betrachtet wurde, eine fast unbekannte Erscheinung geblieben sei,

Herr und Frau Dr. Waszily, Kiel, mit ihren 4 Neufundländern.

der sich niemand zuwenden wolle.

Diese Gründerzeit findet ihren Abschluß mit Erscheinen von Band 1 des Neufundländer-Stammbuches im Jahre 1898, einem Vorläufer unseres heutigen Zuchtbuches, heute als Zuchtbuch Nr. 1 geführt. Dieses von Herrn Dr. Waszily, Kiel, herausgegebene Zuchtbuch Nr. 1 faßt alle bis dahin für den Klub bedeutsamen Ereignisse zusammen und enthält grundlegende und sehr kenntnisreiche Aufsätze des damaligen 1. Vorsitzenden, Dr. Herting »Über die Farbe der Neufundländer-Hunde« sowie über »Zucht und Pflege des Neufundländer-Hundes«.

Mit Erscheinen dieses Zuchtbuches Nr. 1 schuf sich der Klub die bis dahin fehlende Grundlage zum Aufbau einer geordneten und planmäßigen Zucht.

Die Jahre bis 1945

In der nun folgenden Zeit wurde die Zucht planmäßig aufgebaut. Es entstanden Zwinger, deren Namen geschützt wurden und die bis in die heutige Zeit bekannt geblieben sind, zum Beispiel Plavia, von der Ostsee und andere.

Der Umstand, daß auf den Ausstellungen Neufundländer in zunehmendem Maße präsentiert wurden, erweckte bei immer weiteren Kreisen das Interesse für den Neufundländer. Der Klub wuchs nun rascher und hatte 1902 bereits 91 Mitglieder zu verzeichnen, welche bis

1909 auf 131 Mitglieder und
1923 auf 268 Mitglieder anwuchsen.

Weitere Zwinger entstanden, deren Namen ebenfalls bis heute ihren guten Klang behalten haben, wie zum Beispiel die Zwinger vom Hardtwald, vom Fremersberg, von Lautersbach, von Toggenburg und andere.

1913 verstarb der langjährige 1. Vorsitzende, Herr Dr. Herting. Zu seinem Nachfolger wurde der Züchter und bewährte Richter, Herr Gustav Büchner, Mannheim, gewählt, dem auch die Führung des Zuchtbuches anvertraut wurde. Bekannt geworden war Herr Büchner zu diesem Zeitpunkt bereits durch den von ihm geführten und wegen seiner Zuchterfolge berühmten Zwinger vom Hardtwald. Noch vor seiner Wahl zum 1. Vorsitzenden des Klubs, nämlich im Jahre 1911, wurde der Klub auf Antrag des damals noch als Schriftführer amtierenden Herrn Büchner in das sogenannte »Kartell« aufgenommen. Dieses Kartell, der Vorläufer des heutigen Verbandes für das Deutsche Hundewesen e.V. (VDH), hatte sich 1906 als Zusammenschluß verschiedener Rassehunde-Zuchtvereine gebildet, um das Ausstellungswesen zu ordnen und der aufkommenden Geschäftemacherei im deutschen Hundewesen entgegenzuwirken. Noch in diesem Jahr 1911 nahm das Kartell an der Gründungsversammlung der Fédération Cynologique Internationale (FCI) teil, die als weltweite Dachorganisation des Hundewesens konstituiert wurde.

Der Neufundländer-Club für den Kontinent fand sich deshalb durch seine Aufnahme in das Kartell im Jahre 1911 in einer internationalen Organisation wieder, deren Bedeutung bis heute stetig gestiegen und weltumfassend geworden ist.

Der 1. Weltkrieg bedeutete verständlicherweise für den Klub Stillstand und Rückgang. Gleichwohl erschienen 1917 wieder seine Klubnachrichten, vom Herausgeber ausdrücklich als Versuch zur Wiederaufnahme der Klubarbeit bezeichnet.

In diesen Klubnachrichten beklagt sich der Schriftführer und stellvertretende Schatzmeister über den schleppenden Eingang der Mitgliedsbeiträge, während der 1. Klubvorsitzende Büchner an der Westfront im Einsatz stand und seine Ehefrau inzwischen zu Hause die Eintragungen und Wurfmeldungen zu bearbeiten hatte. Daneben erschien sodann die Nachricht, daß ein Klubmitglied vor dem Feinde gefallen sei.

Ein Blick in das erst 1924 erschienene Zuchtbuch Nr. 4 (Nr. 3 war 1909 erschienen) zeigt jedoch, daß der Klub ab dem Jahre 1919 wieder regelmäßig Wurfmeldungen mit zunehmender Tendenz zu verzeichnen hatte.

1928 markiert ein für den Klub bedeutsames Datum, denn in diesem Jahr erschien das Zuchtbuch Nr. 5, dem die berühmte Monographie von Professor Heim »Der Neufundländer-Hund« beigefügt war. Der Autor, langjähriges Mitglied und erfahrener Richter, dazu Züchter, setzte mit dieser Arbeit Maßstäbe, die bis heute Gültigkeit haben. Auch wenn die kynologische Wissenschaft, insbesondere die Genforschung heute in dem einen oder anderen Punkt Professor Heim zu widerlegen scheint, so gilt bis heute, daß sich jeder mit Professor Heims Buch auseinandersetzen muß, der sich mit der Neufundländer-Rasse näher beschäftigen will.

Und wenn Professor Heim seine Ausführungen mit den Worten »Möge seine (des Neufundländers) Zucht, Erziehung und Haltung sich weiter vertiefen und verbessern und sich auch in Zukunft der Abwege der Mode erwehren« schließt, so ist dieser Wunsch heute so aktuell wie damals.

1934, also über 40 Jahre nach Gründung des Klubs, wurden dem Zuchtbuchamt die ersten Landseer-Welpen gemeldet, und zwar aus dem Zwinger vom Fremersberg. Dieser gehörte dem für seine Landseer-Zucht berühmt gewordenen

Züchter Otto Walterspiel, der sich seinerzeit mit seinem Bruder Alfred und dem ebenfalls sehr bekannten Klubmitglied Professor Fehringer, Heidelberg, um den Aufbau der Landseer-Zucht bemühte.

Da man damals - wie noch 1968 Professor Goerttler, Jena, in der Festschrift zum 75jährigen Bestehen unseres Klubs - Schwarze und Weiß-Schwarze als verschiedene Schläge der gleichen Rasse betrachtete, war es nur selbstverständlich, daß die Weiß-Schwarzen im Zuchtbuch unseres Klubs geführt wurden. Erst seit 1952 wurden sie dort getrennt von den Schwarzen geführt. Aber Professor Goerttler stellt in seinem oben genannten Beitrag (1968) auch fest, daß die Zucht der Weiß-Schwarzen schon bald zwei Richtungen ging: Die einen wollten größere und leichtere, mehr im Rechteckformat stehende Hunde züchten, den »Schlanktyp«, den »alten Landseer«, die anderen aber einen Weiß-Schwarzen, der mit Ausnahme der Farbe im wesentlichen den Schwarzen glich.

1933, unmittelbar nach der Machtübernahme Hitlers, begannen die Nationalsozialisten, das Hundewesen vollständig neu zu organisieren. Sie bildeten den »Reichsverband für das Deutsche Hundewesen (RDH)«; das bis dahin bestehende Kartell wurde zum 31.12.1933 aufgelöst. Die im Kartell organisierten Rassezuchtvereine, darunter auch der Neufundländer-Club für den Kontinent, wurden zu Fachschaften. Nachfolger des RDH wurde 1939 der sogenannte »Reichsverband für Hundewesen (RH)«. Dieser trat zum 31.12.1941 aus der FCI aus.

Im Zuge dieser von den Nazis auf allen Ebenen des politischen und gesellschaftlichen Lebens betriebenen Gleichschaltung, d.h. im Zuge des Aufbaues einer allumfassenden Nazi-Organisation, wurde der 1. Vorsitzende, Gustav Büchner, im Jahre 1935 seines Amtes enthoben und durch einen Herrn K.J. von Schoenebeck, Berlin, abgelöst. Dieser blieb nicht lange im Amt, sondern wurde von dem bekannten Züchter Friedrich Haist, Ulm, abgelöst, der den Klub bis zum Ende des 2. Weltkrieges leitete.

Aus den Zuchtbüchern Nr. 7 und 8, welche den Eintragungszeitraum 1936 bis 1947 abdeckten, ergibt sich für die Nazizeit, insbesondere für die Dauer des 2. Weltkrieges, kein nennenswerter Rückgang der Wurfmeldungen. Welcher Anstrengungen und persönlichen Opfer es unter den damaligen Verhältnissen bedurfte, um die Zucht aufrechtzuerhalten, läßt sich heute allerdings nur noch ahnen.

Nach der deutschen Kapitulation und der Besetzung durch die Alliierten wurde der Klub - wie auch alle anderen Vereine in Deutschland - aufgelöst.

Die Zeit ab 1945

Wie es nach dem Kriege mit der Neufundländer-Zucht und insbesondere mit unserem Klub weiterging, beschreibt Otto Walterspiel in dem 1963 erschienenen Zuchtbuch Nr. 12:

»Nach der Besetzung durch die Alliierten verfiel der Klub.... der Auflösung. Sobald es anging, sorgten jedoch einige namhafte Mitglieder für eine, wenn auch vorerst nur lose Verbindung unter den damaligen Klubkameraden. Die Bayern erwirkten bei der Besatzungsbehörde der amerikanischen Zone die Genehmigung für einen »Landesverein in Bayern«, und da damals nur Landesvereine in den einzelnen Zonen erlaubt waren, veranlaßten sie die Gründung solcher Vereine auch in den anderen Ländern - in Berlin war schon vorher ein »Neufundländer-Klub in Deutschland« entstanden, alle mit den möglichst gleichen Satzungen und dem stillen Ziel eines baldigen Zusammenschlusses. Unsere Bemühungen hatten Erfolg, und anläßlich unserer ersten großen Nachkriegsausstellung in München im September 1948 konnte ich unserem alten Vorsitzenden, Herrn Haist, die erneute Gründung des Deutschen Neufundländer-Klubs (ehemaliger Neufundländer-Klub für den Kontinent) vorschlagen. Der neue, alte Klub erfreut sich seither eines stetigen Aufstiegs und zunehmender Beliebtheit bei allen Freunden unserer Rasse.« Der von dem damaligen Ehrenvorsitzenden des DNK, Otto Walterspiel, festgestellte stetige Aufstieg des Klubs spiegelt sich - wie könnte es auch anders sein - zunächst in den zahlreichen Wurfmeldungen bzw. Eintragungen in das Zuchtbuch wider. Diese Entwicklung hat sich bis heute in das Jubiläumsjahr fortgesetzt. Außerdem ist ein stetiges Ansteigen der Mitgliederzahl zu beobachten, also eine bis heute insgesamt erfreuliche Entwicklung. Zur Verdeutlichung, wie rasant die Mitgliederzahl anstieg, mag der Hinweis genügen, daß es von der Gründung des Klubs im Jahre 1893 bis 1956 ganze 63 Jahre brauchte, um einen Stand von ca. 350 Mitgliedern zu erreichen und seither bis heute nur 37 Jahre, um die Zahl auf ca. 1800 Mitglieder zu heben.

Die Erscheinungsweise des Zuchtbuches paßte sich dieser Entwicklung an. Die bis 1948 unregelmäßige Ausgabe des Zuchtbuches - sicher auch Folge der in diesen Zeitraum fallenden beiden Weltkriege - änderte sich ab 1948. Das Zuchtbuch erschien nun regelmäßig, zunächst (bis 1959) im Abstand von 4 Jahren, sodann (bis 1977) im Abstand von 3 Jahren, schließlich (bis 1991) alle 2 Jahre und erscheint nunmehr jährlich. An dieser Stelle soll denjenigen, die sich mit der Erstellung und Herausgabe des Zuchtbuches befaßt haben oder befassen, ganz beson-

Ganz rechts Frau Prof. Wenck.
Zwinger v. »Niederrhein«

Frau Burghardt

2. von links Frau Prof. Wenck

Frau von Bohlen & Halbach

ders gedankt werden. Denn welcher Fleiß, welche Ausdauer nötig sind, um ein Zuchtbuch herauszugeben, läßt sich kaum abschätzen. Und ohne die sorgfältige Erstellung und zeitnahe Herausgabe der Zuchtbücher läßt sich kaum planmäßig und effektiv züchten.

Der schweizerische Einfluß blieb dem Klub auch nach dem 2. Weltkrieg erhalten. War es zuvor Professor Heim gewesen, der richtunggebend in der Zucht wirkte, so wählte der DNK nun Emil Burkhard, gleichzeitig Präsident des Schweizerischen Neufundländer-Klubs (SNK), für viele Jahre zu seinem Hauptzuchtwart. Das blieb nicht ohne Folgen.

Burkhard war - wie auch Professor Heim schon und im Gegensatz zu Otto Walterspiel - der Auffassung, daß es sich bei dem weißschwarzen Landseer alten englischen Typs, den er sich wünschte, nicht nur um eine Farbvarietät, sondern um eine eigene Rasse handelte. Auf sein Bestreben hin stellten der SNK und der DNK bei der FCI den Antrag auf die Anerkennung eines eigenen Standards, der dazu führte, daß 1960 ein eigener Standard für die Landseer unter der Nr. 226 bei der FCI geschaffen wurde. Das konnte nicht ohne Konsequenzen für den DNK bleiben.

Lassen wir dazu die Landseer-Züchter selbst sprechen. Im Zuchtbuch Nr. 1 des 1976 gegründeten Deutschen Landseer-Clubs (DLC) heißt es: »Nachdem dieser Typ sanktioniert war, brachen die unterschiedlichen Auffassungen der Züchter erst recht durch. Möglicherweise lag es an diesem Streit und den damit verbundenen Auseinandersetzungen, daß die Zahl der Züchter, die sich um die Rasse bemühten, eine kleine Minderheit im Klub war und blieb.... Dadurch wirkten die Landseer, wenn je eine größere Gruppe von ihnen auf einer Ausstellung zu sehen war...., sehr uneinheitlich. Sie machten dann leicht den Eindruck einer nicht durchgezüchteten Rasse. So blieb der Landseer im Neufundländer-Klub irgendwie fremd.«

Ob nun der Tod von Otto Walterspiel im Jahre 1975 den Anstoß gab oder nicht, kann dahinstehen. Jedenfalls gründeten die bis dahin im DNK organisierten Landseer-Züchter im August 1976 einen eigenen Klub, nämlich den oben erwähnten DLC und strebten dessen Aufnahme in den VDH an. Das führte zu heftigen Streitigkeiten, Prozessen und einem Kartellverfahren vor dem Bundeskartellamt mit dem Ergebnis, daß der VDH letztlich den DLC als Mitglied aufnehmen mußte.

Beim DNK hinterließ diese Entwicklung einen traumatischen Eindruck, zumal er 1982 noch hinnehmen mußte, daß sein damaliger 1. Vorsitzender Willi Simon sein Amt niederlegte, um Mitglied und 1. Vorsitzender des 1981 gegründeten weiteren Landseer-Klubs VLD zu werden, der 1986 in den VDH aufgenommen wurde.

Unabhängig davon werden auch heute noch im DNK weiß-schwarze Neufundländer gezüchtet, und die Frage, ob es sich dabei nicht doch um »Landseer« handelt oder ob die Landseer (des DLC/VLD) nicht doch weiß-schwarze Neufundländer sind, bleibt weiter ungeklärt, und keiner weiß, wie lange noch - vielleicht hilft hier der Hinweis von Professor Goerttler weiter (in der Festschrift zum 75jährigen Bestehen des DNK); er sagt dort:

»Der Begriff »Rasse« ist in der Hundezucht kein absoluter, sondern ein relativer Begriff.«

Wenn das richtig ist, dann hätten beide Seiten Recht - kein schlechtes Ergebnis. Aber es bleibt die Erkenntnis, daß eine durchgezüchtete, wenn auch noch so stabile Rasse in ihrem Kern geändert werden kann, wenn man zu sehr experimentiert. Hatte nicht Professor Heim schon 1928 dazu aufgerufen, der Mode zu wehren?

Bei allen Diskussionen über die richtige Einordnung des weiß-schwarzen Neufundländers/Landseers sollte nicht übersehen werden, daß in den letzten 20 bis 30 Jahren die Zucht des Braunen erheblich an Umfang und Bedeutung gewonnen hat. Braune Neufundländer gehören heute schon zum gewohnten Bild einer Neufundländer-Ausstellung. Spricht man von der Zucht der Braunen in unserem Klub, so fallen sofort die Zwingernamen von St. Florian (Inh. Kaiser), von Brungerst (Inh. Ippen) oder - aus der Anfangszeit - von der Ostsee (Inh. Dr. Waszily).

Es ist deshalb sicher nicht verfehlt, dieser Farbvarietät des Neufundländers, die vielen Neufundländer-Freunden wegen ihres besonders kräftigen Gebäudes und ihrer meist sehr typvollen Kopfform besonders gefällt, im DNK für die Zukunft einen festen Platz zu prophezeien.

Schlußbetrachtung

Wer nur die letzten 10 Jahre im DNK verfolgt hat, konnte den Eindruck gewinnen, als habe der Klub sich weniger der Neufundländer-Zucht als der Kultivierung des Streitens unter den Mitgliedern gewidmet. Persönliche Querelen waren es zum Beispiel, die 1985 zum Austritt einer Reihe von Mitgliedern und zur Gründung des Vereins von Neufundländer-Freunden und Züchtern in Deutschland (VND) führten.

Nunmehr - zum Ablauf der ersten 100 Jahre seines Bestehens - geht jedoch der DNK mit neuer Kraft und neuem Mut in die nächsten 100 Jahre. 1992 gab sich der Klub ein komplettes neues Regelwerk, was ohne die konstruktive Mitarbeit der Mitglieder-(Delegierten) Versammlung nicht möglich gewesen wäre.

Gestützt auf eine in vielen Jahren gewachsene und feste Verbindung zum VDH, können die kommenden Aufgaben in Angriff genommen werden. Der Fortschritt der (Gen-) Wissenschaft und Technik, insbesondere der Datenverarbeitung hat in den letzten Jahren zunehmend auch Bedeutung und Einfluß für bzw. auf die Hundezucht gewonnen. Diese Entwicklung wird sich in den kommenden Jahren sicher verstärken.

Wichtig wird auch in Zukunft die internationale Zusammenarbeit der Züchter bleiben, um das vorhandene Zuchtpotential auszuschöpfen. Die vielfältigen, heute schon bestehenden Kontakte des DNK zu seinen europäischen Nachbarklubs, die sich in der Verbindung vieler Zuchtlinien spiegeln, müssen weiter gepflegt und ausgebaut werden, im Interesse der Zucht und eines ständig mehr zusammenwachsenden Europas.

Erfreulich ist es deshalb, daß 1967 auch in Österreich ein Neufundländer-Klub gegründet wurde, der seither einen raschen Aufschwung genommen hat. Ist somit diese Lücke im deutschsprachigen Raum Europas geschlossen, bleibt als Aufgabe für die Zukunft, gerade nach dem Verschwinden des Eisernen Vorhangs, der Auf- und Ausbau der Kontakte zu den osteuropäischen Neufundländer-Züchtern. Nutzen wir die Möglichkeiten einer - heute schon in großen Teilen vorhandenen - europäischen Zucht für unsere Neufundländer und vergessen wir nicht deren Ursprünge und damit die Freunde dieser edlen Rasse in Kanada und Amerika!

Die Wasserarbeit für den Neufundländer findet auch für den Ausbilder vor allem im Wasser statt.

DER NEUFUNDLÄNDER
ein Zug- und Wasserhund
von Wolfgang Detthlaff und Wulf Gewert

Im Norden Amerikas, seiner Atlantikküste vorgelagert, finden wir die Insel Neufundland mit einer Bevölkerung, die sich traditionell vom Fischfang und der Robbenjagd ernährt. Das rauhe Klima und das dort dem Menschen besonders feindliche Element Wasser haben natürlich auch die Hunde geprägt, die den Menschen auf Neufundland zur Hand gingen, ob beim Fischfang oder - häufiger noch - als Zugtier beim Transport von Lasten. Hier ist der Ursprung des heutigen Neufundländers, den der Rassestandard deshalb auch als großen Zug- und Wasserhund charakterisiert, von dem Kraft und große Aktivität ausgehen. Ausdrücklich hebt der Standard seinen schon legendären »angeborenen Instinkt, Leben zu retten« hervor.

Diese Eigenschaften des Neufundländers, den man auch den Bären nennt, gilt es zu erhalten. Das ist wichtig, weil er heute oft weit von seinem Ursprungsland entfernt unter ganz anderen, manchmal sogar südlichen, klimatischen Verhältnissen gehalten wird. Vor allem aber gilt es zu verhindern, daß der Neufundländer zum reinen Ausstellungshund verkommt, der seine ursprünglichen Aufgaben nicht mehr kennt und nicht mehr erfüllen kann.

Man muß deshalb dem Neufundländer Gelegenheit geben, sich im Wasser und als Zughund zu bewähren.

So gab es bereits gegen Ende des 19. Jahrhunderts in der Schweiz erste Versuche, eine gezielte Wasserarbeit aufzubauen. Heute haben sich in praktisch allen Neufundländerklubs Trainingsgruppen gebildet, welche bei aller Unterschiedlichkeit im Detail eines gemeinsam haben, nämlich die Lernbereitschaft und Apportierfreudigkeit des Neufundländers für eine ernsthafte Rettungsarbeit zu nutzen. Bei konsequentem Training kann ein Neufundländer z.B. Boote an Land ziehen, Surfer retten oder auch in Not geratenen Schwimmern helfen. Auch wenn diese Tätigkeit heutzutage meist von professionellen Rettungsdiensten ausgeübt wird, hat sich hin und wieder auch der Neufundländer als Retter bewährt.

So wurde er in Rußland zeitweise auch als Badeaufsicht eingesetzt, während die Rettungsschwimmer an der französischen Atlantikküste ihn zu ihrem Partner gewählt haben.

Im Bereich des 1893 gegründeten Deutschen Neufundländer Klubs wird die Wasserarbeit mit Neufundländern in mehreren Landesgruppen betrieben. Das ist nicht immer leicht, da geeignete Trainingsgewässer manchmal nur schwer zu finden sind. Beispielhaft für eine zielgerichtete Wasserarbeit kann hier die Arbeit der »Wasserrettungs-Staffel« in der Landesgruppe Schleswig-Holstein gelten, die ein detailliertes Ausbildungsprogramm erarbeitet hat (siehe unten).

Über die Wasserarbeit ergab sich - fast zwangsläufig - auch die Frage, ob und wie man den Neufundländer wieder an seine ursprüngliche Verwendung als Zug- und Lasthund heranführen könne. Diese Frage führte - wiederum sei beispielhaft Schleswig-Holstein genannt - zu dem Versuch, einen für Neufundländer passenden Wagen nebst Zuggeschirr zu konstruieren. Im Sommer 1995 konnten dann erstmals von der Landesgruppe Schleswig-Holstein Hundekutschfahrten vorgeführt werden, mit einem Fuhrwerk, das eine eigens konstruierte Deichsel und ein besonderes Zuggeschirr hatte.

Nachfolgend nun das von der Landesgruppe Schleswig-Holstein entwickelte Wasserausbildungsprogramm für Neufundländer als konkretes Beispiel, wie man Wasserausbildung mit Neufundländern betreiben kann.

Ausbildungs-Richtlinien

(Der »Wasser-Rettungs-Staffel Neufundländer« in der Landesgruppe Schleswig-Holstein des Deutschen Neufundländer-Klubs e.V., Stand 1994)

Das folgende Ausbildungsprogramm ist stufenweise aufgebaut und führt - nach erfolgreich abgelegter Prüfung - zur Erlangung des »Rettungsdiploms«. Vor einem Training werden die teilnehmenden Hunde vom Trainingsleiter in Augenschein genommen - bei Verdacht auf Krankheiten oder offen erkennbare Leistungsmängel - werden die Hunde nicht zum Training zugelassen. Ebenso kann ein Tier vom Trainingsleiter vom weiteren Training ausgeschlossen werden, wenn Ermüdungen oder Schwächen auftreten.

1. Übung - Schwimmen - Dauer und Strecke

Streckenschwimmen: 200 m und 400 m in offener See bzw. in strömenden Gewässern. Auf stillen Gewässern (See) 400 m und 1000 m.

Dauerschwimmen: offenes Gewässer 15 Minuten, stilles Gewässer 30 Minuten.

Vorbildlicher Schwimmstil: Gerade im Wasser liegend, schwimmt und apportiert es sich am leichtesten.

2. Übung - Holen eines Gegenstandes - Start vom Ufer
Der Hund sitzt neben seinem Trainer - vom Trainingsleiter bzw. einem Helfer wird ein Apportierholz vom Ufer ins Wasser geworfen. Der Trainer sendet den Hund aus, um das Holz zu bergen und ans Ufer zu transportieren. Ablegen des Holzes im knietiefen Wasser ist erlaubt - ansonsten muß der Hund das Holz beim Trainer abliefern. Auf Befehl ist das Holz abzulegen. Behält der Hund das Holz im Fang und läuft damit auf den Strand - gilt das als fehlerhafte Ausführung der Übung.

Übung wiederholen und auf korrektes Abliefern achten. Am Trainingsende kann dem Hund ein spezielles »Spielholz« angeboten werden - das er nach dem Apportieren auch behalten kann.

3. Übung - Holen eines Gegenstandes - Start vom Boot
Ein Helfer rudert mit dem Hund im Schlauchboot ca. 50 m aufs offene Wasser. Der Trainer wirft das Apportierholz vom Ufer aus ins Wasser und gibt dem Hund den Befehl, aus dem Boot ins Wasser zu springen und das Holz zu bergen und damit ans Ufer zu schwimmen. Abliefern wie bei Übung 2. Aufmunternde Unterstützung des Helfers im Boot ist erlaubt - ins Wasser Stoßen des Hundes verboten. Es ist darauf zu achten, daß der Hund beim Rudern ruhig im Boot sitzt und ohne Panik zu zeigen ins Wasser springt. Ein »ins Wasser gleiten« kann am Anfang vorkommen - soll aber nicht unterstützt werden. Von Anfang an darauf achten, daß der Hund frei ins Wasser springt - das vermindert die Gefahr von Verletzungen bei »Hartbooten«.

4. Übung - Vom Boot aus Werfen - Bergen vom Boot aus
Die Übung ist ähnlich wie Übung 3, jedoch wird das Apportierholz vom Helfer - vom Boot aus geworfen. Der Hund muß daraufhin ohne Kommando aus dem Boot springen - das Holz bergen und damit ans Ufer schwimmen. Abliefern des Holzes beim Trainer. Es ist darauf zu achten, daß keine Aufforderung an den Hund erfolgt - die Reaktion muß vom Hund selbst kommen. Das Holz soll so geworfen werden, daß der Wurf für den Hund sichtbar ist. Am Anfang das Holz nur in die Nähe des Bootes werfen. Der Hund soll lernen: Alles was aus dem Boot fällt - muß ohne spezielle Aufforderung geborgen werden.

5. Übung - Boot ziehen mit Leine - Hund startet vom Boot
Helfer, Trainer und Hund rudern mit dem Boot ca. 50 m aufs offene Wasser. Der Trainer bindet ein Apportierholz an eine Leine (ca. 5 Meter) und wirft es ins Wasser. Der Hund muß ohne Aufforderung vom Boot ins Wasser springen - das Holz aufnehmen und das Boot ans Ufer zie-

Ein Floß aus dem Wasser heraus zu besteigen ist auch für einen Neufundländer nicht leicht. Der ungewohnt schwankende Boden läßt ihn zurückschrecken. Hier muß der Ausbilder helfen.

hen. Beim Ziehen können vom Trainer aufmunternde Zurufe an den Hund erfolgen. Ablegen des Holzes im knietiefen Wasser ist zulässig.

Bei dieser Übung ist darauf zu achten, daß der Hund frei von der Leine bleibt. Schwimmt der Hund über die Leine, diese sofort vom Boot lösen, um Verletzungen zu vermeiden. Am Anfang kann es dazu kommen, daß der Hund das Holz fallen läßt, wenn der Zug des Bootes für ihn spürbar wird.

Die Übung muß wiederholt werden, bis sich der Hund daran gewöhnt hat.

6. Übung - Boot ziehen - Hund startet vom Ufer aus

Der Helfer rudert ca. 50 m aufs offene Wasser. Der Hund sitzt neben seinem Trainer am Ufer. Das Holz wird vom Helfer unter lautem Rufen ins Wasser geworfen.

Auf Handzeichen des Trainers startet der Hund vom Ufer, um das Holz zu bergen und damit das Boot an Land zu ziehen. Helfer sitzt ruhig im Boot - Anweisungen von ihm an den Hund sind nicht erlaubt. Abliefern des Holzes wie bei Übung 5.

Diese Übung kann auch mit Surfer und Surfboard durchgeführt werden. Wichtig ist hierbei, daß der Helfer »stumm« bleibt - eine hilfsbedürftige Person spielt.

7. Übung - Mann über Bord - Hund startet vom Boot

Helfer, Trainer und Hund rudern ca. 50 m aufs offene Wasser. Der Helfer steht auf und läßt sich ins Wasser fallen. Der Hund muß ohne Aufforderung hinterher springen und zum Helfer schwimmen und solange um ihn herumschwimmen, bis dieser sich am Fell festgeklammert hat.

Hund schwimmt mit Helfer zum Boot und beide werden aufgenommen. Kommandos, um den Hund zum Boot zu dirigieren, sind dem Trainer erlaubt. Zuerst den Helfer bergen, dann gemeinsam den Hund ins Boot hieven.

Der Schwimmer klammert sich im Fell des Hundes - und zwar seitlich an den Schultern - fest. Klammern an Hals und Rücken ist verboten. Bei dieser Übung ist darauf zu achten, daß der Hund nicht auf den Helfer aufschwimmt.

Vorübung: Mit dem Hund ins Wasser gehen und den Hund auf Armeslänge auf Abstand halten. Hund trainieren, daß er im Kreis um die jeweilige Person schwimmt - immer auf Abstand achten. Ein zärtliches Streicheln mit der Pranke ist auch durch einen Taucheranzug zu spüren.

8. Übung - Mann über Bord - Hund startet vom Land

Helfer rudert mit dem Boot aufs Wasser. Der Hund sitzt neben dem Trainer am Ufer. In 50 m

Man sieht es deutlich - Herrchen zu retten macht Spaß!

Eine Übung für Fortgeschrittene: Transport eines Paddels vom Boot zum Ufer - schafft Verbindung zu den Rettern.

Entfernung vom Ufer wird das Boot geankert - der Helfer läßt sich ins Wasser fallen und ruft um Hilfe. Auf Handzeichen des Trainers schwimmt der Hund zum Helfer und wartet, bis sich der »Verunglückte« am Fell festgeklammert hat. Der Hund schwimmt mit ihm ans Ufer. Aufmunterungskommandos vom Trainer sind zulässig.

9. Übung - Dummy bergen - Hund startet vom Boot
Trainer und Hund rudern mit einer Puppe im Boot ca. 50 m aufs offene Wasser. Die Puppe wird vom Trainer über Bord geworfen - der Hund muß ohne Aufforderung ins Wasser springen - die Puppe bergen und mit ihr ans Ufer schwimmen. Kommandos sind weder vom Trainer - noch von Hilfspersonen am Ufer erlaubt.

Die Puppe darf vom Hund nur an Armen oder Beinen gefaßt werden. Empfehlenswert ist, daß ein Apportierholz mit ca. 50 cm Leine am Oberarm der Puppe befestigt wird. Der Hund nimmt das Holz auf und schwimmt mit der Puppe ans Ufer.

10. Übung - Dummy bergen - Hund startet von Land
Der Hund sitzt neben dem Trainer am Ufer. Der Helfer wirft die Puppe - wie bei Übung 9 - ins Wasser. Der Hund startet vom Ufer aus - ohne Anweisung des Trainers - um die Puppe zu bergen und mit ihr ans Ufer zu schwimmen.

11. Übung - Bergen einer hilflosen Person
Die Übung entspricht der Übung 10 - der Hund sitzt an Land - ein Helfer läßt sich vom Boot aus ins Wasser fallen und spielt »toter Mann«. Der Helfer hat am Oberarm ein Apportierholz mit einer Leine befestigt. Der Hund muß ohne Aufforderung des Trainers vom Ufer aus starten um den Verletzten zu bergen (am Holz fassen) und mit ihm ans Ufer schwimmen. Wichtig ist hierbei - wie schon bei den Übungen 7 und 8, daß der Hund nicht über den »Verletzten« schwimmt, sondern sich seitlich der Person hält. Das gilt auch für das Arbeiten mit der Puppe.

12. Übung - Sprung vom Bootssteg und Bergen
Ein Helfer rudert ca. 20 m von einem Bootssteg oder einer steilen Uferbefestigung (Höhe zur Wasserlinie mindestens 1 Meter). Wahlweise kann mit einem Apportierholz oder Personen gearbeitet werden. Der Hund steht mit dem Trainer auf dem Steg oder auf der Kaimauer. Nachdem der zu bergende Gegenstand oder die Person im Wasser ist, erhält der Hund die Anweisung, vom Steg aus ins Wasser zu springen und den Gegenstand oder die Person zu bergen und zum Boot zu bringen.

Da der Hund mit sogenanntem »Bauchplatscher« ins Wasser springt, soll die Sprunghöhe 3 m nicht überschreiten - Verletzungsgefahr für den Hund!!

13. Übung - Tauchen und Bergen eines Gegenstandes
Tauchen aus dem Stand. Der Hund wird ins flache Wasser geführt. Der Trainer hält einen Gegenstand (Apportierholz) auf Armeslänge unter Wasser. Der Hund muß mit dem Kopf unter Wasser, um das Holz aufzunehmen und ans Ufer zu bringen. Klares Wasser und ein helles Holz sind für diese Übung Voraussetzung.

14. Übung - Tauchen aus der Schwimmbewegung
Der Hund schwimmt neben dem Trainer. Im brusttiefen Wasser wird vom Trainer ein Gegenstand (Apportierholz) versenkt oder mindestens 1 m unter Wasser gehalten. Der Hund muß aus der Schwimmbewegung nach dem Gegenstand tauchen - ihn aufnehmen und damit ans Ufer schwimmen. Gegenstand wird von einem Helfer angenommen.

PRÜFUNGSRICHTLINIEN

Der Leistungsstand der Hunde wird in Leistungsprüfungen der Landesgruppe oder bei überregionalen Vergleichswettkämpfen überprüft und bei bestandener Prüfung mit einem Diplom beurkundet. Für die Prüfungen gelten die folgenden Richtlinien - als Erweiterung sind Gehorsamsübungen mit im Prüfprogramm enthalten. Da hier jedoch nicht eine Begleithunde-Prüfung absolviert werden soll - ist das Programm auf wenige Grundübungen beschränkt. Jeder Prüfpunkt wird mit einer Höchstpunktzahl für korrekte Ausführung bewertet. Für jeden Prüfpunkt hat der Hund drei Versuche - die höchste erreichte Punktzahl wird gewertet. Für ein Bestehen der Prüfung gilt es, mindestens 60 von möglichen 100 Punkten je Übung zu erreichen.

Die Prüfungen werden in vier Leistungsgruppen durchgeführt, wobei grundsätzlich gilt:

1. Alter für die Prüfungen 1 und 2 - mindestens 18 Monate.
2. Alter für die Prüfungen 3 und 4 - mindestens 3 Jahre
3. Maximal sind 2 Prüfungen pro Jahr zugelassen.
4. Erst eine bestandene Prüfung erlaubt die Zulassung zur nächsten Gruppe

5. Zur Prüfung wird nur ein ausreichend trainierter Hund zugelassen.
6. Einsprüche gegen die Beurteilung sind nicht zulässig.
7. Punkt 6 gilt auch für die »Nichtzulassung« zu einer Prüfung.

Leistungsgruppe 1 (Grunddiplom)

• 200 Meter Streckenschwimmen	25 Punkte
• Holen eines Gegenstandes aus dem Wasser (Start vom Ufer)	30 Punkte
• Gehen an der Leine ohne Zug	15 Punkte
• Absetzen des Hundes auf Kommando	15 Punkte
• Ablegen des Hundes auf Kommando	15 Punkte
	100 Punkte

Leistungsgruppe 2 (Bootsdiplom)

• Bergen eines Gegenstandes vom Boot aus Gegenstand wird vom Ufer aus geworfen	15 Punkte
• Bergen eines Gegenstandes vom Boot aus Gegenstand wird vom Boot aus geworfen	15 Punkte
• Ziehen eines Bootes mit Leine Start vom Boot aus	25 Punkte
• Ziehen eines Bootes Hund startet vom Ufer aus	30 Punkte
• Führen des Hundes ohne Leine - freies Absitzen	15 Punkte
	100 Punkte

(Bei den Apportier- und Bootsprüfungen von Land aus gelten Abweichungen zwischen Start- und Zielpunkt nicht als Fehler. Fehlerhaftes Abliefern des Apportierholzes oder zu frühes Abbrechen beim Bootziehen führen zu Punktabzug.)

Leistungsgruppe 3 (kleines Rettungsdiplom)

• 400 Meter Streckenschwimmen	10 Punkte
• Mann über Bord Hund startet vom Boot und wird wieder aufgenommen	25 Punkte
• Mann über Bord Hund startet vom Land - nimmt den Schwimmer auf und schwimmt an Land zurück	20 Punkte
• Puppe bergen Hund startet vom Boot aus	15 Punkte
• Puppe bergen Hund startet von Land aus	20 Punkte
• Freies Gehen mit Trainer, Freies Absetzen und Ablegen	10 Punkte
	100 Punkte

Leistungsgruppe 4 (großes Rettungsdiplom)

• 400 Meter Streckenschwimmen	5 Punkte
• 15 Minuten Dauerschwimmen	5 Punkte
• Bergen einer hilflosen Person	25 Punkte
• Sprung vom Bootssteg und Bergen	25 Punkte
• Tauchen aus der Schwimmbewegung	10 Punkte
• Drei Übungen nach Losentscheid aus den Übungen 1 - 10	30 Punkte
	100 Punkte

(Durch Losentscheid im letzten Prüfungsteil der Gruppe 4 soll gewährleistet werden, daß der Hund das gesamte Ausbildungsprogramm beherrscht. Die ausgelosten Prüfungsteile werden vom Prüfer mit dem Trainer genau besprochen, um Mißverständnissen vorzubeugen.)

Bestimmungen über die Titelvergabe des SEA-CHAMPION

1. Der Titel SEA-CHAMPION wird an alle Neufundländer verliehen, wenn diese Hunde 3 x das große Rettungsdiplom der Landesgruppe Schleswig-Holstein im DNK oder eine gleichwertige Prüfung erfolgreich bestanden haben.
2. Sobald die geforderten Voraussetzungen erfüllt sind, kann der Eigentümer des Hundes Antrag auf Verleihung des SEA-Championats beim Landesgruppenleiter der Landesgruppe Schleswig-Holstein stellen. Dazu sind Kopien der 3 Rettungsdiplome und der Ahnentafel vorzulegen.

Über die Verleihung des Titels wird eine Urkunde ausgefertigt und dem Eigentümer des Hundes, der den Titel errungen hat, zugestellt. Bei Eigentumswechsel gehen die einzelnen Diplome an den neuen Eigentümer über. Antragsberechtigt ist derjenige, der zum Zeitpunkt, zu dem die Bedingungen erfüllt sind, Eigentümer des betreffenden Hundes ist. Alle Eigentümer, die sich an dem Wettbewerb um den SEA-CHAMPION beteiligen, unterwerfen sich diesen Verleihungsbestimmungen. Ein Rechtsanspruch auf das SEA-Championat besteht nicht.
3. Für den SEA-CHAMPION und für die Anwartschaften gilt die Abkürzung SEA-Ch. bzw. Anwartschaft SEA-Ch.
4. Zwischen der ersten und letzten Anwartschaft muß ein zeitlicher Mindestzwischenraum von 12 Monaten liegen.
5. Die Gebühr für die Verleihung des SEA-CHAMPION-Titels beträgt DM 25,--.
(Beschlossen auf der Mitgliederversammlung 1994 der Landesgruppe Schleswig-Holstein im DNK)

Wichtige Adressen:

Deutscher Neufundländer Klub
Kaiser-Wilhelm-Ring 38
D - 50672 Köln
Tel.: (0221) 13 30 38

Neufundländer VND
Rendsburger Straße 21
D - 24340 Eckernförde
Tel.: (04351) 57 17

Newfoundland Club of England
Mrs. Carole Daley
3, Airton Place - Worsley Mesnes
Wigan Wn 3 5JU Lancs
Great Britain

Club Suisse du Terre-Neuve et du Landseer
Karl Nussbaumer
Hallwilstraße 22
CH - 8004 Zürich (Schweiz)

Hungaria Ujfoundlandi es Landseer Klub
Mr. Attila Soos
Makkos u. 250
H - 2092 Budakeszi (Ungarn)

Club Francaise du Chien Terreneuve
16 Impasse St. Jean
F - 02290 Vic Sur Aisne
Frankreich

Newfoundland Club of Ireland
Coolmine Siggart co. Tublin
Mrs. Mac Termott
Irland

Club du Terreneuve et du Landseer Luxembourg
Mme Monique Adler
9, rue de L'ecole
L - 8385 Koerich (Luxembourg)

Slovenski Klub Za Velike Pasme In Molose
Pres. Stefan Sinko
Cerkniska 12
61000 Ljubljana
Slovenia

Club Espanol del Terranova
Cl. Torre de Pisa, 34
E - 28770 Colmenar Viejo - Madrid
Spanien

Newfoundlandklubben i. Danmark
Birthe Moller Hansen
Nordvejen, 8
DK - 8355 Solbjerg
Dänemark

Suomen Newfoundlandinkoirayhdistys
Finska Newfoundlandshundforeningen
Segr. Sari Ylipelkonen
Mustasaarentie 42
SF - 62240 Huhmarkoski
Finnland

Svenska Kennelklubben
Newfoundlands Hund Klubb
Segr. Caroline Ubbens
S - 16385 Spanga - Rinkebyssangen, 70
Schweden

Norsk Newfoundlandshundklubb
c/o. Rigmor Ulstad P.A.
Homsvei, 26
N - 1164 Oslo 11
Norwegen

Nederlandse Newfoundlander Club - NNFC
Mr. J. Plak
Voordesdijk 12
NL-7475 NW Markelo
Niederlande

Club Italiano del Terranova
Viale Silvio Amico 18
I-17025 Loano (SV)
Italien

Österreichischer Neufundländer Klub
Simmeringer Hauptstraße 252/1/2
Geschäftsstelle
A-1110 Wien
Österreich

Belgische Newfoundlander Club
Tulpenlaan 6
B-9080 Moerbeke-Waas
Belgien

Newfoundland Dog Club of Canada
c/o. Hugh Brown
P.O. Box 5
Carlisle, Ontario, LOR IHO

HUNDE ERZIEHEN ... LEICHT GEMACHT

Roger Mugford - HUNDEERZIEHUNG 2000 - Irrtumsfreies Lernen
208 Seiten, 76 Farbfotos, DM 49,80
Seit 1979 leitet der international renommierte Verhaltensforscher Dr. Roger Mugford das "Animal Behaviour Centre". Sein neues Erziehungssystem für Hunde, mit den Erziehungshilfen **Halti, Kong-toys, dog-stop, aboistop und boomer ball,** leitet eine Wende in der Hundeerziehung ein. Mit einem Minimum an Zwang wird der Hund unter gezieltem Ausnutzen seines eigenen Verhaltensinventars problemlos in die menschliche Familie und moderne Umwelt integriert. Die Forschungsergebnisse von Dr. Roger Mugford revolutionieren die Hundeerziehung - daher der Buchtitel! Anwendbar für die Familienhund-Erziehung wie auch für den Leistungssport. Ein **Muß** für jeden Hundehalter.

Richard A. Wolters - NEUE WEGE DER JAGDHUNDEAUSBILDUNG - Früherziehung auf wissenschaftlicher Grundlage - nicht nur für Jagdhunde!
212 Seiten, 270 Abbildungen, DM 46,--
Eine präzise Ausbildungslehre - Schritt für Schritt - vom 7 Wochen alten Welpen bis zum Jährling am Beispiel des Labradors. Mehr als eine halbe Million verkaufter Ausbildungsbücher dokumentieren das Ansehen des Autors. Auf den Grundlagen modernster Verhaltensforschung wird die gerade im Jugendalter extreme Lernfähigkeit des Hundes gezielt auf seine Aufgaben ausgerichtet. Trotz klarer Zielsetzung auf die Jagdhundeausbildung ist dieses Buch eine **unerschöpfliche Fundgrube für jeden Hundebesitzer.** Allen Hunden - gleich welcher Rasse - wäre gedient, würden sie nach der **Wolters-Methode,** weitgehend ohne Zwang, erzogen. Sehr empfehlenswert!

John Rogerson - HUNDEERZIEHUNG ... TIERISCH GUT
64 Seiten, humorvoll farbig illustriert, DM 24,80
Für eine erfolgreiche Hundeerziehung gibt es zwei Wege - Unterdrückung unerwünschter Handlungen oder Verstärkung richtigen Tuns durch Lob. Das Aktivieren erwünschter Handlungen, wie es John Rogerson geradezu meisterhaft in diesem Buch dokumentiert, führt zur **Hundeerziehung tierisch gut!** Schritt für Schritt leitet der Autor den Leser durch alle Einzelheiten, die er zur Erziehung seines Haushundes wissen muß. Besonders beeindruckend die Erläuterung, wie menschliche Stimme, Mimik und Gesten den Hund lehren.

Heinz Gail - 1 x 1 DER HUNDEERZIEHUNG - Ratgeber für erfolgreiche Erziehung
Kynos kleine Hundebibliothek, 104 Seiten, 74 Fotos, DM 24,80
Nur durch sinnvolle Nutzung der gerade im Welpenalter besonders ausgeprägten Lernfähigkeit des jungen Hundes erwächst Harmonie und Verständnis von Mensch und Hund. Auch "verdorbene Hunde" kann man sinnvoll korrigieren. Wie man das macht, zeigt diese Hundeschule. Eines der besten Bücher, die über die Erziehung unserer Hunde geschrieben wurden. Profundes eigenes Wissen des Autors, unter Ausnutzung der **Wolters-Erziehungsmethode.**

Konrad Most - DIE ABRICHTUNG DES HUNDES - Klassische Erziehungsmethode
16., von **Fritz Rasch** völlig neu bearbeitete Auflage, 232 Seiten, 85 Abbildungen, DM 39,80
Das auflagenstärkste deutschsprachige Erziehungswerk für Gebrauchshunde vom "Schöpfer des Diensthundewesens". Nach der Abrichtungsmethode Mosts lernt jeder Hund schneller, da sie das hundliche Verhaltensinventar voll nutzt. Trotz des mit dieser Methode verbundenen Zwangs bleibt die Arbeitsfreudigkeit weitgehend erhalten, werden zuverlässige Leistungen erzielt. Die Most'sche Abrichtungslehre ist Grundlage der heutigen Ausbildung von Gebrauchshunden.

Angela Wegmann / Winfried Heines - SUCH UND HILF! - Hunde retten Menschenleben
416 Seiten, über 100 Fotos, reich illustriert, DM 49,80
Das Handbuch für die Ausbildung und den Einsatz des Rettungshundes. Ein fachkundiges, die gesamte Arbeit von Gebrauchshunden wie Rettungshunden spiegelndes Werk. Es enthält eine detaillierte Anleitung für Ausbildung und Einsatz von Rettungshunden. Hundesport und Rettungshundeausbildung basieren auf den gleichen Voraussetzungen. Dieses Handbuch bietet für jeden, der sich mit der Erziehung von Hunden befaßt, eine Fülle von Anregungen und neuen Erkenntnissen. Völlig neue Perspektiven eines sinnvollen Leistungssports werden aufgezeigt.

Ruth Hobday - AGILITY ... MACHT SPASS!
Das Standardwerk aus dem Mutterland dieses immer mehr Hundefreunde begeisternden Geschicklichkeitssports, geschrieben von der wohl erfahrensten AGILITY-Trainerin Englands. Es gibt nichts besseres. Jetzt auch in deutscher Sprache.
Band I Ein Führer Schritt für Schritt - für Anfänger wie Fortgeschrittene!
Alles Wissenswerte über die Grundlagen der AGILITY. Ein unverzichtbarer Ratgeber für jeden AGILITY-Sportler. *Der Schlüssel zum Erfolg.*
144 Seiten, 190 Fotos und Zeichnungen, DM 32,--
Band II Kontrolle und Vorführtechnik für Wettbewerber auf allen Leistungsstufen
Schwierige Aufgaben, konkrete Anleitungen zu intensivem Training und erfolgreichem Wettkampf. Eine Fundgrube für Übungsanleitungen, die den Hund sicherer machen. 216 Seiten, 200 Fotos und Zeichnungen, DM 39,80

Judy und Larry Elsden - DIE ZWEITE CHANCE, Dein Hund aus dem Tierheim, was jeder wissen muß!
124 Seiten, 51 Fotos, DM 28,--
Einen Hund in Not zu retten, kann für den Hundefreund eine sehr lohnende Aufgabe sein, zu einer glücklichen Beziehung führen. Entscheidend sind Geduld, Liebe und Verständnis, denn viele dieser Hunde brauchen besondere Fürsorge. Gestützt auf die Anleitungen von Judy und Larry Elsden können wir Menschen in Zukunft viel mehr Hunden in Not ein neues Zuhause geben, treue vierbeinige Freunde gewinnen.

KYNOS VERLAG Dr. Dieter Fleig GmbH
D-54570 Mürlenbach/Eifel • Am Remelsbach 30 • Telefon 06594/653 • Telefax 06594/452

HUNDE VERSTEHEN ... LEICHT GEMACHT

Roger Mugford - HUNDE AUF DER COUCH - Verhaltenstherapie bei Hunden
212 Seiten, 61 Farbfotos, DM 46,--
"Für jeden Hundehalter, der dazulernen möchte, ist dieses Buch unverzichtbar. Er schreibt humorvoll und spannend, erreicht über seine geschilderten Fallstudien Wissenszuwachs und ein profunderes Hundeverständnis. Und genau das brauchen wir nötiger denn je!" **(Dr. Dorit Feddersen-Petersen).** Der Verhaltensforscher hat mehr als 20 000 Hunde auf Verhaltensstörungen behandelt, zum überwiegenden Teil unerwünschtes Verhalten abgestellt. Das Buch beschränkt sich aber in seiner Anwendung keineswegs auf Hundehalter mit gestörten Hunden, vermittelt vielmehr modernste Erkenntnisse der Verhaltensforschung, die jeder Hundehalter im Umgang mit seinen Hunden - insbesondere natürlich in der Hundeerziehung - anwenden kann. Dieses Buch ist im englischen und deutschen Sprachraum ein **Bestseller!** Es vermittelt zahlreichen Hundebesitzern neue Wege im Umgang mit ihren Hunden.

Myrna M. Milani - DIE UNSICHTBARE LEINE - Ein besserer Weg zum Verständnis des Hundes!
248 Seiten, DM 39,80
Nur ein Mensch kann lernen, wie ein Hund denkt - nie umgekehrt. Die Tierärztin und Tierpsychologin Milani erklärt die faszinierende Welt der Sinne unserer Hunde. Das Wissen um die unterschiedlichen Sinneseindrücke wird zum Schlüssel für eine erfolgreiche Erziehung des Hundes in jeder Lebenslage. Die unsichtbare Leine ist das Band zwischen Mensch und Hund. Es ist geknüpft aus Wissen, Vertrauen, Verstehen, Geduld und - vor allem - aus Liebe. "Ein warmherziges, kluges, wunderschönes Buch!"

Dr. D. Fleig - KYNOS HUNDEFIBEL - Über den richtigen Umgang mit Hunden
104 Seiten, 50 Farbaufnahmen, DM 19,80
"Ich kenne keine andere Schrift, die auch für den Hundelaien verständlich Vor- und Nachteile einer Hundehaltung so informativ behandelt. Wer erstmals einen Hund in die Familie nehmen möchte, sollte zuvor die Hundefibel lesen und deren Empfehlungen berücksichtigen. Das kleine Buch liest sich gut, es ist in allen Teilen lebendig geschrieben und zeugt vom umfassenden und tiefgründigen Sachwissen des Verfassers. Ihm ein ehrliches Kompliment!" **(Max Sutter).** Ein Buch für Einsteiger wie Fortgeschrittene. Es führt die richtigen Hunderassen zu den richtigen Hundehaltern, für eine **Partnerschaft auf Lebenszeit!** Es berücksichtigt nicht nur die Wünsche des Menschen, sondern dokumentiert eindeutig die Anforderungen, die der Hund an seinen Menschen richtet.

Eberhard Trumler - DER SCHWIERIGE HUND
208 Seiten, 46 Meisterfotos von Dr. H. Jesse, DM 34,--
Haben Sie - manchmal - einen schwierigen Hund? Verstehen Sie - immer - Ihren Hund? Lernen Sie mit Eberhard Trumler, wie Ihr Hund denkt. Dann haben Sie nie mehr einen schwierigen Hund! Aggressionen, Raufen, Angstbeißer, Gewitterfurcht, Schußscheu, Welpentötung, Kläffen, Stubenunreinheit, Zerstören der Wohnungseinrichtung, Weglaufen, Streunen, Kotfressen, Wasserscheu, Freßunlust, Freßgier, Leinenangst - was immer das Normalverhalten des Hundes verändert hat, der Verhaltensforscher Eberhard Trumler weiß Rat.

Eberhard Trumler - MENSCH UND HUND
148 Seiten, 25 Original-Farbfotos des Autors, DM 39,80
Mensch und Hund sind zwei verschiedene Geschöpfe, die in enger Verbundenheit miteinander leben. Wie Mensch und Hund zusammenfanden - hierüber berichten einmalige Forschungsergebnisse aus Haushund- und Wolfsforschung. Das Wolfsrudel als Vorbild für die menschliche Sozialordnung. Welpentests, Wesensanalyse am Spielverhalten, alternative Hundeerziehung! Dieses Buch lehrt, den eigenen Hund zu verstehen, seine Lernfähigkeit zum richtigen Zeitpunkt zu nutzen, mit ihm eine befriedigende Lebensgemeinschaft aufzubauen. "Erziehung ist alles - Dressur ist nichts!"

Eberhard Trumler - DAS JAHR DES HUNDES
200 Seiten, Großformat, 168 Farbfotos, DM 62,80
Das schönste Trumler-Buch, das es je gab! Minutiöse wissenschaftliche Beobachtung mit Kamera und täglichen Aufzeichnungen über das erste Lebensjahr. Fundierte Beweise über die wahre Natur des Hundes, meisterhaft und leicht verständlich in Wort und einmaligen Farbaufnahmen. Ein zeitloses Dokument der Verhaltensforschung, das jedem denkenden Hundebesitzer zahllose Anregungen vermittelt.

John Fischer u. a. - VERHALTENSSTÖRUNGEN BEI HUND UND KATZE
Ca. 176 Seiten, erstklassige Illustrationen, praxisnahe Bebilderung, DM 42,--
Ein Buch über den Menschen, über uns alle, die wir Tiere lieben. Eine Anklage gegen uns Menschen! Weil wir uns zu wenig Mühe geben, das Verhalten unserer Haustiere zu verstehen! Ein Buch der Hoffnung! 14 führende Tierverhaltensforscher haben all ihr Wissen über vermeidbare Verhaltensstörungen zusammengetragen. Dieses Wissen könnte hunderttausende von Partnerschaften zwischen Mensch und Tier heilen!

Vicki Hearne - BANDIT - Dossier über einen gefährlichen Hund
320 Seiten, DM 39,80
"Bandit" ist ein mutiges Buch. Hochaktuell, eine massive Anklage gegen gewissenlose Journalisten, Reporter, Behörden, Gerichte, Rechtsanwälte und - Hundehalter! Was Vicki Hearne in den USA aufzeigt und anprangert geht uns alle hautnah an. Dieses Buch gehört in die Hand all derer, die mit daran arbeiten möchten, daß der Hund auch noch unseren Kindern und Enkeln erhalten bleibt. Unsere Hunde haben in Vicki Hearne ihren Anwalt gefunden. Sie zeigt uns den Weg zum Verstehen.
"Bandit ist wahrscheinlich das beste und tapferste Hundebuch unserer Zeit!" - Dick Koehler

KYNOS VERLAG Dr. Dieter Fleig GmbH

D-54570 Mürlenbach/Eifel • Am Remelsbach 30 • Telefon 06594/653 • Telefax 06594/452